书山有路勤为径,优质资源伴你行
注册世纪波学院会员,享精品图书增值服务

成为有效的领导者

领导者的50堂自我教练课

Coach Me!
Your Personal
Board
of Directors

Leadership
Advice from
the World's
Greatest Coaches

[美] 布赖恩·昂德希尔
Brian Underhill

[英] 乔纳森·帕斯莫尔
Jonathan Passmore

[美] 马歇尔·戈德史密斯
Marshall Goldsmith

编著

陈秋佳 译

电子工业出版社
Publishing House of Electronics Industry
北京·BEIJING

Coach Me! Your Personal Board of Directors: Leadership Advice from the World's Greatest Coaches by Brian Underhill, Jonathan Passmore and Marshall Goldsmith

ISBN:9781119823780

Copyright © 2022 by John Wiley & Sons, Inc. All Rights Reserved.

This translation published under license with the original publisher John Wiley & Sons, Inc. Copies of this book sold without a Wiley sticker on the cover are unauthorized and illegal.

Simplified Chinese translation edition copyrights ©2025 by Publishing House of Electronics Industry Co., Ltd.

本书中文简体字版经由 John Wiley & Sons, Inc. 授权电子工业出版社独家出版发行。未经书面许可，不得以任何方式抄袭、复制或节录本书中的任何内容。若此书出售时封面没有 Wiley 的标签，则此书是未经授权且非法的。

版权贸易合同登记号　图字：01-2022-5939

图书在版编目（CIP）数据

成为有效的领导者：领导者的50堂自我教练课／（美）布赖恩·昂德希尔（Brian Underhill），（英）乔纳森·帕斯莫尔（Jonathan Passmore），（美）马歇尔·戈德史密斯（Marshall Goldsmith）编著；陈秋佳译. -- 北京：电子工业出版社，2025. 8. -- ISBN 978-7-121-50540-9

Ⅰ．F272.91

中国国家版本馆CIP数据核字第2025K26W43号

责任编辑：袁桂春
印　　刷：北京天宇星印刷厂
装　　订：北京天宇星印刷厂
出版发行：电子工业出版社
　　　　　北京市海淀区万寿路173信箱　邮编100036
开　　本：720×1000　1/16　印张：17.25　字数：286千字
版　　次：2025年8月第1版
印　　次：2025年8月第1次印刷
定　　价：79.00元

凡所购买电子工业出版社图书有缺损问题，请向购买书店调换。若书店售缺，请与本社发行部联系，联系及邮购电话：（010）88254888，88258888。

质量投诉请发邮件至zlts@phei.com.cn，盗版侵权举报请发邮件至dbqq@phei.com.cn。

本书咨询联系方式：（010）88254199，sjb@phei.com.cn。

推荐序
从"教练我"到"教练我们"——
一场领导力的集体进化

*Coach Me*中文版即将面世,这份喜悦将我的思绪带回五年前。2020年突如其来的新冠疫情打破了中国人传统的春节氛围,整个社会陷入前所未有的沉寂。就在几个月前,我刚刚获得Thinks50(注:总部位于伦敦的Thinkers50每两年评选一次"全球最具影响力的50位管理思想家",该奖项被《金融时报》誉为"管理思想界的奥斯卡"。)颁发的"全球50位教练领袖"称号。怀着使命感,我向社群中的教练们发出呼吁:"作为教练领袖,我们可以做些什么?"在大家的热情支持下,我们组织了"危机的力量:在泥沼中发展危机领导力"全球顶级教练的系列直播,并投身于用教练支持群智客户度过危机。几个月后,我收到布赖恩·昂德希尔的邀请,他希望获奖的50多位全球领先教练都能分享他们最好的领导力建议。于是我将正在实践的案例贡献出来,收录到本书第34章。

这不是一本关于教练的书,而是一部写给领导者的实战指南。翻开本书,你读到的不是抽象的理论框架,而是真实领导者面临的真实困境——就像我在第34章中描述的那位中国营销顾问服务公司的CEO布鲁斯,他在疫情风暴中眼睁睁看着业务急剧萎缩,在生死存亡之际思考如何拯救他的公司和他的团队。

作为第34章的作者,我亲历了书中描述的教练过程如何重塑一位领导者的思维方式,进而改变一个团队和一个组织的发展轨迹。布鲁斯的故事不仅关乎企业如何在危机中生存,更揭示了领导者在逆境中如何通过深度反思、联结团队、展现韧性来化危为机。这个过程需要勇气,也需要专业的引导和支持——这正是教练的价值所在。

这样的故事贯穿全书:从"房间里最聪明的人"史蒂夫的傲慢陷阱(第12章),到罗西塔因沟通风格而无法推行绝妙创意的挫败(第7章);从马可因管理风格导致人才流失的危机（第13章），到亚瑟在晋升为首席运营官后的身份挣扎（第39章）……这些案例如此鲜活，仿佛就发生在我们身边，甚至就是我们自己。

为什么中国的领导者尤其需要"被教练"

新冠疫情给所有人上了一课，我们深切体会到这是一个复杂、多变、充满不确定性的时代（VUCA时代）。中国企业面临着独特的挑战：高速增长带来的管理复杂度、激烈的市场竞争、技术迭代的冲击、代际价值观的差异，以及全球格局变化带来的深远影响。在这样的背景下，领导者的压力前所未有，孤独感也日益加剧。传统的"命令–控制"式领导力早已失效。成功的领导者需要：

- 深刻的自我洞察。理解自己的优势、劣势、情绪触发点和领导风格。
- 卓越的人际联结。建立信任，有效沟通，激励多元化的团队。
- 驾驭变革的韧性。在危机中保持定力，带领团队穿越迷雾。
- 持续进化的能力。勇于走出舒适区，拥抱新的角色和挑战。

教练正是帮助领导者获得这些关键能力的"秘密武器"，它不再是"问题解决"的最后手段，而是高潜领导者加速成长、卓越领导者持续精进的战略伙伴。Coach Me中文版的出版，恰逢其时地将这套世界级的领导力发展资源带给了中国读者，让更多领导者能以书籍为媒介，接触到原本可能遥不可及的顶级教练智慧。

本书的独特价值在于，它邀请你进入50场"沉浸式"的教练体验。52位顶级教练如同52位"私人董事会"成员，向你展示他们如何运用专业技巧、深度洞察和有力提问，帮助领导者拨开迷雾，找到突破点。

Coach Me的英文书名是"教练我"，但其核心精神，是"教练我们"——通过发展领导者个体，最终赋能整个组织，创造更大的价值。群智在企业教练的实践聚焦于三大类：一对一高管教练、团队教练和教练力培养，在本书中都可以找到相应的成功案例。

- 一对一高管教练：正如书中众多章节（如第12、13、39章）所展现的，教练像一面"镜子"，帮助领导者洞察盲点、看清自身行为对团队和组织的真实影响，将洞见转化为具体的、可执行的发展计划，陪伴领导者在关键挑战中实现蜕变。

- **团队教练**：书中关于"管理变革"（第7部分）、"团队领导者教练"（第31章）的内容，展现了团队教练的核心——聚焦团队动力、共识团队目标、建立信任和提升团队效能，帮助团队在复杂环境中协同作战。
- **教练力培养**：不仅帮助领导者个人成长，更教会他们如何成为他人的教练，本书"赋能他人"（第5部分）和"教练他人"（第6部分），完美诠释了教练力的精髓——将"命令-控制"转化为"启发-赋能"，从而在组织中营造学习与成长的氛围，打造高绩效、自驱型的组织文化。

阅读本书，我诚挚地建议您：

- 不只是阅读，而是"对话"。想象书中的教练就在您对面提问。针对每个案例，思考："如果是我，会怎么做？""我的盲点可能在哪里？"
- 找到您的"镜子"。书中总有一些故事或观点会让您心头一震，这就是您的觉察点，抓住它，深入反思。
- 付诸行动。书中有大量实用的工具、框架和行动建议。挑选一两个，立刻尝试。
- 分享与共创。与您的管理团队、同事分享这本书，讨论其中的案例和观点。领导力的进化，可以是一场集体的旅行。

我坚信，本书将成为中国企业管理者和领导力发展实践者案头常备的经典。它值得被反复翻阅、深入思考、积极实践。愿书中的全球智慧与我们扎根中国市场的教练实践，共同助力您和您的组织，在这场激动人心的领导力进化之旅中，书写属于自己的成功篇章！

吴彦群
ICF国际认证大师级教练
群智企业教练创始人
2025年6月20日

序
一位CEO的教练之旅

在见到如艾莎·埃文斯（Aicha Evans）般才能卓著的世界级领导者时，你可能很难想象她也会寻求高管教练来获得灵感和支持。然而，纵观其职业生涯，她一直将大师级教练视为打造每个优秀团队的战略伙伴，尤其是当组织经历大规模增长和变革时。作为Zoox（亚马逊旗下一家公司）的CEO，艾莎正在领导的项目堪称科技领域的"登月计划"——无人驾驶，她表示，这是对"个人出行"的重新定义，旨在"让所有人都能更安全、更清洁、更愉快地出行"。

"我的首要工作就是教练自己的团队成为更出色的领导者！每位领导者所面临的最大挑战其实是自己要敞开心扉，接受教练工作，成为专业成长和个人蜕变的榜样。"艾莎微笑着说："若想实现改变，你应首当其冲。"

我是一名CEO教练，艾莎的心路历程使我不禁想到自己是何其幸运，得以向这些全球最优秀的领导者们学习，为他们提供支持。我的导师兼朋友艾伦·穆拉利（Alan Mulally），一位传奇人物，福特和波音的前CEO，经常提醒我："作为教练，成功的秘诀在于选择客户！"而当马歇尔·戈德史密斯与我初次见到艾莎时即意识到她将是我们所服务过的最有天分且最有同理心的领导者之一。

每当艾莎受到挑战要去开拓新局面或推动变革时，她会说："你的第一步必须是照照镜子。你必须找到自己的成长故事，然后帮助团队跨越鸿沟，在整个组织范围内贯彻教练型文化。"她还坚称："随着职位的晋升，你作为领导者的角色显然会越来越远离指挥官和教官，转而更加接近教练和啦啦队队长。"

艾莎是在西非的塞内加尔长大的，她说："起初我以为自己会去当一名战斗机飞行员。后来我去巴黎求学，辗转于非洲与欧洲之间，那时我已经清楚自己想成为技术专家。"她乐此不疲地把家里每一件电器都拆开来又重新组装，其热情所在显露无遗。十几岁时，艾莎的父母想要让她别再拨打国际长途电话了，因为费用实在是太高了。那个年代的电话还带有拨号盘，父母给拨号盘上了锁，不过她还是想出了办法在电话线上传输拨号音代码，这样就能继续拨打国际长途电话。她一边思索一边说："等到美国读大学时，我已经很清楚自己想要学习计算机专业。"

艾莎之前就职于全世界最大的半导体芯片公司——英特尔。她说："在英特尔，我学会了作为技术专家在面对社会时要担负的责任，我学会了作为身居高位的领导者如何去应对媒体和投资人。更重要的是，我学会了如何在大规模的层面上聚焦于人，而教练工作在更好、更快地实现这一点上发挥了巨大的作用。"她认为自己通过专注于教练高管个体与团队，"帮助我在英特尔表现优异。我很享受这份工作，觉得自己是在做重要的事情"。

此时她已经获得显著的成功，吸引了企业招聘者的极大关注。"我必须和自己进行一次对话，说'好了，我在这里很开心。还有什么能让我考虑其他事情？'我回答道，变革性技术。"换言之，艾莎想要领导一家她可以"从最开始就参与进去掀起浪潮，而不只是乘浪前行的公司。而Zoox可以提供这样的环境，我有机会实实在在地影响社会"。

艾莎从未想到自己50岁时依然在工作。她原来的预想是去做另一种类型的教练工作，她说："我以为自己会去小学、中学或高中教数学，因为我感觉现在的数学教法不得当，特别是对女孩子而言。然而我在自己的生涯中找到了'意义'，明白了如何运用技术去大规模地影响人群。"艾莎可能永远不会停止工作与服务社会。"坦白讲，如果我今晚回家告诉我的先生和孩子自己不再上班了，他们会说，'你要给自己找点事情做，不要总想着管理我们！'"

身为CEO的艾莎很有动力去帮助他人找寻其能够为世界带来的最大和最佳影响。那么她为高管们提供的最佳教练建议是什么呢？"我对年轻人，特别是二三十岁的年轻女性这样说，甚至和我15岁的女儿也这样说——放松。"她叹了口气，看向我的眼神充满了关爱，这份关爱来自来之不易的经验，而这正是你希望教练面对你时的表情。"一切都会顺利的，"艾莎安慰我道，"花点时间去充分了解你自己。你是什么样的人？什么能让你真正充满干劲儿？一旦你找到了，你就会知道。先想明白对你来说什么是重要的，然后去经历不同阶段的高低起伏。"

Coach Me

遭遇不顺的时候呢？艾莎坚称："如果情况不那么理想，就先退后一步，与自己进行一对一的对话，去找你的支持团队，如你的教练！我很幸运有马歇尔·戈德史密斯和马克·汤普森（Mark Thompson）这样的CEO教练帮助我（和我的团队）看清楚问题的实质是什么。你必须在需要的时候愿意寻求帮助，做出调整，总的来说，你会没事的。"

本书阐述了教练如何激发心灵与思想以培养更出色的领导者，以及作为教练，我们如何去发掘及服务于像CEO艾莎·埃文斯般出类拔萃的领导者——在每个社区、组织中的每个层级上都发挥影响力的高管。作为教练，保持你的耐心并付出关爱，你就有可能帮助领导者改变世界。

艾莎·埃文斯

马克·汤普森

艾莎·埃文斯于2009年2月加入Zoox并出任CEO，在那之前，她担任英特尔的高级副总裁和首席战略官，推动公司从以个人计算机为中心向以数据为中心的转型。她之前还负责公司的无线项目，管理超过7000人的全球工程师团队。她是思爱普（SAP）监事会的成员，拥有乔治·华盛顿大学计算机工程学士学位。

马克·汤普森是《纽约时报》畅销书作者，被美国管理协会和"全球顶尖教练/Thinkers 50评为世界排名第一的CEO教练。《福布斯》杂志形容他可以为客户"点石成金"，其服务的客户包括世界银行行长金永吉（Jim Yong Kim）、品趣志视觉图片分享平台（Pinterest）联合创始人伊万·夏普（Evan Sharp），以及维珍航空创始人理查德·布兰森（Richard Branson）。

编著者简介

布赖恩·昂德希尔

布赖恩·昂德希尔（Brian Underhill），博士，专业认证教练（Professional Certified Coach，PCC），是享有国际盛誉的全球高管教练实施项目的设计和管理专家。他是CoachSource公司的创始人兼CEO，该公司是世界上最大的高管教练供应商，拥有1100多名教练，供职于100多个国家。在此之前，他曾为世界排名第一的教练马歇尔·戈德史密斯（Marshall Goldsmith）管理高管教练业务。

布赖恩是《高管教练精进法》（Mastering Executive Coaching）（2019）的联合编著者，是《成果导向的高管教练——培养组织领导者的权威指南》（Executive Coaching for Results: The Definitive Guide to Developing Organization Leaders）（2007），以及教练领域许多文章和博客的作者。他是国际上广受欢迎的演讲者，在世界大型企业联合会（The Conference Board）、国际教练联合会（Incarnational Coach Federation，ICF）、欧洲指导与教练理事会（European Mentoring & Coaching Council，EMCC）以及许多地区的教练活动中发表演讲，并于2019年获得Thinkers 50全球领先教练提名。

布赖恩拥有加州职业心理学学院（洛杉矶）组织心理学博士和硕士学位，以及南加州大学心理学学士学位。布赖恩获得了霍根（Hogan）测评、B元素（Element B）、扩展DISC（Extended DISC）的认证，并拥有戈德史密斯教练过程（Goldsmith Coaching Process）高级认证。他是哈佛大学医学院附属麦克林医院教练专业协会的创始会员。他被任命为2021年咨询心理学会（APA-13部）的研究员，还是ICF PCC。

乔纳森·帕斯莫尔（Jonathan Passmore）

乔纳森是全球数字教练公司CoachHub的高级副总裁，同时也是英国亨利商学院教授。

Coach Me

他曾担任政府、非营利组织和企业的董事会成员，是一位有执照的心理学家，拥有五个学位，还是一位屡获殊荣的教练、作家和研究人员。他撰写和编辑了30多本书，包括《顶级商业心理学模型》（*Top Business Psychology Models*）、《教练的常识》（*Becoming a Coach*）、《教练手册》（*The Coaches Handbook*）和《众教练》（*WeCoach*）。他还是Wiley-Blackwell工业心理学系列图书的编者，已经发表了100多篇关于教练、领导力和变革的科学论文，并在全球200多场活动中发言。他推崇开放科学，与其他科学家和从业者公开分享知识。因此，他的许多作品都可以从其网站上免费下载。其大部分作品的收入都捐给了慈善事业，如"铁路儿童"和"水资源援助"。他曾入围并获得了多个奖项，包括马歇尔·戈德史密斯全球教练奖、Thinkers 50、全球大师名单，以及商业心理学家协会、英国心理学会、EMCC和教练协会设立的奖项。

他曾在普华永道、IBM和OPM担任变革顾问和高管教练，客户包括政府部长、各界名人，以及公共、私营和非营利部门的高级领导者。

马歇尔·戈德史密斯

马歇尔博士是35本书的作者或编著者，这些书的累计销量超过200万册，被翻译成30种语言，在12个国家都荣登畅销书排行榜。

他的另外两本《纽约时报》畅销书分别是《魔劲》（*MOJO*）和《习惯力》（*What Got You Here Won't Get It*），后者还获得了哈罗德·朗曼奖（Harold Longman Award）的年度商业图书奖。

2016年2月，亚马逊网站在其"一生必读"系列中表彰了100本最佳领导力和成功书籍。该名单包括经典的和较新的管理与自助书籍。触发（*Trigger*）和《习惯力》都被公认为是其领域内有史以来排名前100的书籍。该系列仅有两位作者有两本书上榜，马歇尔便是其中之一。

对马歇尔的专业认可包括"世界第一领导力思想家"（《哈佛商业评论》和最佳实践研究所）、"世界第一高管教练"（《全球大师》《INC》《快公司》）、"卓越教学终身成就奖"（管理研究学院）、"过去80年影响管理领域的50位伟大思想家和领袖"（美国管理协会）、"美国50位伟大的领导者"

（《商业周刊》）、"十大高管教育家"（《华尔街日报》）、"新商业时代最值得信赖的高管顾问"（《经济学人》）、"美国国家人力资源学院院士"（美国最高人力资源奖）、以及"全球人力资源思想领袖"（世界人力资源开发大会）。他的工作几乎得到了他所在领域内所有专业组织的认可。

马歇尔的博士学位来自加州大学洛杉矶分校的安德森管理学院，他是该学院的年度杰出校友。他在达特茅斯的塔克商学院推行高管教育项目。他是为数不多的高管顾问之一，曾与150多位主要的CEO及其管理团队合作。他曾在彼得·德鲁克非营利管理基金会董事会任职10年。

引言

亲爱的领导者，纵观你的领导力生涯，我们猜想以下这些真实案例中至少有一个能够引起你的共鸣。或者你有可能在旁人身上看到过类似的情况？

史蒂夫是一家知名制药公司肿瘤部门的负责人。对于许多认识他的人来说，他是行业翘楚，是"房间里最聪明的人"。然而现在，他担任生物技术公司CEO才6个月就进展不顺。为什么？因为他总是要做"房间里最聪明的人"。

（第12章）

罗西塔的营销理念可以彻底改变公司的面貌并增加收入，但她直言不讳的命令式风格使她无法争取到中层经理的支持来执行其理念。她的沟通风格使她无法将自己的想法付诸实施。

（第7章）

因为疫情的蔓延，中国一家营销顾问服务公司的CEO布鲁斯眼睁睁地看着自己的生意在一夜之间消失。他将如何拯救他的生意？

（第34章）

马可，作为世界上最大制造公司未来的CEO，目睹了最有价值的人才因为他的管理风格而辞职。如果他不做出改变，不仅会失去支持，情况甚至会更糟。

（第13章）

亚瑟被提拔为一家大型软件公司的中国区首席运营官，他始终无法适应这一转变。他的上司说："我很失望，因为亚瑟没有像我们期望的那样履行首席运营官的职责。"如果他不能改进，他的老板会在3个月内把他换掉。

（第39章）

引言

蕾妮在非营利组织刚开始工作时非常兴奋并被寄予厚望。但是,"捐款非常少,人力资源也越来越少,积极性也越来越低"的挑战让他们面临是否需要关闭该组织的权衡?这就是他们使命的终点吗?

(第25章)

奥利弗从管理一个地区的业务转变为管理许多地区的业务。但是,自从奥利弗9个月前接手以来,每个地区的业务都在下滑。奥利弗感到非常困惑:"好像我过去学到的一切都不管用了。"

(第21章)

里克陷入了他的两个直接下属的冲突之中。他的两个部门主管的行为"就像幼儿园小朋友一样"——不断地相互指责。这种情况可能会持续多久?

(第11章)

那个被恐惧支配,不敢冒险,以致整个公司的行为变得和他一样的CEO呢?"我们还没有准备好实现大目标",这是一位高级副总裁的惊人之语。这家公司会不会因为恐惧而停滞不前,最终失去影响力呢?

(第42章)

没有人说领导很容易,但你可能没有意识到它会如此艰难。也许你能与这些故事中的一个产生共鸣,要么是你自己经历过的,要么是与你共事(或为之工作)的其他人经历过的。

也许你的职业生涯始于你的职业专长,如会计、工程、生物、法律或其他专业。一路走来,有人建议你(或你主动寻求)担任一个管理他人的新职位——这就是你新的、永无止境的领导力学习曲线的开始。你很快就会意识到你的专业培训并不包括管理或领导技能。

也许你后来继续向上爬,对你们中的一些人来说,你已经接近或达到了组织的顶层。你的挑战变得越来越复杂。在这一位置上,成百上千人的职业和生活被你的决定影响,数不清的财富被你所监督的产品或服务左右,事实上,你的组织的未来可能完全掌握在你的手中。这种压力可能是令人难以承受的。

Coach Me

但是，如果有一个人可以倾诉，可以从他那里获得想法，那不是很好吗？一个在你的组织之外的客观专家可以与你秘密地交谈，他不会告诉公司内部其他人你的恐惧、希望和梦想。一些明智的顾问，善于理解人类行为、组织动态，甚至你的业务本身。也许，即使是一个"私人教练"，也可以帮助你做之前你说过要做而没有做的事情。教练是一个能举起镜子告诉你真相的人，即使周围似乎没有人这样做。领导者可能是孤独的，特别是你在组织中所处位置越高时。

这正是高管教练的作用。还有一些……

我们聚集了50位世界顶级教练，与你分享他们的秘密，就在本书中。

教练到底是什么

你现在可能已经听说过"高管教练"这个领域。作为一种职业，教练只有40年左右的历史，但在过去20年里，它经历了飞速的发展。现在全世界大约有7万名教练。根据不同的估计，这个行业每年的收入从20亿美元到150亿美元不等。

在20世纪80年代到90年代初，教练最初主要用于那些陷入困境的"问题儿童"式的领导者，作为让他们离开前的最后努力（或假装努力）。教练工作往往是秘密进行的，教练偷偷地拜访客户（或在一个不公开的地点会面），几乎没有人知道——甚至连教练发票上的报销项目描述都会被改变，以防止窥探者注意到。一位教练曾经告诉我们，她有"死亡天使"的美誉——当她出现的时候，人们知道她们的领导者的"好日子"已经到头了。

今天，教练往往被视为一种荣誉的象征——表明公司希望对你的成长和发展进行投资。这些年来，针对绩效问题的教练实际上已经在稳步下降。在我们（Underhill）2018年的研究中，1/3的教练是针对绩效问题的，到2020年这一比例下降至1/4。2007年，《哈佛商业评论》的一项研究发现，只有12%的教练工作是针对即将失败的高管的。

在过去的许多年里，公司、非营利组织和政府都成倍地增加了对教练的使用。许多估计表明，至少有50%~75%的企业使用高管教练来培养领导者。在我们（Underhill）2020年的研究中，我们发现95%的受访组织计划在未来两年内增加（或至少继续）它们目前对教练的使用。

引言

家喻户晓的领导者，甚至是名人，都在与教练合作，并公开谈论。诸如迈克尔·戴尔（Michael Dell）、拉里·佩奇（Larry Page）、谢丽尔·桑德伯格（Cheyl Sandberg）和史蒂夫·乔布斯（Steve Jobs）等人都曾与教练合作。已故的比尔·坎贝尔（Bill Campbell）曾是一名足球教练，他被一本同名书籍称为"万亿美元教练"。

谷歌前CEO埃里克·施密特（Eric Schmide）说："每个著名的运动员、每个著名的表演者都有一个教练。有人可以观察他们的所作所为，并说'这是你真正的意思吗？你真的这样做了吗'，他们可以提供观点。人们从不擅长的一件事就是用别人的眼光看待自己。教练真的有帮助。"

是什么推动了这个行业的增长？各种研究表明，吸引、留住和发展人才多年来一直是各组织最关心的问题之一。一些公司因为没有在世界各地拥有更多的领导者而无法有效增长。其他公司则认识到，领导力的有效性是公司成功的最关键驱动力之一。然而，现在没有那么多时间让领导者去参加传统的课堂培训。相反，教练可以在现场进行，在工作岗位上进行，在当下进行，解决现实生活中的领导力挑战。研究表明，与单纯的课堂培训相比，教练能带来更高的内容保持率。

人们认为，"教练"一词起源于匈牙利的科奇（Kocs）镇，该镇在16世纪以制造精美的交通工具——马车而闻名，这种马车最终在整个欧洲流行开来。当然，乘坐马车的目的是把你从你所在的地方带到你想去的地方。今天，"教练"一词实际上涵盖了无数种职业，最引人注目的是体育教练，但也包括生活教练、职业教练、高管教练、团队发展教练等。"教练"甚至被其他行业广泛使用，如"抵押贷款教练""离婚教练"等。美国流行电视剧中也描绘了"教练"（但有很大的误解），如《亿万》（Billions）中的温迪·罗兹（Wendy Rhoades）或《硅谷》（Silicon Valley）中加文·贝尔森（Gavin Belson）的精神顾问丹波克·辛格（Denpok Singh）。

高管教练通常由组织雇用，以帮助领导者在某一特定领域实现成长；97%的情况下是为了帮助领导者在领导力各方面实现成长。然而，在这种关系中，教练可能会探索领导者职业发展道路的各个方面，甚至在某些时候探索他们的个人生

XV

活,这并不罕见,正如你将在后续章节中看到的那样。

教练最适合从一个职位转换到一个更重要的职位的领导者、超级聪明且能完成任务的管理者(但以牺牲周围人为代价)、需要表现得"更像高管"的领导者,以及试图自己做所有事情却不懂得委派任务的执行董事,或者与"领导""关系""沟通""影响""过渡"等相关的众多情况。

教练不适合需要提高工作技能的人(也许可以考虑培训、咨询或指导)、有深层次心理问题的人(治疗更合适),以及有诚信问题的人(让他们离开),非常重要的一点是,对于组织已经放弃的人(让他们离开),或者对改变没有兴趣的人,教练是没有价值的。

那么,教练是如何区别于咨询和治疗的呢?在某种程度上,这些职业可能会重叠,甚至可以由同一个从业者进行,但它们是完全不同的。我们将高管教练视为"对组织领导者的一对一发展",目的是在组织范围内发展领导者的技能(尽管在最近几年,教练已经扩展到团队和群体——超越了一对一的范围)。

这篇2009年发表在《哈佛商业评论》上关于教练的文章《教练可以为你做什么?》(What Can Coaches Do for You?)提供了一个很好的图形,用来比较咨询、教练和治疗,如图0.1所示。

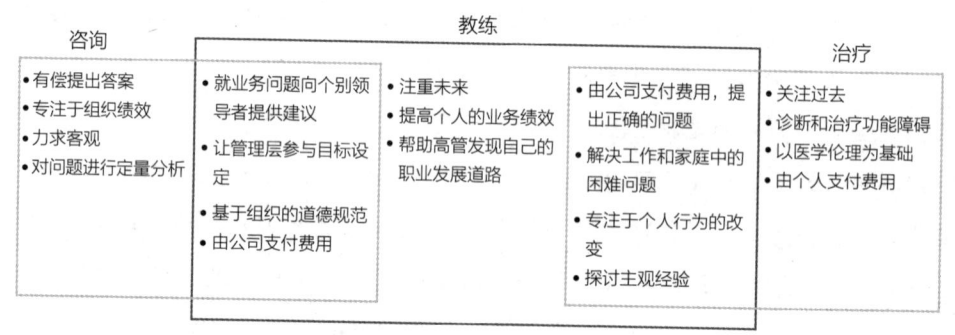

咨询	教练	治疗
• 有偿提出答案 • 专注于组织绩效 • 力求客观 • 对问题进行定量分析	• 就业务问题向个别领导者提供建议 • 让管理层参与目标设定 • 基于组织的道德规范 • 由公司支付费用	• 注重未来 • 提高个人的业务绩效 • 帮助高管发现自己的职业发展道路	• 由公司支付费用,提出正确的问题 • 解决工作和家庭中的困难问题 • 专注于个人行为的改变 • 探讨主观经验	• 关注过去 • 诊断和治疗功能障碍 • 以医学伦理为基础 • 由个人支付费用

图0.1 咨询、教练和治疗的比较

教练主要面向未来,专注于组织范围内的业务事项,由公司支付费用。在我们看来,咨询和教练之间的界限确实有些模糊:有些教练也是顾问,反之亦然。然而,教练和治疗之间的界限是相当严格的。教练不会声称自己在进行治疗(这是不道德的,也是非法的)。在适当的情况下,教练会建议接受教练的领导者转入治疗中。同样,治疗师绝不会以高管教练的身份与患者接触,产生的费用也不会由该患者的公司支付。

教练——你的个人董事会

那么，我们是如何选择这50位（实际上是52位）作者来为你撰写本书中的章节的呢？

自2001年以来，总部设在伦敦的Thinkers 50首次公布了全球管理思想家的排名。每隔一年，这里都会举办一个颁奖晚会（被《金融时报》称为管理思想界的奥斯卡），颁发杰出成就奖，并公布新的管理思想家排名。

2019年底，Thinkers 50有史以来第一次将其奖项扩大到了教练领域。Thinkers 50咨询了我们中的一个人（马歇尔·戈德史密斯），让他提名一份世界顶级教练的名单，以角逐"马歇尔·戈德史密斯教练和指导杰出成就奖"。这样一来，我们收集了约80位教练的信息，他们来自各大洲，被恰当地命名为"全球领先教练"。其中前8名教练被提名，最终评选出1名获奖者。

之后，我们邀请其中的50多位多元化的全球领先教练中的一些人分享他们最好的领导力建议。

作为领导者，你可以是你个人的董事会。你的董事会将涵盖你可能面临的许多典型的领导力困境，能够在你需要的时候随时为你提供帮助。我们的教练来自16个不同的国家，从比利时到赞比亚。

本书代表了一些顶级管理顾问与各地领导者进行的虚拟知识分享——世界级的高管教练见解现在对所有领导者开放，而价格只是聘请这些教练的一小部分。假设你的组织支付的费用从最奢侈的25万美元（对于一些世界上最著名的教练）到更合理的2万美元（一项典型的董事级别的任务）——以每项任务平均50 000美元计算，乘以50个章节，这意味着你在本书中获得了250万美元的价值。这是一笔相当不错的交易。

当然，我们并不是说阅读关于教练的书就能给你带来与实际通过教练成长相同的好处。每个故事都是独特的，因为每个领导者所处的情境是不同的。每个领导者都有特定的优势和劣势，可能与你的情境不一样。每个领导者都在具有自身价值观、历史等的组织文化中工作。教练为每个领导者提供了针对其具体情境的变革性见解，以及一个持续的、内置的问责结构，结合领导者周围人的反馈，所有这些都是"在工作中"实时进行的——完全为被教练的领导者定制。

虽然没有任何书籍可以取代实际教练，但我们的目标是让你从他们的故事中学习。如果这里的一个见解能改变你自己的旅程，或者改变那些为你工作的人，或者改变你的组织或与你互动的社区，那么这一切都是值得的。

简而言之，在任何规模的组织中担任领导角色的人，无论是非营利组织、营利组织、政府，甚至是非正式团体，都能从学习中受益。而且，成为领导者并不局限于担任正式的"领导角色"——领导力可以在所有类型的组织的各个层面上表现出来……从一个小型非营利组织委员会的志愿者到一个跨国公司的CEO。

本书的章节都比较简短——每个章节只有几页，这是有意为之的。这样，你可以迅速捕捉到学习要点并继续前进。几乎每个章节都记录了一个非常真实的领导者的真实故事（当然，名字和一些细节已经改变），你可以从他们的故事中学习。

关于教练过程

在教练任务中实际发生了什么？高管教练到底做什么？在教练开始之前，你需要选择一个教练，这将在本书的最后一章讨论。可是，一旦选定了教练，大多数教练工作都会包括以下全部或部分活动（其中一些内容基于ICF的教练核心能力清单）。

建立友好关系并创造一个安全、保密的空间

首先，教练会与领导者建立牢固的关系——给人以舒适的感觉，并且两人之间产生了化学反应。值得注意的是，我们调查的97%的高管将"建立融洽关系的能力"列为对教练的第一要求。教练为沉默、暂停或反思创造一个安全的空间，同时对领导者保持好奇心、观察力和同理心。我们的许多作者都谈到了创造这样一个安全的空间，例如，帕梅拉·麦克莱恩（Pamela McLean）在第38章中说："约翰开始体会到教练工作的价值，我们到达了一个重要的转折点——一个他感到被尊重并受到挑战，能坦率地审视自己是如何表现的空间。"

高管教练通常以保密的方式签订合同，即领导者和教练之间的讨论是在私下进行的。而且，由于大多数教练不属于组织，领导者因此感到安全，因为他们讨

论的内容仅限于他们之间。尽管支付费用的组织通常确实想知道：（1）领导者通过教练正在做什么；（2）何时/多长时间进行一次教练；（3）通过教练产生的行动计划；（4）教练对领导者致力于教练过程的看法。

积极倾听

积极倾听，正如其字面意思一样——听，积极地听。这绝对是教练工作的核心。正如我们的作者摩根（Morgan）和克罗夫特（Croft）（第28章）所说："倾听和分析的能力才是教练投资的最大回报。"倾听不仅仅是听到说什么，还包括辨别什么是没有说的，同时在领导者周围的系统背景下考虑所有的事情。倾听还包括总结所说的内容（并验证理解），以及观察情绪、肢体语言、语气等。

收集和分享反馈

许多作者会描述收集360度反馈、与关键利益相关者进行访谈和/或进行额外的评估。360度反馈是一份书面调查，发给领导者的所有关键利益相关者——直接下属、老板、同事等，询问领导者在各种能力方面的优势和劣势。访谈（有时也称"360度访谈"）的概念与之大同小异，但教练实际上会采访这些关键利益相关者。在一个例子中，汤姆·科尔迪茨（Tom Kolditz）（第23章）分享了他的访谈问题，这是关于访谈的一个很好的例子。

1. 领导者的优势是什么？
2. 领导者面临哪些挑战？
3. 领导者什么时候表现最好？
4. 领导者什么时候表现最糟糕？
5. 如果你是这位领导者的教练、导师或顾问，你会给他什么建议？

此外，教练可能会采用多种评估工具，如MBTI性格测试、霍根测评、DISC行为评估、情商测评等。我们的作者简·玄（Jane Hyun）（第10章）在与约翰合作时使用了文化流畅性评估，约翰认为他更擅长跨文化交流。

然后，教练将在一个保密的环境中向领导者汇报所有这些发现（有时评估结果可能不是保密的，确保提前与教练和组织明确这一点）。这种汇报有时会让人不知所措（说实话）（"当我们回顾结果时，约翰对同事对他的评价感到惊讶"——麦克莱恩，第38章）。教练非常擅长以安全和富有同理心的方式呈现这

XIX

些反馈，尽管有时仍然会让人感到刺痛。斯科特·埃布林（Scott Eblin）在第6章中就如何接收并充分利用反馈提供了指导。理查德·E.博亚齐斯（Richard Boyatzis）（第26章）曾说："神经科学研究表明，我们在接受反馈时往往会关闭自我。从接受反馈到采取行动之间留出一些时间，可以让我们更容易处理反馈一点。"

行动计划

96%的教练认为，制订行动计划是他们典型过程的一部分，它构成了未来几个月教练工作的结构。一旦领导者选择了一个（或几个）发展领域，领导者和教练就会共同制定如何完成教练目标的具体步骤。一些组织和教练已经有了行动计划模板可供使用。计划中的各种项目可能是一次性的成就（与我老板的老板见面，了解我应该在这个组织中更好地与谁建立联系）或需要定期关注的重点领域（我今天是一个好听众吗）。最佳目标通常是按照众所周知的SMART［具体的（Specific）、可衡量的（Measurable）、可实现的（Attainable）、相关的（Relevant）、有时限的（Time-bound）］框架来组织的。

创造意识

优秀的教练都有极强的好奇心，他们会提出恰到好处的问题或进行敏锐的观察，为领导者提供变革的洞察力。教练会设法深入地了解领导者的思维方式、价值观和信念——让领导者在某一问题上超越他们当前的思考。阿特查拉·朱查伦（Atchara Juicharern）（第30章）分享道："强有力的一对一教练对话可以帮助个体打破停滞不前的状态。"很多时候，领导者会陷入困境。深入挖掘原因，围绕它创造意识，并引导如何前进，是教练过程的一部分。

教练也会认真思考领导者所说的话，甚至挑战领导者（温和地），以帮助创造洞察，这在许多章节中都可以看到。阿伦向我们宣称，家庭是他的第一优先事项（第44章），但他经常每天工作16~18小时。礼貌地指出他所说的和他所做的之间的这种脱节，对于帮助他改变是有效的。

教练阿卜杜拉·阿尔吉夫（Abdallah Aljurf）（第36章）告诉我们，琼斯先生的巨大进步是激发自我意识的一个好例子。"他做了97%的工作。我的3%只是作为一个催化剂，高管教练的身份帮助他思考、整理思绪、挑战假设、打破限制性信念，并做出更好的决策，从而为他节省时间、精力和金钱。"

提供建议

令人惊讶的是，大多数教练一般不会提供大量的建议。事实上，教练培训学校通常不赞成提供建议。摩根和克罗夫特（第28章）很好地解释了这一点："然而，要想让被教练者真正成长，更有效的方法是帮助他们自己找到解决方案或做出决策，而不是向其提供答案，或者建议其按照你的方法去做。"神经科学研究也证明了这一点——通过努力工作来体验"啊哈"的感觉要比直接把答案告知他们更有力。

此外，教练并不拥有与领导者相同的背景和信息，但他们确实拥有一个客观的、外部的视角，能够充当一面"共鸣板"。教练的建议在某种情况下可能很有效，但在另一种情况下就不一定了。例如，安娜告诉她的教练玛莎·雷诺兹（Marcia Reynolds）（第48章），她要拒绝一个工作机会。玛莎没有说这是不是一个好主意，而是做了一些不同的事情，"在她确定拒绝这份工作邀约的最佳方式之前，先探索一下自己的决定"。通过探索过程，安娜实际上发现了促使她做出决定的深层次原因……然后她意识到自己做出了错误的决定。如果玛莎在这件事上提供建议或意见，那么对安娜来说不会有多大帮助，可能还会产生不利的影响。

考虑到许多教练背后都有丰富的商业经验，并且多年来在某种类似的情况下教练过无数的领导者，因此，教练在适当的时候提出一个关键的建议可能是有用的。但是，通常情况下，这更像出现在讨论后期的事情，而且要得到领导者的许可。

与关键利益相关者互动

高管教练的教练活动不是在真空中进行的。领导者身边的人是帮助领导者在行为上做出永久改变的一个重要组成部分。如上所述，这些人通常是初始反馈过程的一部分。

随着教练过程的进行，领导者和教练将与这些关键利益相关者中的一些人互动。教练通常会与领导者和他们的老板进行几次三方会议，以审查建议的发展领域、行动计划步骤，并评估进展情况。教练还可能就同样的问题与内部人力资源专业人士进行联系。

定期跟进领导者周围的关键利益相关者，已被证明可以在领导力效能方面产生可衡量的改进。戈德史密斯和摩根（第28章的合著者）发现，领导者越是经常与周围的人跟进其发展领域的进展，这些关键利益相关者就越有可能在后续调查中注意到领导者行为的改进。教练通常会促进领导者和关键利益相关者之间的对话，或者授权他们在教练不在场的情况下进行对话。一些教练可能会独立地与这些关键利益相关者进行联系，看看他们是否注意到了改进。

承担责任

教练通常会签订几个月或更长时间的合同（6个月是最常见的），这为后续跟进和问责提供了内在机制。一位领导者告诉我们的教练"我只是做了我们上次讨论的家庭作业，因为我知道我们今天要谈"，这种情况并不少见。当然，这有助于完成工作。简单地说，教练的存在使得这一切发生，除此之外没有太多的主动干预。对于那些仍在拖延完成商定目标的领导者，教练提供了一个环境，可以探索阻碍进展的因素。有时，目标本身可能需要被重新审视，或者目标背后的动机需要被探讨。

领导者和教练甚至可以就某些日常指标达成一致，定期与教练分享（例如，"我今天有没有表扬我的某个直接下属"）。曾有一位领导者每天都会给自己的倾听能力打分（1~10分），这种简单的记录行为有助于让这位领导者把这个问题放在心上。可穿戴设备、手机和其他可用技术为教练工作带来了更大的责任。"习惯提醒"风格的应用程序跟踪我们希望开始、停止或继续的某些行为，从中收集的数据可以被分享和讨论。

衡量结果

教练的结果是可以衡量的。首先，许多教练或教练公司会以口头询问或书面调查的方式，询问领导者对教练过程的满意度。更有意思的是，可以对领导者周围的关键利益相关者进行快速调查，看看他们是否注意到自教练开始以来领导者在目标行为上的改进（第44章）。

有些教练任务会被要求计算投资回报率。领导者被要求估计哪些业务指标会受到积极教练结果的影响，并确定有多少变化可以归因于教练。这将与教练的成本、花费的其他费用，以及领导者在教练中投入的时间进行比较，以确定从教练工作中实现的投资回报率。

其他活动

教练任务中还包含许多活动。教练可能会在下一节课前为领导者提供家庭作业（例如，"与你的老板讨论你迄今为止取得的进展"）。实验鼓励领导者尝试新的事物，并报告结果（试着把你通常自己做的两个项目委托给你的直接下属，看看你得到的结果如何）。高管教练甚至可以跟随领导者观察他们的行为（现场或虚拟），这可能会产生一些令人难以置信的观察结果（我注意到当你在团队会议上发言时只看莎莉，不看其他人。这可能是什么原因）。教练还精通可能对领导者有用的资源，如书籍、文章、会议、视频等［由于你正在研究时间管理，我强烈推荐《搞定》（*Get Thinks Done*）这本书。你愿意阅读并与我分享你的学习成果吗］。

本书的结构

我们的经验表明，一些常见的主题会不断出现。在Underhill和CoachSource的研究中，以及CoachHub和Henley在2021年的研究中，以下"主题"在疫情前后保持了相当的稳定性。我们根据这些最重要的主题组织整理了教练的建议。

- 自我洞察——了解自己的优势、劣势和性格特点。
- 沟通技巧——有效沟通，包括书面和口头沟通。
- 人际关系——能够有效地与他人合作，建立联系。
- 情商——理解和管理自己的情绪。
- 赋权与授权——赋予他人权力，使其发挥最佳工作能力。
- 辅导他人——向他人提供辅导和指导。
- 管理变革——协助他人应对内部和外部的变革。
- 过渡管理——管理自己向组织内新角色或新组织的过渡。
- 执行力——把事情做好，达到或超越目标。
- 职业发展——关注并推动职业发展。

这并不是领导者寻求教练时最常见发展领域的完整清单（同样受欢迎的发展领域还包括"高管风采""愿景与战略""培养团队精神""女性领导力""决策"等）。而且，领导者和他们的教练可能不会把在某些领域的工作反馈给赞助机构，这些在组织内可能是比较私密的事情（例如，不会把"我需要你帮助我与我那个难缠的老板相处"这类问题反馈给赞助机构，也不会反馈给那个难缠的老板）。

本书最后将提供如何选择教练的更多细节。在每个章节都有作者的个人简介，这样你就可以更好地了解你在向谁学习。

感谢你支持这一伟大的事业。本书所获得的销售收益将捐赠给英国亨利商学院的马歇尔·戈德史密斯奖学金基金，该基金专门用于培养来自发展中国家的下一代优秀领导者，使他们能够成为教练。

让我们开始吧

在本书中，你将看到50位领导者的故事，他们不得不拯救他们的公司、他们的事业，留住关键人才……领导者必须（迅速）改变他们的商业模式、组织结构，甚至改变他们自己……领导者不得不增加收入、培养他人，并在内部实现增长。

我们在之前的研究中遇到的一位高管曾说："如果你能很好地接受教练，你就会改变你的生活，改变你作为企业领导者的生活。如果你找到了合适的教练，他可以产生巨大的影响。好的教练可以让你实现目标。"

顺便说一下，史蒂夫、罗西塔、马可和布鲁斯，以及所有其他人的故事结局都很好。请继续阅读，了解详情。

那么，让我们开始吧。

参考资料

Passmore, J. (2021). *Future Trends: Global Coach Survey 2021*. Henley on Thames: Henley Business School.

Passmore, J. & Sinclair, T. (2021). *Becoming a Coach. The Essential ICF Guide*. Berlin: Springer Publishing.

目录

自我洞察

1 卓越领导者要自信、与他人建立联系、致力于实现目标和具备情感勇气 / 002
2 六个相互关联的教练视角 / 007
3 作为初创企业创始人，如何应对你的"心魔" / 012
4 打造"成长—前进"发展路径 / 016
5 追求身份认同和融合 / 021
6 充分利用反馈 / 026
7 确保领导技能达标的有效技巧 / 030

沟通技能

8 交流的高潮与低谷 / 036
9 如何培养你心中的真实领导者 / 040
10 精通文化的领导者：在跨文化进行领导时，你的风格可能需要改变 / 045

人际关系

11 领导者如何辨识和利用员工的5种基本需求 / 050
12 史蒂夫：房间里最聪明的人 / 054
13 强大的领导者如何创造安全感：从办公桌两侧看问题 / 059
14 "面子"如何帮助你向上管理 / 064
15 倾听的回报 / 068
16 美国企业的必要反思 / 072

| Coach Me

情商

17　管理我们失控的情绪　/ 078
18　如何处理更深层次的、对教练有抵触情绪的行为　/ 083
19　冲突管理教练工作　/ 088
20　骑兵队不会来了　/ 092

赋能他人/授权

21　领导力敏捷性的重要性　/ 098
22　教练完美主义者　/ 103
23　教练工作让高管客户摆脱微观管理　/ 108
24　作为常务董事展现压倒性的存在感　/ 112
25　放手：一位创始人从实践到梦想的旅程　/ 117

教练他人

26　激励他人学习与转变　/ 122
27　教练式领导者　/ 127
28　教练员工时最重要的五个品质　/ 132
29　S型学习曲线　/ 136

管理变革

30　在变革时代发挥领导作用　/ 142
31　教练团队领导者　/ 147
32　实现可持续成果的教练与文化转型　/ 152
33　敏捷服务型领导力并非空洞无物　/ 157
34　带领团队度过危机　/ 162
35　放弃确定性　/ 167

过渡期管理

- 36 你的第一个100天 / 172
- 37 管理升职后的自我怀疑 / 177
- 38 自我领导 / 181
- 39 高管转型 / 186

执行

- 40 目标和主要成果 / 192
- 41 识别和处理不同类型的问题 / 197
- 42 领导者的勇气造就团队的成功 / 201
- 43 暂停以求进步 / 205
- 44 工作与生活的平衡并不存在 / 210
- 45 领导力的成功定义应包括影响力 / 215

职业发展

- 46 从C级高管到CEO / 222
- 47 个人领导力品牌：如何掌控自己的"展现"方式 / 226
- 48 决策——拨开"应该"和"恐惧"的迷雾 / 231
- 49 面向未来，迎接复杂的颠覆性时代 / 235
- 50 如何选择教练 / 240

致谢 / 246

自我洞察

1

卓越领导者要自信、与他人建立联系、致力于实现目标和具备情感勇气

彼得·布雷格曼[1]（Peter Bregman）

桑杰（为保护隐私，我修改了他的姓名和一些细节）曾是一家科技初创公司的创始人兼CEO，该公司迅速发展到营收5000万美元的规模，但后来一直停滞不前。

桑杰以前从未将公司发展到这一规模，因此他不知道哪里出了问题。他希望自己的团队能够团结一致，找出症结所在，然而目前还没有进展。

"我想要换掉领导团队。"他气愤而沮丧地对我说。

"或者，"我提出了不同意见，"你需要给自己的领导力升级，以便给公司升级。"到目前为止，桑杰并没有做过多少领导力发展方面的工作。他有想法，会告诉人们该做什么，并对执行层进行微观管理。他没有耐心，易怒，而且不太信任别人。公司员工流失率很高，他们都感到不被赏识，甚至领导团队也因为害怕不愿意承担风险。

这意味着桑杰被排除在沟通圈之外（因为担心他的反应，没有人愿意与他意见相左或给他传递坏消息）。

若想发挥领导作用，你必须完成最重要的工作，进行艰难的对话，建立问责制，并激励行动。有时——特别是在较小的公司里——领导者可以通过非常专制的方式做到这一点。但这样的领导力是非常糟糕的，而糟糕的领导力是无法扩展的。

---

[1] 彼得·布雷格曼是布雷格曼合伙人公司（Bregman Partners）的CEO。他主要从事有关领导力的教练、写作、教学和演讲工作。他的专长是作为成功人士的战略思想合作伙伴，帮助其成为卓越的领导者和优秀的人。他被公认为世界第一高管教练。

1 卓越领导者要自信、与他人建立联系、致力于实现目标和具备情感勇气

要想扩展领导力,你需要表现得强大、有魅力,吸引人们信任你、追随你,并全身心地投入一个更大的目标中。你需要关心他人,与他人联系,让他能够感受到你的关心。你讲话时需要有说服力——清晰、直接、诚实,表现出你的关心,同时还要抱着开放、同情和爱的态度倾听。即使在你面临挑战的时候也要如此。

在30年与不同领导者合作的过程中,我发现了一种模式,并在《以情感勇气领导》(Leading with Emotional Courage)一书中与大家进行了分享。这种模式由四个基本要素组成,所有卓越的领导者都依靠这四个要素来凝聚人心,完成对他们而言重要的任务。要想有效地领导——实际上是有效地生活——你必须自信、与他人建立联系、致力于实现目标,并具备情感勇气。

我们中的大多数人只具备这四个要素中的一个或两个。但若想成为强有力的领导者,你需要同时具备四个要素。

如果你对自己充满信心,却没有与他人建立联系,那么一切都会变得以你为中心,你将疏远周围的人。如果你与他人建立了联系,但对自己缺乏信心,你就会为了取悦他人而违背自己的需求和观点。如果没有一个目标——一个比你自己和他人都重要的目标——你就会迷失方向,失去周围人的尊重,因为你的行为漫无目的,无法对最重要的事情产生影响。如果你不能带着情感勇气去有力、果断、大胆地采取行动,你的想法就只能是空洞的念头,你的目标就只能是无法实现的幻想。

让我们将这些应用到桑杰身上,准确地找出他是在哪里以及如何陷入困境的。

自信。尽管从桑杰的表现来看,以下说法似乎有些奇怪,但其实他在这一要素上一直在挣扎。这可能会让人感到意外,因为他似乎很清楚自己想要什么,会进行微观管理,并使用恐吓手段确保自己的想法得到遵从。但这些都不是自信,而是傲慢。

自信表现为一种足够的安全感,允许犯错,倾听他人意见,并对他人的做法持开放态度。缺乏自信的人总是一意孤行,而自信的人允许他人胜出,并优先考虑最好的想法而不是自己的想法。桑杰显然相信自己——这也是自信的一部

分——但尚不足以令其放下防备。在这一点上，他显然还有很大的成长空间。

与他人建立联系。这是桑杰最大的弱点。他不够信任别人，不愿给予他们充分表达的空间，而别人也不够信任他，无法如实地告诉他事情的真相。他面对别人很少表现出好奇心，并很快下结论；一旦结论形成，对方就不会有第二次机会。他在这方面确实有一些优点：比如，对人很直接，不会在棘手的谈话中拖拖拉拉。人们清楚自己在他心目中的地位。但他的沟通方式过于严厉，以至于这些可以成为优点的特质变成了缺点。

致力于实现目标。这是桑杰最大的优点。他很清楚需要做什么，可以全身心地专注于战略与计划。他很清楚哪些少数事情会推动事情的发展，而且他从不分心。他有一套可靠的流程，可以将精力集中在最重要的事情上，确保责任落实并推动后续工作。

具备情感勇气。桑杰在这方面有很大的成长空间，这也是帮助他在自己较弱的领域里增强实力的重要因素。风险，根据定义，会让我们感到脆弱，而桑杰逃避了这种感觉。他抗拒未知，有意回避不舒服的情况。这使他很难对他人的想法持开放态度，也很难倾听他人的观点，尤其是当这些观点与他的观点不同时。如果领导者没有足够的勇气倾听和考虑他人的观点，其他人又怎么会有主人翁感？怎么会冒险提出创新想法呢？

综上所述，桑杰的强项是"致力于实现目标"，这一点给他带来了令人钦佩的显著成绩。但是，在"自信"、"与他人建立联系"和"具备情感勇气"方面的弱点阻碍了他、他的团队和整个公司实现宏伟目标。

我们在桑杰身上看到的其实是积极进取的成功企业家的典型表现。他对目标的承诺激励着投资者、员工和其他利益相关者，也激励着他坚持不懈地克服每个创始人都会遇到的不可避免的障碍。与此同时，这种难以遏制的动力和专注又使他无法真心听取他人的观点，无法真正吸引他人参与。而他对失败的恐惧削弱了他的信心。允许他人以及其想法、观点和不同意见来影响桑杰为之付出一切的"宝贝"，这需要巨大的情感勇气。

因此，我与桑杰分享了这一切。

只是清晰了自己当下的状态就已经给他带来了帮助。我们花了一些时间，通过冒一些小风险，同时感受他一直试图压抑的情感，来增强他的情感勇气。每次他都坚持到底，无论是否成功，他显然都挺了过来，同时也感受到了应对风险本身的成就感，当然，这也帮他建立了自信，同时帮他承担了更大的风险。

不久，他觉得自己已经做好准备（尽管他可能从未觉得自己"准备好"了）与他的团队坦诚相待，为他一直以来的领导方式道歉，并请求他们帮助自己成为一个与此前不同的领导者，也使他们也成为一个与此前不同的团队，并最终扩大公司规模。

于是，桑杰把团队成员召集到一起。在谈话过程中，他感到非常不自在——当做任何需要情感勇气的事情时，你几乎都会有这种感觉。

但是，运用情感勇气可以培养你的情感勇气。桑杰在与团队谈话后，在所有四个要素上都变得更加强大：他更有自信，与团队成员的联系更加紧密（因为他倾听了他们的谈话，没有打断他们，也没有质询他们），仍致力于实现目标，并且更具备情感勇气。

最重要的是，桑杰自身领导力的发展如何影响团队的领导力。团队成员彼此之间（以及与他之间）的联系变得更加紧密，对目标的承诺程度也远超从前。他们此前和团队分享挑战和障碍时会犹豫不决，现在他们能够做到了，因此自信和情感勇气也随之增强。当然，这样的状态也使他们作为一个团队有能力去应对这些挑战。

这就是扩展领导力及扩大公司规模的方法。

想在这四个方面发展自己的能力吗？以下是你可以快速开展的四项活动，每个要素对应一项——每项活动都会产生立竿见影的积极影响，并帮助你在领导过程中鼓足勇气。

自信。要在面对成功、失败、模糊性、复杂性或任何事情时保持情绪稳定。增强自信的最佳工具之一是冥想——哪怕只有30秒。

舒舒服服地坐下来，闭上眼睛，深吸一口气，保持1秒，然后慢慢呼出，在呼气的同时放松每块肌肉。哪怕只重复几次呼吸，你也会感觉自己更踏实了。现在就试试吧。

与他人建立联系。当感觉自己被看见、被倾听、被欣赏时，人们就会感到与

Coach Me

对方建立了联系。选择一个你希望与之建立更多联系的人，有意识地花时间倾听他们，回想你听到他们说的话。你不需要解决他们的问题或做任何特别的事情。只需倾听，让他们知道你听到了他们的心声。今天就来试试吧。

致力于实现目标。 这并不是说要有远大的愿景，而更多是说要将你的注意力和活动集中在最重要的事情上。因此请考虑一下，在未来12个月内，什么对你来说是最重要的。不要想得太多——你可能陷入分析瘫痪——选择一件看起来正确的事情，然后将其作为你所有沟通的过滤器。确保你传递给周围每个人的信息都是清晰的——这才是目前最重要的。

具备情感勇气。 如果你愿意去感受所有事情，你就可以做到任何事情。为了增强情感勇气，你需要给自己一个机会去感受事物。今天就去找一件让你感到害怕的事情——哪怕只是一点点害怕——然后坚持做到最后。慢慢来，在做的过程中感受一切。

想知道自己目前做得怎么样吗？在我们的官网上有一个免费的领导力差距评估，可以帮助你明确自己在每个要素上的优劣势。一旦完成评估，你就会对自己的发展空间有一个很好的认识。

2

六个相互关联的教练视角

菲利普·罗辛斯基[1]（Philippe Rosinski）

安妮是一位具有国际项目管理经验的资深高管，她收到任命，要领导一项前景广阔的发明的开发工作，包括经过大规模的测试阶段，获得必要的合规授权，最后将产品推向市场。她所在公司的大多数高层管理人员最初既没有意识到这项发明的巨大商业潜力，也不相信它能通过严格的测试阶段。但是，当安妮以优异的表现跨过第一道障碍后，她说服了老板彼得，使他相信这是一个不容错过的好机会。

由于安妮面临着多方面的挑战，彼得和约翰（人力资源高级副总裁）邀请我对她进行教练，安妮非常欢迎我的帮助。我们的会谈是保密的，因此安妮可以完全坦诚，并充分利用我们一起工作的机会。我们还与彼得和约翰进行了初步沟通，在沟通过程中，他们分享了自己的期望，三方就安妮的发展目标达成了一致。我们专注于对她和公司及其他利益相关者都有利的目标上（同时也同意安妮在我们的保密教练课上可以自由地提出其他话题）。我鼓励彼得和约翰定期与安妮分享反馈意见，既要为她的进步喝彩，也要找出需要改善的领域。此外，后期我们四人再次会面，审查进展情况。

安妮所面临的挑战与《全球教练》（Global Coaching）一书中概述的六个相互关联的教练视角（见图2.1）有关。繁重的工作和压力正在对安妮的身体

1　菲利普·罗辛斯基教授是开创性著作《跨文化教练》和《全球教练》的作者。他是高管教练、团队教练和全方位领导力发展领域的世界权威，ICF指定的首位欧洲认证教练大师，东京BBT大学教授。

（Physical）造成损害。她目前的状态堪称焦头烂额，因此保证充足的睡眠、参加有规律的体育活动（骑自行车、力量训练和瑜伽）以及健康的饮食都是安妮发展计划的一部分。

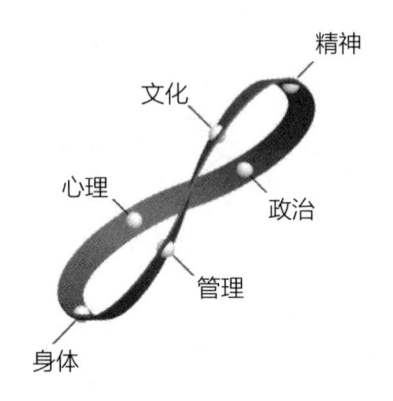

图2.1　六个相互关联的教练视角

在管理（Managerial）层面，安妮需要更好地利用她的团队。要做到这一点，安妮必须学会根据不同的个体和任务来调整自己的领导风格，最终做到能够适当地委派比以往更多的工作。为了腾出时间从事更具战略性的工作，她必须学会依靠她的直接下属。

尽管安妮的业绩令人赞叹，但她向我坦言自己仍然缺乏自信。矛盾的是，她有时在同事和上司面前会对人对事妄加评论，显得无所不知、傲慢无礼。在心理（Psychological）层面上，安妮必须变得更加自信（不自大）和坚定（冷静、坚持，但不会咄咄逼人、出言讥讽）。通过提高情商，安妮将能够与他人建立建设性的、良好的关系。

安妮的成功还涉及政治（Political）层面，即驾驭组织的矩阵，让不同的利益相关者参与进来，并与关键决策者建立内部联盟。安妮没有直接的权力监督项目的各个方面，她需要依赖其他部门的管理人员和专业人员。她参与我所称的"建设性政治"（Constructive Politics）的能力对于实现其目标至关重要。

文化（Cultural）层面在若干不同的方面都至关重要。作为一个生活在欧洲的美国人，安妮仍然需要学习调整自己的领导风格，以适应不同的环境（例如，变得更加委婉，更加具有针对性）。从更深层次上来看，安妮可以通过重新审视一些已被证明限制其自身发展的规范、价值观和基本假设而受益，并利用文化差异来使之得到丰富和扩展。例如，她对控制的信念（生活是我们自己创造的，我们掌握着自己的命运，我们可以实现任何事情）使她能够表现得积极主动，并取得了令人钦佩的业绩，但这也导致她无法接受环境和个人方面的局限性，难以放手，并面临职业倦怠的风险。"时间稀缺"的观念进一步加剧了这种状况，导致她只追求高效正确地做事，却不一定有效（做正确的事）。因此，她可以放慢脚步，重新审视什么才是真正重要的事情，也可以放松和恢复。

最后一点，精神（Spiritual）层面的问题在最初的任务中体现得并不明显。然而，关于意义和目的等根本性问题已经潜伏在表面之下，需要得到解决，只有这样，安妮才能继续向前迈进。

总之，尽管我们（包括安妮、彼得和约翰）确实商定了一套行为发展目标，但实际的教练工作所涵盖的范围要广泛得多。其中有一种"全球教练方法"（综合的、多方面的），适合解决安妮的复杂情况，既能帮助她以广泛且可持续的方式定义她的成功（"是什么"的问题），又能有效地帮助她获得成功（"如何做"的问题）。我们在讨论安妮的议题时并不希望排除那些对她有益的观点。相反，我们首先认为，把这六个视角看作是相互关联的是安妮充分释放其潜能、实现其重要而有意义的追求所必需的，这样做是有好处的。

"复杂性"（Complexity）一词源于拉丁语的"Complexus"，意思是"编织在一起"。复杂性就像由不同材料编织而成的布料。当今许多领导力挑战，当然也包括安妮所面临的挑战，都是如此。为了应对复杂性，我们需要扩大自己的世界观，而这正是"全球教练方法"帮助我们实现的目标。

安妮的教练工作持续了一年。我们每个月会面3小时。在最初阶段，安妮审视了自己的状况并设定了目标，主要参考了360度反馈以及对她的心理和文化偏好的个人评估（主要使用文化取向框架评估），并探索了她的愿望［根据哲学家巴鲁克·斯宾诺莎（Baruch Spinoza）的观点，这是我们的本质］、优势和发展机会。在后来的会谈中，我们认可安妮取得的胜利，并帮她解决前进道路上遇到的挑战。例如，我们会针对她与同事之间需要小心处理的互动进行角色扮演。我会（根据安妮的描述）扮演其上司、同级或下属，她会尝试一些在互动中能带来成效的做法。我会分享一些反馈意见，并交流一下刚才互动中的情况，她会再次尝试。我们可能会交换角色，做任何有助于安妮运用其洞察力并进行实践的事情。在两次会谈之间，她会将关键的交流互动记录在学习日志上，我们在下一次教练会谈中进行探讨。我们会审视可能出现的认知和情感障碍，并制定策略（特别是关于自我许可和触发被掩藏的情感）来克服这些障碍。

我向安妮提议了各种不同的活动，其中包括请安妮绘制她所在组织的利益相关者地图，分析她与这些利益相关者的关系和战略上的接近程度（或缺乏程度）。这使她能够开始系统地建立内部联盟。在另一次会面中，我们使用明信片作为工具，绕过逻辑思维，探询无意识动机，帮助安妮表达并尊重她的使命感。

除了面对面的会谈，安妮还可以打电话给我帮助其解决紧急事务。她曾多次这样做，特别是在重要会议之前。她不仅为干预的内容做准备，也为干预的过程做准备：包括如何与不同的参与者打交道，如何处理各种动态关系，以达成富有成效的结果。

最终，安妮取得了巨大成功，她推出的新产品实现了业务突破的承诺。她变得更加自信，压力更小。虽然要求仍然很高，但在与人交往时更加友好，不再那么评头论足，而且工作与生活更加平衡（特别是可以重新抽出时间锻炼身体和陪伴家人），她也更加快乐，更加宁静，更受公司的赏识。

虽然事实证明"全球教练方法"特别适合这种复杂的情况，但我们要承认安妮自己功不可没，她在整个教练过程中的用心参与、接受反馈并付诸行动的勇气、质疑自己的假设并超越限制性文化信念的开放态度，以及坚持这一过程的纪律性，使她与众不同。她的老板和同事也功不可没，公司提供了教练服务，他们通过善意的反馈提供了帮助。

安妮和我结成的联盟以及我们作为人类（超越了我们作为被教练者和教练的角色）之间的关系质量，也被证明是至关重要的。尽管我使用模型、应用工具、评估进展和衡量结果，但这永远无法取代我与被教练者建立真正联系和真诚沟通的强烈愿望。有时，安妮会问我一些私人问题。只要我觉得这样做能够加强我们之间的合作关系，并有助于实现安妮的最终教练目标，我都会回答。能够为安妮和她的组织提供服务，并最终使许多人受益，我深感荣幸。

练习

请你从多个角度评估自己的现状,如果你发现在某些领域存在差距,请采取必要的行动来弥补这些差距。这将帮助你取得全方位成功。

身体

你将如何增强自己的活力,为取得最佳表现创造条件?如何在你的组织中促进健康?

管理

你将如何根据被领导者完成特定任务的能力和意愿来调整自己的领导风格(指导、教练、鼓励和授权)?

心理

你将如何促进建设性的人际关系并培养健康的情绪?

政治

你将如何在服务他人的同时提高自己的影响力和杠杆作用?

文化

你将如何充分利用文化差异,提高包容性、团结性、创造性和有效性?

精神

你将如何找到生活的意义、确定生活的目标,并更好地享受生活?

参考资料

Rosinski, P. (2003). *Coaching across cultures*. London and Yarmouth, ME: Nicholas Brealey Publishing.

Rosinski, P. (2010). *Global coaching*. London and Boston, MA: Nicholas Brealey Publishing.

3

作为初创企业创始人，如何应对你的"心魔"

艾丽莎·科恩[1]（Alisa Cohn）

迈克斯是迈阿密一家人工智能数据公司的创始人兼CEO，在一次教练会谈中，他的情绪明显很低落。迈克斯本来就是一个容易紧张的人，我已经习惯了他情绪起伏不定，但这次比往常更加明显。

他直奔主题，他的首席技术官斯里辞职了，而他一直想招聘的人气极高的首席营销官玛丽安拒绝了他的邀请。所有这些都发生在刚过去的24小时内。

这种情况在初创企业中时有发生——这就是为什么初创企业给人的典型印象就像过山车一样。

当过山车的下坡阶段发生在你——创始人——身上时，再加上其他无情的压力，你会感觉这好像是所有的梦想和辛勤工作的终结。

更糟糕的是，这些困难时刻会渗入你的心灵，你可能会怀疑自己的能力，就像迈克斯一样。在那天的会谈中，他不想谈论如何找人顶替斯里的位置，也不想讨论如何重新启动寻找首席营销官的进程。因为他无法摆脱这个糟糕的想法：也许我并不适合做这件事。"我的脑海中反复出现一个想法，几乎都不敢向自己或向你承认"，他用很小的声音告诉我，"如果我走到路的尽头了怎么办？我可以把公司发展到这一步，但我无法把它继续下去，而且每个人都会发现这一点。"

---

[1] 艾丽莎·科恩在Thinkers 50全球教练奖评选中被评为"全球最佳初创企业教练"。她有20年辅导创业者成为世界级CEO的经验。她是《从初创到成长》（*From Start-up to Grown-up*）一书的作者。2021年，她被评为"全球创业领域第一大师"，曾与Venmo、Etsy、DraftKings、Mack Weldon和Tory Burch多家公司合作。

3 作为初创企业创始人，如何应对你的"心魔"

迈克斯认为自己是个骗子，而且很快就会被发现——这通常被称为"冒名顶替综合征"，是许多精英人士的正常经历，当然也包括初创企业创始人。

在我作为初创企业教练与创始人们合作的20年里，我开发了一套工具，即使不能完全克服自我怀疑，至少也能让它暂停下来，对其进行审视，并为自己提供心理和情感的空间，理性地处理它并向前迈进。以下三种方法可供你尝试。

创建精彩片段

所有形式的自我怀疑都源于同一个问题，即你的许多自我批评式担忧并不真实，但它们确实让人感觉真实。因此，你必须证明自己拥有实际能力，而不仅仅听从于自己的"心魔"。也就是说，你需要创建一个精彩片段。

在迈克斯的案例中，我们当场创建了他的精彩片段。"我知道你对这些挫折感到畏惧，"我告诉他，"但这并不是故事的全部。你已经取得了很多成功。让我们来把这些写下来。"

经过一番催促，我从他那里得到了六七个例子。他筹集了大量资金，以至于其他创始人都来向他请教筹集资金的技巧，甚至有人称赞他为"风险投资大师"。他曾冷静地带领团队克服了客户现场的一次重大产品故障，并当场让客户将订单量翻了一番。而且其高管团队的成员（除了即将离职的首席技术官）都非常优秀。

当我们谈到这些时，迈克斯平静了下来。他甚至露出了笑容。他对我说："这个精彩片段真是个好东西，我可以每天用它来提醒自己。"完全正确！为自己创建精彩片段，每周看几次，当你遇到信心危机时也可以看看，这将帮助你正确看待每一件事。

通过别人的眼光看自己

当迈克斯的自我批评声音过于响亮时，他会认为自己是一个糟糕的管理者。这就是为什么他会遭遇严重的人才问题。然而，在进行360度反馈时，我亲自与他的团队进行了交谈，事实上，他的团队很喜欢他的领导。他是一个真诚的人，他们非常信任他。他很谦虚，敢于承认自己不知道的事情，而且他总是热情洋溢地描绘未来，即使在情况急转直下的时候。

他还有改进的空间吗？当然有——我们都有。总的来说，迈克斯的高管们都认为他是曾经共事过的最好的领导者之一，他们始终热情、积极地为他和公司的最终成功而努力着。董事会对迈克斯的领导力同样给予了肯定。我拿出360度反馈报告，告诉他大家是如何看待他的优势的。然后，我让他扮演几位高管，学他们的口吻谈论自己。是的，他很不好意思，但最终发现他才是自己最糟糕的批评者。当你提醒自己别人是如何看待你的时候，就会让更多的声音进入你的头脑中，这些积极的声音往往能够抵消消极的声音，让你更好地了解自己的真实情况。

养成健康的习惯

帮助你应对"冒名顶替综合征"的最后一个工具是通过养成健康的生活习惯来保持良好的精神状态。几年前，我教练过的一位CEO说："处于高层不仅孤独，而且令人精疲力竭。"

这就是为什么为了公司的利益，你必须关注自己的健康——身体、精神和情绪的健康。否则，即使很小的事情也会让你大失水准。这不仅仅指"多吃蔬菜"，因为"多吃蔬菜"这句话在某种程度上让你站在了道德制高点。你做这些事情是为了在困难时期能够积极应对，在压力下做出正确的决策，并在事情变得棘手时保持平衡。

在我和迈克斯交谈的过程中，我们审视了他在过去一年中养成的习惯。健康饮食？没问题——他注册了一家送餐服务公司，效果不错。他已经基本戒酒了。健身习惯？是的——他有一个朋友，每周和他一起跑步两次，还有一个健身教练，每周来找他两次。充足的睡眠？啊……不太好。他晚上工作到很晚，需要很长时间才能平静下来然后入睡。由于他精神高度紧张，他常常会在半夜焦虑不安地醒来。更糟糕的是，他经常在清晨与欧洲公司召开电话会议，在深夜与亚洲公司召开电话会议，这打乱了他正常的睡眠规律。

我明白获得充足的睡眠并不容易。但是，正如我告诉迈克斯的那样，你必须努力尝试。我让他探索自己的夜间习惯，看看在哪些方面可以改进。也许，他可以在没有深夜电话会议的时候早点上床睡觉，也许他可以在晚上不去碰电子设备，做一些让自己平静的事情，这样他就不会在睡前那么兴奋了。如果可以的话，我还要求他在日程表中增加一两天的健身时间，我们一致认为，健身会使睡眠质量更好。

你需要诊断自己的习惯，看看哪里需要改进。我向你保证：如果你提高了身体健康水平，你的心理健康水平也会随之提高。

作为初创企业的创始人，你有很多问题和压力，这很正常。你可能觉得自己是个骗子，或者有一些自我怀疑，这也很正常。但是，通过有意识地实施这些策略，你将能够更好地应对黑暗，更多地获得内心的光明。

4

打造"成长—前进"发展路径

迪德姆·泰卡伊[1]（Didem Tekay）

我在以往的咨询和教练工作中发现，很多领导者在制定自己的"成长—前进"发展路径和落实计划时遇到了困难。许多公司都有绩效系统，将业务成果与领导者的发展计划联系起来，并监控领导者思维方式和技能的进步情况。

"我收到了很多关于自己的反馈和洞见，但不知道如何利用这些信息，应该从哪里开始呢？"苏珊是一家全球医疗保健公司的业务主管，她在我们的第一次教练会谈上与我分享了她的感受。她当时很沮丧。公司已经为她提供了一些工具，如个人档案、360度反馈、敬业度调查和领导力评估等。这不是她第一次尝试制订发展计划。她在以前的岗位上也制订过一些计划，但这些计划大多集中在企业技能方面，而且遗憾的是，它们从未奏效。她说："我必须承认，这些计划看着都不错。"她面对所有这些报告，试图制定一个有意义的、相关的发展方向，为自己设计一条发展道路。当我问她这次有什么不同时，她跟我分享说，在此之前，她把日常工作和要完成的任务放在前面，而把自己的个人成长和职业发展放在后面。她现在意识到，"她是谁"和"她能成为谁"之间存在着差距。我们的第一次教练会谈就从这个问题开始展开：制订发展计划的正确思维方式是什么？

1　迪德姆·泰卡伊对自己的描述是"成长—前进架构师"，为领导者、团队和组织规划发展路径。她曾入选《福布斯》全球40位40岁以上值得关注的女性榜单。她是《成长—前进宣言》（*The Grow-Forward Manifesto*）一书的作者，该书指导领导者和领导团队如何通过共同创造成长—前进路径和关系实践来促进个人和职业发展。

大多数情况下，领导者只专注于为发展创造一些任务，却没有深入思考过正确的思维方式，对他们而言，发展无须刻意为之，似乎是理所当然之事。这些假设往往没有受到足够的重视，甚至没有被许多领导者考虑过。他们未经检验的思维方式导致其专注于克服每日、每周、每季度和每年的业务挑战，而忽视了自己需要努力打造一条可以实践的"成长—前进"之路。发展计划为领导者提供了一个可以定期回顾的途径，以确保其在事业和生活的整体状态上保持在正确的轨道上并取得进步。

发展计划对一个人的发展至关重要。其目的在于有意识、有意图地选择要走的道路，而不是任其自然发展。制订发展计划是一项可学习的技能，因此我鼓励苏珊练习制订发展计划。我们探讨了制订发展计划的一些关键信念，在七步框架的支持下，苏珊利用所有的洞见和对未来的设想制订了她的有意义且相关的发展计划。

"成长—前进"发展路径：心态，制订发展计划的关键信念

大胆思考

为了制订发展计划，我鼓励你在为自己设定学习目标时大胆思考。这个计划是你对自己未来的投资，因此，请花时间退后一步，真正从大处着眼。想象一下你希望在生活中看到的进步。

挑战自己

一个好的"成长—前进"路径包括挑战部分。它将你推出舒适区，向你提出挑战。如果你的计划过于简单，那么它就不支持"成长—前进"路径。

找到你的"独特存在"

"独特存在"是你看清自己的关键视角。了解自己是谁，并愿意打造更好的自己，这是一种进步的心态。了解自己也是为了了解他人是如何看待你的，认识到个人的长处和短处，并确定需要具体改进的方面。

了解自己的"学习方式"

人们的学习方式各不相同,我们都喜欢以不同的方式学习。了解你的学习方式!有很多工具和框架可以帮助你发现这一点!了解自己的学习方式后,你就可以根据适合自己的学习过程和内容去制订计划。

承担起作为学习者的责任

你必须对自己的"成长—前进"路径负起个人责任。只有你才能对自己负责。你需要积极主动,关注未来;在发展被需要之前正是关注发展的时候。

应对你的弱点

"成长—前进"的过程会让你面对个人挑战,承认自己的差距(你通常会非常善于隐藏这些差距)。学习和进步是一个充满挑战的过程。抽出时间反思,给自己的弱点提供一个空间。

创建你的同盟

在"成长—前进"旅程中,谁是你需要的盟友?问问自己并列出他们的名字。留意你选择了谁以及没有选择谁。

制订发展计划的七个步骤

第一步:你对自己了解多少?思考一下并列出来

这一步的目的是将你的内在自我觉察和外在自我觉察联系起来。你的内在自我觉察表明你对自己的价值观、热情、志向和习惯性反应有多少了解。外在自我觉察表明你对他人如何看待你以及你对他人的影响有多少了解。

第二步:你未来可能实现什么?大胆设想并描绘出来

成长计划要求你思考有哪些可能性可以帮助你成为未来的自己。你所采取的行动可大可小,但在采取这些行动时,你需要始终牢记自己当前和未来的心态。真正花时间去思考和想象自己的未来可能并不容易——因为它从来都不是紧急的(只是重要的),所以在有事情出现让你分心的时候,我们往往会推迟它,或者将它搁置。因此，至关重要的是，你要敦促自己走出繁忙工作和眼前优先事项的舒适区，从战略角度考虑自己。

第三步：你的发展计划重点是什么？写下来，让它清晰可见

第一步和第二步为你和你的未来提供了一系列可能性。"成长—前进"路径为你提供了这一系列可能性的聚焦点。在第三步中，你需要关注自己的关键资源和你希望看到的进步点。这一步的重点在于通过写下这些要点并使其清晰可见，从而时刻提醒自己要成为什么样的人，实现什么样的目标。

第四步：你的发展计划是什么？执行和监控它

你已经准备好通过自己的学习方式来选择并深化你在关键发展领域的行动、任务和活动。在选择相关行动时，你需要牢记，对于成长而言，不同技能或发展领域的进步对你而言都会带来不同的体验。对于某些发展领域，你需要更多的练习和更多的时间。对你来说，关键是要寻找机会尝试新技能，克服学习新东西时的焦虑（尤其是当你已经习惯于在自己擅长的技能领域表现出色时）。

第五步：谁是你的盟友？分享你的计划与进步

一旦准备好了自己的计划，请与同事、朋友和思想伙伴分享，征求他们的意见。让他人参与进来总是能够给计划带来改善。虽然它看似只与你自己有关，但你将在工作中与他人建立关系。寻求实时反馈，并在接受反馈时尽量表现出你的好奇心——尝试着去理解，而不是解释或辩护。

第六步：你的成长之路在哪里？坐下来反思

所有形式的日志都是仔细思考和深刻反思的好工具。无论人们是通过每天或每周的书面日记，还是通过给自己语音留言，抑或是通过艺术、诗歌和摄影的形式，日志都能为人们正在发生的事情提供证据，并记录下他们对成长的承诺轨迹。

根据个人的具体需求，发展计划涵盖了最长可达18个月的时间段。在该计划中，需要明确留出时间，后退一步，深思熟虑，反思自己目前在计划中处于什么位置以及未来的方向。发展计划会随着时间的推移而发展，并根据情况而改变。

它不是静止的，并非一旦制订出来就固定不变。

第7步：你将如何赞赏自己的进步？欣赏和庆祝

欣赏自己和他人的成长是成长思维方式的属性。你需要时刻关注自己的进步。在你前进的道路上总会遇到一些障碍——一些你以前从未遇到过的障碍。

当你认识到自己取得了进步——无论是内在的还是对他人的影响——的每一刻，都不要吝啬赞赏自己。让他人参与你的赞赏，庆祝你的成长。感受自豪的力量。

苏珊的这一过程开始于树立正确的心态，接下来是发展技能，并围绕发展技能采取一些关键行动。她选择了三个关键的学习目标，并围绕这些目标制订了自己的计划。"我从未想过我可以专注于发展什么。现在，我能够带着信心去应对需要改进的领域，并且有一个我可以遵循的计划。这让我松了一口气。"此框架带来了结构和重点。计划不断发展，她在每个季度都对自己的计划进行反思。苏珊在制订计划后推动集体采用该方法，6个月后，她召集团队成员制订了各自的发展计划。她自己的提升重点之一就是发展他人，她反思了自己的经验，将其推广到团队，并展示了这一技能。

5

追求身份认同和融合

普莉希拉·吉尔[1]（Priscilla Gill）

人才

本文重点讲述柯娜通过教练实现领导力发展的故事。柯娜的上司为她提供了教练服务，以确保她作为一名大型学术医疗中心的高级女性医生领导者在战略和人际关系方面能够取得成功。柯娜欣然接受了这次机会，并表示有兴趣为其相对较新的职能制订战略计划，管理纵向、横向和斜向的人际关系。

对柯娜来说，担任高级行政领导职务是"梦想成真"，因为这与她的才能、优势和热情相符合。柯娜充满热情，决心为客户创造不同，满足角色期望，并向赞助人和利益相关者证明，他们选择自己担任高级行政领导职务是正确的决定。她在医疗实践中取得的众多成功、在国内和国际层面做出的贡献、在专业组织中担任的领导角色、获得的多项荣誉和奖励，以及承担的家庭责任和取得的成就使其获得了这一职位。

除了担任这一新的领导职务所需的技术知识、技能和能力，柯娜还富有竞争力和创造力、精力充沛、社交活跃——她是一个高标准的外向型人。柯娜取得过许多成功，有很强的驱动力。柯娜天生就是一个胜利者，并专注于最终目标。

---

[1] 普莉希拉·吉尔热衷于帮助领导者发展和改造组织，以释放他人的巨大潜力。她目前负责梅奥诊所的员工学习部门，此前曾领导其教练和辅导卓越中心。普莉希拉在诺瓦东南大学获得了组织领导的教育学博士学位。

Coach Me

领导者身份认同

在担任这个令人羡慕的职位几个月后,柯娜收到了上司的反馈。上司肯定了她的努力和一流的交付成果,同时也认为她有必要到"阳台上"看看工作环境和与她打交道的人。提出这一建议是为了帮助柯娜更好地促进开放式沟通,并在制订战略计划以获得批准和资金时引导大家有效地达成共识。尽管柯娜认可这些反馈,但她感到担忧,认为这些反馈是评价性的,对她不那么有利。她的上司对她的评价尤其令人担忧,因为柯娜知道人际交往技巧、关系建立、战略和执行力是有效领导力的支柱,她以为自己做得很好。这些反馈挑战了柯娜的领导者身份认同——自我认知和自我表达。

柯娜采取了三管齐下的方法来明晰自己的领导者身份。首先,教练对话帮助她开始将反馈视为一份礼物和学习的机会,以了解什么在帮助她,什么在阻碍她。柯娜开始在自己的领导力交往中扮演行动者和观察者的角色。她将沟通技巧融入日常的领导工作中,同时也非常关注他人对她不同行为的反应。柯娜进一步接受了这一观点,即发展和完善领导者身份认同是一个"全面学习"的过程,她要不断地展现出最好的自己,并充分发挥领导力去影响他人,进而为团队、组织和社区创造价值。

其次,柯娜将写日记和练习瑜伽融入日常工作中。这些练习为她提供了更多的洞察力和自我觉察,让她知道自己在做什么,以及想成为什么样的人。

最后,柯娜非常认真,有意识地努力考虑新部门和同事的背景。在环境方面,她开始调整自己在某些领域的优势,她在这些领域以前非常成功,但在新的环境中没有产生预期的影响。为了提高领导效能,柯娜开始有意识地为他人创造参与空间,并根据不同的受众和环境调整自己的沟通方式。柯娜注重自己的沟通风格,这也与她表示希望与新的行政领导团队进行融合有关。

融合

坦诚的教练对话揭示了柯娜对展现真实自我的强烈需求,以及她对融合——被接受和被重视——的渴望。柯娜是在公司发生重大变革时加入团队的,几乎没有时间制订全面的过渡和入职计划。这些变化向柯娜和行政领导团队提出了新的挑战性要求，且有紧迫感。各种变化和对高管团队快速交付成果的需求优先于高管团队的发展和新领导团队成员的融合。重大变革通常会挑战领导者的身份，因此这对柯娜造成了多层次的影响。

为了解决身份认同与融合之间的矛盾，我们讨论了极性图（Polarity Map）的组成部分，并进行了SWOT分析。（公司通常使用SWOT分析来了解内部业务的优势和劣势，以及外部行业的机遇和威胁。就个人发展而言，SWOT分析有助于识别并最大限度地利用优势和机遇，最大限度地减少劣势和威胁，从而取得最佳结果）。因此，柯娜得出结论，她将把精力投入自己能够做些什么以在高管会议上发挥作用，而不是别人正在做或没有做的事情上，从而实现自己想要的融合。柯娜为创造她最喜欢的工作环境而负起责任。例如，她决定在发言前"等待一下"，以此来建立信任。这使她能够倾听他人的意见，并通过澄清需求和潜在的共同点来了解他人的利益和关注点。

柯娜意识到，调整自己的沟通风格也有利于提高可信度、促进必要的对话，以推进她的目标和行政领导团队的集体目标。她知道信任是长期成功的关键，因此她开始认真地与每个人建立信任。在利用公开机会对他人表示认可和赞赏的同时，她还与同事进行一对一的沟通，分享她在教练过程中制订的战略计划。根据同事们的意见，柯娜的战略计划得到了进一步完善，以更好地与部门整体战略保持一致。这些有意识的互动也加强了人际关系。

过程

随着教练工作的深入展开，柯娜在发展旅程中放下了更多的防御。她继续全身心地投入教练工作中，并对一系列评估保持开放态度，以深入了解和认识自己的动机、风格、技能、能力以及对领导效能有影响的行为。在教练过程中，柯娜参加了个性评估和360度评估。她还绘制了一张利益相关者地图，其中包括盟友、潜在盟友、反对者和潜在反对者，以全面了解她在组织和新角色背景下的优势和发展机会。

柯娜同意采用以利益相关者为中心的教练方法，其中包括最初的一系列一对一利益相关者访谈,以提供可操作的教练式反馈(而不是容易冒犯身份认同的评价性反馈)。通过来自利益相关者的匿名、深入的定性反馈,柯娜确定其主要教练目标是"优化自己作为领导团队成员的效能"。更深层次的教练对话揭示了柯娜希望强化其领导者身份认同并在高管领导层会议上被听到的愿望。

柯娜向反馈者发送了感谢信,分享了她的教练目标,并邀请他们作为她的教练团队的一员,通过在教练工作开始和结束时进行的在线调查,提供阶段性的即兴反馈和额外的匿名反馈。

回报

柯娜将我们教练协议和发展战略执行到底,从而实现了强化其领导者身份认同并与高管团队融合的目标。她的成功在"教练工作前/后"的在线调查中体现为"作为领导团队成员的有效性"的量化改进(增强融合的标志)和"整体领导有效性"的量化改进(增强领导者身份认同的标志)。

随着自我觉察和反思能力的提高,柯娜的工作蒸蒸日上,并能够以帮助下一代医生的崇高目标推进她的议程。她为自己的战略计划争取到了高管团队的支持和资金,该计划已被其他国家的医疗机构认可并采用。

柯娜表示,对领导者身份认同发展的关注使她能够在忠于自我的同时修正自己的领导行为,并更好地与同伴合作以实现目标。柯娜认为,在这一过程中,思考以下问题很有帮助:

- 是什么造就了你?
- 是什么阻碍了你展现最好的自己?
- 作为领导者,你希望产生什么影响?

总结

许多成功的领导者发现自己正处于身份认同和融合的十字路口——既希望成为具有共同目标的团队中的一员,又希望展现个人的内在能力。在某些组织环境中,一方面想成为自己想要成为的人,另一方面想被有不同诉求的人所接纳,这样的矛盾是很难处理的。尤其是对于那些才华横溢、业绩卓著、渴望成功的女性领导者来说，这更是一个令人困惑的问题。我们鼓励领导者，尤其是那些没有及时感受到领导力认可的女性领导者关注自己的意图和个人发展，以及他人的意图和发展。正如"身份认同—融合循环"（见图5.1）所示，以获得最大的领导影响力。

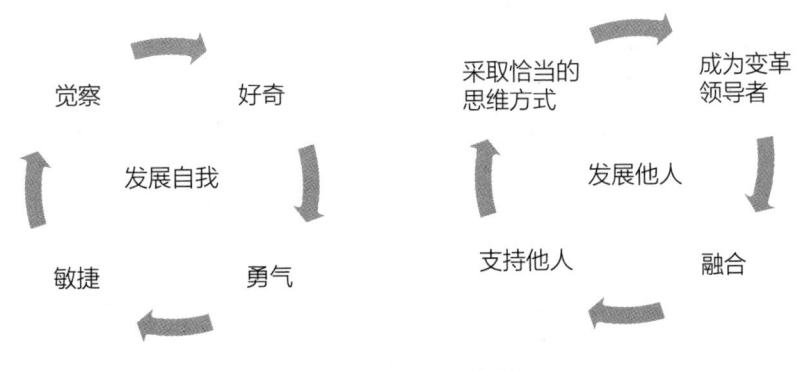

图5.1　身份认同–融合循环

参考资料

Skinner, S. (2015). *Build your leader identity*. Haberfield, NSW 2045, Australia: Longueville Media.

Stone, D., and Heen, S. (2014). *Thanks for the feedback. New York*, NY: Penguin Group.

6

充分利用反馈

斯科特·埃布林[1]（Scott Eblin）

距离我们的预约时间已经过了30分钟，而弗雷德却不知所终。我一直坐在这家《财富》500强公司的大厅里等待，弗雷德是这家公司的副总裁。一周之前我曾与他会面，并根据从他同事那里征集到的反馈提交了一份教练报告。

上次会面并不顺利。报告中的原话都很严厉，其中许多可以用"诚实得要人命"来形容。当他第一次通读报告时，弗雷德对他读到的很多内容不以为然，并说他的同事们"不明白"。如果必须由他来做那个强硬的人，以确保事情顺利完成和得到正确处理，那就这样吧。在反馈会谈的最后，我请他反思几天，我们将在一周后再次会面，讨论下一步措施。

7天后，我回来了，弗雷德却不见了踪影。大厅里的保安每隔10分钟就会拨打弗雷德的电话，都被转到了语音信箱。我开始用手机给他发邮件，想要提醒他。没有回音。半小时之后，我站起身来走向停车场。就在这时，电梯门开了，弗雷德出现了。他说："哦，对不起，我忘记了咱们今天有会谈，刚收到消息说你在等我。"我的第一个念头是："哇，你可真够消极对抗的。"但我把这个念头抛在一边，和他握了握手，然后与他一起乘电梯上楼。

当我们到达他的会议室时，弗雷德面无表情。我问他是否可以再仔细考虑一下反馈意见。他说"可以"。于是，我问他有什么想法，他说："没有想法，

---

[1] 斯科特·埃布林是一名高管教练、领导力教育家，也是两本畅销书的作者，其中包括《内部人士知道的高管成功之道》，现已更新至第3版。

真的。"我换了一个问题再问他，但他依然没有给我任何可以借鉴或参考的意见。这种模式又持续了10分钟，最后我说："听着，我不想浪费你的时间。很明显你今天并不希望与我见面。我想我该走了，请继续你的工作，我们可以过几周再谈。"

我转身向门口走去，但听到弗雷德轻声说："等等。你能留下来吗？我有些话想跟你说。"当然了！我又坐下来问是什么事。"上次你来过之后，我又读了一遍报告，然后拿着报告去了一个朋友的办公室。他是我多年前在另一家公司的同事，认识我很久了。我请他通读了报告，然后问他我是否真的是那样的人。他说：'你以前不是，但现在是了。你到底是怎么回事？'"

弗雷德眼中噙着泪水，低声对我说："我不想成为那样的人。"我问他午餐是否有安排了。他说"没有"，于是我们去了附近的一家餐馆，花了两小时谈论他的生活。弗雷德那天并没有意识到这一点，但他已经开始采取一些重要的步骤来充分利用反馈。

理查德·E. 博亚齐斯的研究表明，接受反馈会引发战斗或逃跑反应。建设性（又称负面）反馈会促使我们为自己的所作所为进行辩解。这是一种旨在保护我们自尊的防御机制。当然，问题在于，如果其他人都看到并忍受了你的无益行为，而你是最后一个认识到的人，那你将慢慢变得没有成效。

因此，当你收到同事的反馈时，应采取以下行动步骤。

表达感谢并继续前进——无论何时收到反馈，你首先应该说："谢谢，我很重视你的观点，并感谢你为分享这些观点所付出的时间和精力。"给出反馈并不容易，因此你要通过表达感谢来鼓励这种行为。如果反馈是积极的，你可以在感谢之余说你将尽最大努力继续保持这样的做法，并询问你的同事是否认为你可以通过其他方式利用这种优势或积极属性为组织谋福利。

表达感谢并了解更多——当一位或多位同事足够关心你并有勇气给出建设性的反馈时，表达感谢就显得更加重要了。你希望鼓励开诚布公的交流，因为这是不断进步的基础。从自己得到的反馈中寻找趋势。虽然所有反馈可能都是有用的，但一个数据点并不能体现任何趋势。如果你的多位同事都表达了相似的内容，那么你就了解到了一种趋势。收到反馈时进行争辩是没有任何好处的。我的

Coach Me

客户弗雷德在解决这一问题上迈出了重要的一步,他与一位老朋友分享了自己收到的反馈,以进一步了解人们对他的看法。你可能同意也可能不同意反馈中体现的趋势,但你同意与否并不重要。他们的看法就是你的现实情况。当你根据反馈采取行动时,请记住,你不仅要努力改变自己的行为,还要努力改变人们对你行为的看法。

选择一个目标——这一行动步骤是关于描绘你未来状态的积极画面,说明其重要性以及它将对你和组织产生什么影响。清晰地描绘这幅画面对你是否能充分利用反馈是一个强有力的预测因素。当弗雷德告诉我他不想"成为那样的人"时,他就朝着这个方向迈出了重要的第一步。他开始重新认识到是什么让他在职业生涯早期取得了成功,以及他将如何在此基础上以更积极的方式在当前角色中领导。

寻求帮助——帮助你充分利用反馈的最佳人选是那些每天都能看到你行动的人。向他们寻求帮助。告诉他们你设定的目标,并请他们与你分享可以定期采取哪些具体行动来实现这一目标。从这些想法中挑选几个你想要定期承诺去做的,并请他们关注你采取的行动。一旦他们注意到了你采取的行动就告诉你。你将拥有一个由教练和问责伙伴组成的内部团队。你还将以身作则,亲身示范如何致力于自我完善,这也将激励他人。

跟进——在20年的高管教练生涯中,我学到的一点是,认知的改变几乎总是滞后于行为的改变。比如,你得到的反馈表明,你可以成为一个更好的倾听者。你向同事征求了倾听建议,并在解决问题的过程中一直提出更多开放式问题,而且在别人分享自己的想法时不去打断他们。几个月后,你已经在这两方面做得很好。但是,如果人们对于你"没有做到这些"的认知已经持续了好几年,那么很可能这时候还有很多人没有注意到你的改变。那就继续前进。继续做这些事情,并不断向你的团队征求即时反馈,询问他们关于你的倾听行为留意到了什么。你最终会听到人们说"你做到了"。这时,你就知道自己既改变了行为,又改变了他人的看法。

至于弗雷德,我们一起工作的重点是专注于那些能够帮助他感受到并表现出人际关系对他来说与结果同样重要的行为。在工作中,他所采取的行为表明,他将人也视为目的，而不仅仅是达到目的的手段。他做了很多人们通常会做的事情——询问个人兴趣和家庭情况，与同事共进午餐，并就完成工作的最佳方法寻求共识。他所做的最重要的事情之一与工作无关。当他开始思考人际关系的价值时，他重新联系了高中时代的老朋友，并恢复了联系，这些联系改善了他的个人生活，进而提升了他的职业表现。弗雷德现在已经退休了，但在我们共事之后的10年里，他得到了晋升，职能范围也扩大了。如今，他正在追求他的另一个职业——私人健身教练。

准备好创造更美好的未来了吗？从征求反馈意见开始，然后充分利用反馈意见。

参考资料

Boyatzis, R. (2011, January/February). Neuroscience and Leadership: The Promise of Insights. *The Ivey Business Journal* [online].

7

确保领导技能达标的有效技巧

丽莎·安·爱德华兹[1]（Lisa Ann Edwards）

罗西塔是一位全球知名品牌的年轻营销副总裁，以其出色的创意和独特的创造力而闻名。同时，她也因粗鲁、直白和令人不悦的沟通风格而声名狼藉。

罗西塔的营销理念可以彻底改变公司的面貌并增加收入，但由于其沟通风格，她常常无法将自己的想法付诸实践。罗西塔直言不讳的命令式风格使她无法争取到中层经理的支持来执行其理念。这样一来，她的才能被浪费了，公司也无法实现营销战略的现代化，无法充分挖掘产品潜力。

罗西塔对无法带领公司朝着自己希望的方向发展感到沮丧，于是她咨询了一位高管教练，并开始了反思实践。她加强了自我觉察，开始反思是什么阻碍了其成功。她意识到是自己的领导技能——她相信自己的理念非常出色，但无法得到他人的认同和追随。她开始研究情商、沟通和领导力风格。几年下来，罗西塔越来越意识到自己直接、咄咄逼人的沟通风格对他人的影响；她可以看到正是这种风格限制了自己取得成果的能力。渐渐地，罗西塔开始想办法缓和自己的语气，多提问题而不是直接告诉别人该怎么做，并邀请其他人分享自己的想法。最终，罗西塔得以实施她最具革命性的理念之一，通过吸引全球经理人采纳其理念并执行其想法，来统一营销实践。

罗西塔的故事对你来说意味着什么？在我撰写本文的这一天，由于一场几

---

[1] 丽莎·安·爱德华兹与高管教练合作，跟踪并衡量教练的投资回报率，这样他们的客户领导者就能看到自己取得了多大的进步。

乎让世界停滞不前的疫情，经济的不确定性正笼罩着我们。危机时刻总是会让我们想起那些自己本希望在混乱开始之前就已经采取却被一再推迟的行动。虽然没有人确切知道未来会如何发展，但有一点是肯定的：它肯定会与我们所计划的不同！

无论是这场危机的影响早已过去，繁荣昌盛即将到来，而你正盯着可能的晋升机会……还是你正面对一个自己感觉没有做好准备的世界，希望增强自己的能力，开启一次可能影响你职业生涯的对话……抑或是你只想获得一份切实的领导力记录，让你可以回顾过去，为自己取得的成就感到骄傲……找到一种方法来确定自己今天的具体领导力贡献，将为明天可能面临的挑战做好准备。

在你思考"但我不认为自己做出了任何具体的领导力贡献"，或者"领导力就是你一看就知道的东西"，甚至"不可能用实际的、具体的方法来确定领导力贡献"之前，我想向你保证，几乎每一位与我共事过的领导者都表达过同样的担忧。

毫无疑问，你在领导力方面也做出了重大改变并取得了进展。你可能已经以自己都没有意识到的方式影响了你的团队和组织。此外，你可能已经为组织制订了计划，这些计划将得益于你领导技能的进一步发展。如果你的计划雄心勃勃，那么磨炼自己的领导技能就更加重要。

研究表明，变革型领导力相对于交易型领导力更能提高员工的积极性、增强创造力，以及促进组织的学习、创新和绩效。变革型领导者具备四种技能：理想化影响（以身作则，亲身示范希望追随者做出的行为）、智力激励（挑战员工的学习和成长）、鼓舞人心的激励（分享激励员工的愿景）和个性化关怀（考虑到每个人的实际情况，满足他们的需求）。如果没有反思实践，这些技能都无法实现——每种技能都需要深思熟虑、用心、认识自我和认识他人。我们只有通过反思才能成为变革型领导者。

利用今天的时间，追踪你的成功衡量标准，然后规划你想要改进的地方。虽然确实存在更复杂的方法，但往往阻碍领导者衡量自身努力的都只是"简单的开始"。

从现在开始，你就可以在实践中不断改进你的衡量方法。下面介绍一个简单的入门方法。

1. **找出你过去成长的五大领域**：反思自己在过去12个月中实现增长的主要方式。将清单精简到5个最主要的成长领域。关键是要让想法自然流露，不要过度思考。如果你难以确定自己是如何成长的，不妨回想一下最近的领导经历，问问自己，与一年前相比，你是如何以不同的方式对待这段经历的。一定会有一些关于自己如何成长的启示浮现出来。

2. **给自己打分**：通过观察自己的五大成长领域，以1~5分（1=无变化；5=有显著变化）为自己在每个成长领域的表现打分。只有你才能看到自己的评分。你的评分既是主观的，又是相对的，在这种情况下，这是完全可以接受的。你的目的是了解自己在哪些方面成长最快，在哪些方面仍有发展机会。

3. **请他人评分**：接下来，请与你共事的人（经理、同事或直接下属）为你在这些领域的成长打分。在获取评分时，请他们提供成长的例子及继续成长的机会，这样可以让你的评分者有机会自在地分享他们为何给出这样的评分。

4. **考虑财务影响**：一旦你明确了自己成长的实际方式，请考虑你的成长对团队和组织的影响。你的成长带来了哪些成就？这些成就在哪些方面为组织带来了财务收益或节约了成本？在这一过程中，重要的一步是考虑你的转变如何影响了你在财务指标上对组织的贡献，这将增强你的自信心和自豪感！

5. **记录**：最后一点，我们很容易忘记成功。我们常常专注于未来的挑战，而忽略了自己的成就、成长和成功，因为我们在钻研当前的问题或目标。现在就记录下你的领导力影响。有一天，当回顾这段历史记录时，你会为自己拥有它而感到庆幸。

你可以重复这一过程，确定自己的目标，反思如何提高领导力以实现这些目标，并确定未来发展的领域。

罗西塔的转变是缓慢的，起初她并没有意识到自己正在产生新的影响。只有在花时间放慢脚步，反思个人领导力的转变之后，罗西塔才看到了自己的影响。罗西塔仔细思考了自己发生变化的具体方式，确定了她认为最重要的5个成长领域，然后根据这些变化给自己打分。她没有分享个人的评分，她从经理那里了解到经理对她这些变化的评分。通过比较自己的评分和经理的评分，罗西塔拓宽了眼界，清楚地看到了自己在哪些方面有了成长。

更重要的是，罗西塔的领导力转型带来了组织变革。由于中层管理人员都采纳了她的理念，公司得以实现营销战略的现代化。公司不仅实现了新的收入水平，而且由于罗西塔计划的有效性，还节省了130万美元的营销成本！

当罗西塔回想其个人的领导力转变如何带来财务收益，以及这些收益对组织产生的积极影响时，她对这些影响感到惊讶，并为自己为成长所做的努力感到自豪。

所有的领导者都希望自己能够成长，成为一名能够产生积极影响的领导者。我们都希望改变世界。这就是我们在这里的原因。今天，通过追踪自己的进步，记录自己的成长和影响，你就为未来的一切做好了准备，并确信自己能达到要求。

我希望你们为自己已经取得的成绩感到自豪，也希望你们的反思实践能让你们准备好迎接未来的挑战。

参考资料

Bass, B. M (1990). From transactional to transformational leadership: Learning to share the vision. *Organizational Dynamics,* 18(3), 19–31.

Dong, Y., Bartol, K. M, Zhang, Z. X, & Li, C. (2016). Enhancing employee creativity via individual skill development and team knowledge sharing: Influences of dual-focused transformational leadership. *Journal of Organizational Behavior*, 38(3), 439–458.

García-Morales, V. J, Jiménez-Barrionuevo, M. M, & Gutiérrez-Gutiérrez, L. (2012). Transformational leadership influence on organizational performance through organizational learning and innovation. *Journal of Business Research*, 65(7), 1040–1050.

Johns, C. (2004). Becoming a transformational leader through reflection. *Reflections on Nursing Leadership*, 30(2), 24–26.

Johnson, W. B, Skinner, C. J, & Kaslow, N. J (2014). Relational mentoring in clinical supervision: The transformational supervisor. *Journal of Clinical Psychology*, 70(11), 1073–1081.

沟通技能

8

交流的高潮与低谷

霍腾斯·勒·让蒂尔[1]（Hortense Le Gentil）

我的客户亚历山大是一家大型保险公司的CEO。他才华横溢，对公司的发展方向有着清晰的认识。他还制订了如何实现目标的计划，其中包括改变公司结构和采用新技术。他花费了大量的时间和精力将自己的计划变为现实。他就像一个无所不能的超人——从一个会议飞到另一个会议，解决危机，在照顾客户的同时推动改革。他忙得不可开交，因此很少有时间与他的团队在一起。团队像一盘散沙。亚历山大不明白为什么团队不更加努力工作，他凡事必须亲力亲为，这使他疲惫不堪，并感到孤立无援。

问题在于，他从未花时间解释自己的意图、计划及背后更大的目标和愿景。由于没有努力让每个人都参与进来，他几乎没有任何助力，只能独自承担所有繁重的工作，因此他的影响力受到了限制。

我们是如何帮助亚历山大让其团队参与进来并扩大其影响力的呢？主要从以下两点入手。

与自己保持一致

我使用了一个词："一致"，它来自严格的自我审视。因此，你要领导的第

---

[1] 霍腾斯·勒·让蒂尔是广受好评的《一致》（*Aligned: Connecting Your Ture Self With the Leader You're Meant to Be*）一书的作者：她与世界各地的决策者合作，帮助他们找到并弥合他们作为领导者与理想领导者之间的差距，从而实现真正的领导。

一个人就是你自己。你是谁?你想成为什么样的领导者?扪心自问,你到底是谁——现在的你,而不是事业起步时的你。你的梦想是什么?你的偶像是谁?由此引申出其他几个问题:你的动力是什么?你的价值观是什么?你的优点和缺点是什么?你的内在目标与公司的目标是否一致?如何契合?作为一名领导者,你希望别人记住你什么?将这些问题的答案融入你的人生观,你就已经在向与自己保持一致进发。

亚历山大意识到自己的行为就像他的偶像"超人"。他一个人到处"飞"去拯救世界。我向他提出挑战,让他看到自己为之奋斗的目标和让追随者与他一起奋斗的重要性之间的联系。有一天,他承认:"我现在明白了,一个领导者不需要一直跑来跑去,试图单枪匹马地拯救世界。"

一旦你个人和工作目标一致了,你就可以向他人传达你的愿景,激励他们追随你的领导。首要任务是清晰地表达自己。这看似不言而喻,但亚历山大并没有这样做——他像在挑战团队成员去读懂他的心思。如果你不表达出来,没有人能够猜透你的动机和想法。

所以,回归你自己吧。

清晰沟通

"沟通中最大的一个问题就是人们以为'沟通已经发生了'"。历史上最伟大的沟通者之一萧伯纳如是写道。据估计,这位爱尔兰作家在其漫长的一生中写了不少于25万封书信,此外,他在文学著作和评论方面的产量也高得惊人。

当然,没有人要求你成为萧伯纳。发送那么多封邮件,你的团队成员很可能会"起义"。这里需要的是一种细致入微、人性化的沟通方式,结合了一致性和健康的互动。

1. 当不良沟通的警示灯闪烁时,准备大干一场吧,与团队成员单独谈话。

首先,亚历山大必须调整自己的沟通方式,他重新进行了部署,逐一会见了其主要合作者,花更多时间说明他的愿景和目标,以及为什么他认为这些愿景和目标对公司和员工有益。他努力让团队相信自己真正关心他们的意见,并留出空间倾听和征求集体反馈。"你们觉得这个计划怎么样?我们能改进什么?"他问道。除了含糊的默许声,没有人回应。"一切都很完美!"他总结道。他完全没有意识到自己遇到了萧伯纳所指出的沟通中最大的问题——"以为沟通已经发生了"。于是,他尝试了另一个问题"我们哪里有问题",大坝最终决堤了。他得到了许多建议和意见,其中一些指出了他以前没有发现的问题。在讨论中,新的方法产生了,改进了他最初的计划策略。

2. 促进团队成员之间的集体一致性。

我认识的一位管理者通过邀请执行团队的每位成员在晚餐时分享他们的"为什么"来重新定义公司。后来,在一次"全员参与——你的动力是什么"的静修活动中,商店经理和其他现场领导者也被邀请做同样的分享。在大多数企业中,高管和经理可以也应该与一线人员,即车间、零售等人员站在一起。第一个好问题是什么?和你问自己的问题一样:"你的梦想是什么?"他们对这个问题的回答可以帮助他们确定自己的目标,并最终使这一目标与公司的目标保持一致。

亚历山大发起了一次咖啡会议,邀请他的团队对医疗保健的未来分享他们的疑虑和梦想。他们通过分享家庭和个人故事打开了话题。

时代变了。过去那种由高管自上而下发布指令、中层管理人员执行的模式已不再适用。商业世界已经发生了变化:它比过去发展得更快,也更加不稳定。此外,团队成员,尤其是千禧一代,不喜欢在没有充分说明的情况下被告知要做什么。他们珍视自主权和意义:他们想知道自己为什么要做某事。

3. 培养心理安全文化,邀请团队成员畅所欲言。

让团队达到这一点需要付出努力。最重要的是,公司文化应该营造社会科学家所说的"心理安全感"——一个安全的空间和过程,没有对惩罚或训斥的恐惧。团队成员能够畅所欲言。他们必须知道自己的意见和批评是被认可的。谷歌完全认同这种做法。两年来,该公司进行了一项细致的内部调查,研究是什么使其团队最有效率。第一要素是什么?是在彼此面前敢于冒险和表现出脆弱感——换句话说,就是心理安全感。事实证明,团队成员的资历远不如团队的互动和沟通重要。

一旦亚历山大明白了与团队领导沟通的价值，并鼓励他们与自己的团队成员进行同样的沟通，他就意识到自己不必包办一切。

与人沟通的好处变得不言而喻，而且这种沟通也成了他真正渴望而不是主动回避的事情。从那时起，他赢得了团队的尊重，团队终于有了明确的方向感、凝聚力和被重视的满足感，变得更加尽心尽力。冲突变得更容易解决，更多的人愿意加入团队。亚历山大能够更好地分享他的愿景和想法，在董事会中的分量也更重了。他不再是任务的主宰者，而是成了激励他人的领导者。

实际效果如何？他所在部门的净利润在一年内增长了10%。

9

如何培养你心中的真实领导者

妮可·海曼[1]（Nicole Heimann）

我应邀参加了一家大型工业公司两位董事会成员与CEO保罗的会议，目的是对CEO保罗进行教练。保罗被认为是一位高智商的远见卓识者，具有很强的战略眼光和出众的处理复杂问题的能力，同时也是一位具有全球化视野和整体思维的领导者。

然而，一次员工调查却引起了董事会的警觉。他们很担心，因为他们不想失去这位CEO，但问题是他很难让人接近。他的执行团队"感觉不到"他。和他沟通让人感觉很奇怪。有人向董事会反映，和他交流感觉就像在与计算机交换信息，没有任何情感反应。他们不知道如何与他建立联系。缺乏情感表达让他的团队成员和组织里的人感到不安全，失去了对他的信任。一位同事说："每次我试图通过闲聊建立关系时，他都不加入闲聊，而是说'说重点'或'我能为你做什么'。"似乎没有人真正"了解"保罗，他给人一种很疏远的感觉。

从保罗的角度来看，他认为自己个性坚强，能够独自承担重任。他不与执行团队成员过多分享自己的见解是为了保护他们，不想给他们增加负担。他告诉我，他不透露自己的任何隐私，是因为这与其他人的工作无关，他不想在自己的私事上浪费别人的时间。他以为没人会对这些事情感兴趣。在得知人们对他的看

---

[1] 妮可·海曼是一位屡获殊荣的高管和高管团队教练，带领高管及其团队从优秀走向卓越。她是《如何培养你心中的真实领导者》（*How to Develop the Authentic Leader in You*）一书的作者，也是关于真实领导力和领导力联盟的主题演讲者，还是纪录片《应得的人生》（*The Earned Life*）中马歇尔·戈德史密斯博士的传记作者。

法后，他感到震惊和失望，也很难理解。

董事会向我表示，他们希望保罗继续留任，因为他有与生俱来的优势，对公司的贡献也很有价值，但他必须变得更平易近人。

意外的影响：失去信任和快乐

我的客户经常与自己"断开连接"，因为他们认为为了在商界"生存"，自己别无选择。与自己"断开连接"意味着没有融入，意味着与内在自我背道而驰。

我们生来都是完整真实的，但随着时间的推移，我们所处环境的影响使我们与真实的自我失去了联系。我们往往会筑起保护墙。这堵墙承载了我们多年的限制性信念，藏着我们的痛苦和创伤，收留了"小我"（自我意识）的很多部分，为剥夺我们力量的信念体系提供了栖身之所，容纳了我们的适应性行为、面具和角色。保护墙的谬见只是一种头脑建构，试图让我们相信它是用来提供保护的。但实际上，它将我们与真正的内在力量——真实的自我——隔离开来。随着时间的推移，我们会不自觉地将这堵墙与真实的自我混淆，从而失去与真正的内在力量的联系。

人们不愿意追随一个不真实的领导者。不真实的行为会造成不信任，大大降低组织的生产力和效率。我们周围的人正在寻求人性层面的连接。这种人性就在于我们的真实性。

不真实的最大职业代价就是失去追随者和利益相关者的信任，而最大的个人代价是我们自己的幸福。

这就是保罗的遭遇。

领导力智能的 7 个维度：重新发现、重新连接和整合的过程

我的使命是与客户一起建立成功而真实的领导力联盟。我的专长是将领导者与他们真实的自我重新连接起来。我的教练过程和方法论基于这样一种信念，即我们已经拥有了成功所需的一切资源，我们的内心还有巨大的潜能等待释放。在我的模式中，我们重新发现并重新连接"领导力智能的7个维度"。

- 身体智能（Physical Intelligence）整合了身体的觉察能力，并为自己的身心健康负责。
- 情感智能（Emotional Intelligence）整合了自我觉察和对他人的觉察，以及自我管理和管理自己的情绪状态的能力。
- 心灵智能（Heart Intelligence）整合了心灵的智慧和品质。
- 沟通智能（Communication Intelligence）整合了沟通技巧与对预期影响的觉察。
- 实践智能（Pragmatic Intelligence）整合了智商与经验。
- 神经科学智能（Neuroscience Intelligence）整合了对大脑及其神经可塑性的理解，以便学习、忘却和重新学习新的习惯和行为。
- 意识智能（Consciousness Intelligence）整合了对超越时空、比我们自身更大的东西存在可能性的思考。

没有任何一个维度是孤立运行的，所有维度都是相互融合的。这意味着在一个维度进行改变总是会影响整体。

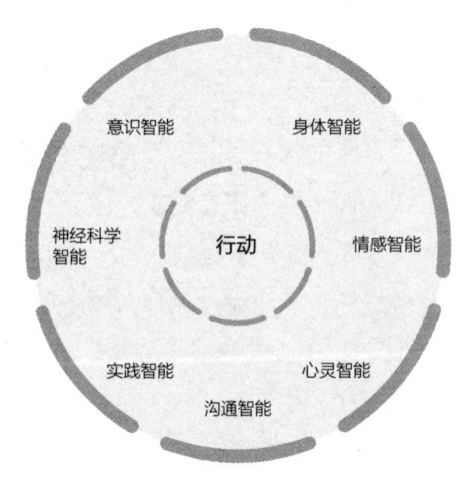

在保罗的案例中，身体智能和实践智能维度都很强。他身体健康，每周至少锻炼三次。他的生活方式健康而自觉。从与董事会的沟通中，我还了解到他的实践智能也非常强；他是一个敏锐的战略思考者，能把事情做好。然而他并没有利用自己在情感智能和沟通智能方面的可用资源，以便使周围的人更容易接近他。教练过程将使保罗能够连接并获取这些资源，并以真实的方式加以利用。

首先是打破"保护墙"。我们首先聚焦于揭示"保护墙"内的所有限制性信念、小"我"声音和内在破坏者，即我们讲给自己听的故事。然后通过观察和专注于自己来强化他的内在觉察。我利用他的优势、强大的身体智能和实践智能来培养他的内在观察者，让他更加了解自己的身体和情绪。激活内在观察者意味着将"完全活在当下"与"同时不带评判地观察一切"融为一体。我们能"看到"什么，就能管理什么。让潜意识变得可见和透明是这一过程的重要组成部分。如果没有觉察，我们的潜意识问题和情绪就会在不知不觉中引导我们。有了觉察，我们就可以选择如何处理这些问题和情绪，尤其是明确我们作为领导者想要产生的预期影响。

一旦清楚了他的"内在地图"，我们就开始将他的觉察向外部集中到其执行团队上。我们还开始加强他的情感智能维度。保罗是一个了不起的人，他与自己的深层意义和使命感有着非常紧密的连接。只是他把这一切全部留给了自己！

当他与我谈及是什么在其生活中创造了更深层的意义时，我感到非常敬畏，并鼓励他开始分享这一点。对保罗来说，这是非常私人的事情。他在这样做的时候会感觉自己很脆弱，但他还是勇敢地去谈论它，从每次的对话开始。在他这样做的过程中，人们给予他的回应都是积极的。这些对话引发了更深入、更有启发性的讨论。交流也变得更加有人情味。这次经历培养了他的自信心，鼓励他分享更多。通过敞开心扉，保罗对他人也有了更多的了解，真正的连接开始发生。随着保罗内心工作的进行，我们在教练过程中整合了更多的领导力智能维度。

从"难以接近"的领导者到合作互信的领导者

保罗变得平易近人，更容易沟通。他开始放下防备，表达自己的情绪，而我们则致力于让他真实地表达这些情绪。他与他的执行团队建立了联系。他同时也对自己手下的领导者产生了兴趣，这给组织文化带来了巨大影响。保罗学会了将真实强大的自我和充满小我声音、破坏者和防御机制的保护墙区分开来。在培养真实领导力的过程中，这些问题并不会消失，相反，我们会觉察到它们，并决定从哪种状态开始去领导——从真实的自我还是从破坏行为开始。保罗体验到他的领导力不再是孤立的，试图保护每个人，而是有了更多的分享和沟通，他成了一个更快乐、更充实的人。他的领导影响力和有效性都有了显著提高。

以下是根据领导力智能的7个维度提出的一些问题，这些问题可以帮助你与自己内在真实的领导者保持连接：

1. 我尽力倾听身体给我的信号了吗？
2. 我通过行动和行为践行自己的价值观了吗？
3. 我采取行动去实现自己的愿景了吗？
4. 我深入倾听，与自己和他人建立联系了吗？
5. 我心存感激，和同事分享一些对我个人重要的事情了吗？
6. 我忘却并重新学习我想要改变的习惯了吗？
7. 我为更大的利益服务了吗？

整合领导力智能的7个维度是培养真实领导力的有效教练工作流程。如果我们与自身的一部分相分离，也会与他人脱节，无法以鼓舞人心的方式进行领导。将更多的维度扩展和整合到我们的领导力中，会让我们连接到自己的全新方面，帮助我们成为注定要成为的领导者。

10

精通文化的领导者：在跨文化进行领导时，你的风格可能需要改变

简·玄[1]（Jane Hyun）

管理一支多元化的员工队伍是21世纪最大的挑战和机遇之一。然而，我们一次又一次地发现，如果没有文化适应能力强的领导者，多元化的员工队伍将很难营造出鼓励创新的工作环境。提高驾驭文化差异的技能可以提高销售额，与客户和供应商建立更牢固的合作关系，激发员工的参与热情，最重要的是可以激发创新。

我们都知道掌握了流利的语言之后就能轻松自如地表达自己。正如一个精通多国语言的人那样，一个真正精通文化的领导者能够毫不费力地与不同于自己的人共事和沟通。

约翰是一位总部在美国的技术咨询公司的领导者，他被任命为全球负责人，负责管理分布在中东和亚洲其他地区的5个地区办事处。他认为自己曾在美国之外的3个不同国家工作，并且生活了19年，应该很擅长跨文化管理。他大力提倡在组织中培养女性领导者和不同种族的领导者，赞助了各种多元化委员会，并担任美国多元文化员工网络的执行发起人。他曾在墨西哥、中国和泰国与拥有不同背景的员工共事。

然而，在我们的一对一教练会谈中，约翰收到了他的文化评估结果，他震惊

---

[1] 简·玄是帮助全球组织利用文化和多样性推动绩效和创新的权威人士。她拥有25年以上在高风险商业环境中驾驭变革的经验。简是《打破竹子天花板》（*Breaking the Bamboo Ceiling*）一书的作者，也是《灵活：管理差异的新手册》（*Flex: The New Playbook for Managing Across Differences*）一书的合著者。

地发现，自己所认为的与其他文化有效合作的能力与其实际能力之间存在着相当大的差距。他到底缺少了什么？将他的观点整合在一起之后我们发现，他认为仅仅接触和体验过不同的文化群体就足以有效地开展跨文化业务。他还认为自己与同事之间的共同点要多于不同点。因此，他把更多的精力放在了推动成果上，却忽视了在决策、跨职能合作和继任管理方面积极寻求团队成员的不同观点。虽然约翰的初衷是好的，但他认为自己在与团队成员建立信任时使用的单一方法会对所有同事都有效，即使那些与他的文化背景不同的同事亦如此，因为他从未听说过不同看法。另外，同事们对他的沟通风格感到很不适应，但又觉得不便向他提出。在我们的教练工作中，约翰经历了一个长达9个月的过程，以确定如何提高他的文化意识，并随着时间的推移对他的管理行为进行微小调整，从而获得团队成员更高的参与度和更大的积极性。

作为领导者，你经常需要管理那些背景或文化与你不同的员工。如果运气好，你默认的领导方法可能会奏效。但是，对于一个多元文化的团队，你所使用的方法可能不那么有效，有时甚至会冒犯他人。当你领导全球团队时，风险就进一步提高了。因此无论是在一个国家建立多元文化团队，还是跨越多个大洲担任全球业务总经理，你都必须在你的领导力方法中构建文化流畅性——其运作基础是要了解在不同文化中，规范和期望也各不相同。良好的愿望并不足以推动行为的改变，而且在适应不同文化背景时，往往是说起来容易做起来难。

我们在对美国领导者进行教练工作时发现，每个人都会为自己的团队带来独特的文化视角，但领导者往往会忽视这一事实。许多人为了追求效率，或者倾向于走最小阻力之路，即默认相似性多于差异性，而忽视了文化差异。你目前的风格是如何受到自身背景和个人经历影响的？这种风格在什么情况下及对谁会不那么有效？在与来自不同文化背景的员工共事时，仔细想想你的惯用方法在哪些方面可能需要调整。如果忽视了文化差异，领导者就无法充分发挥所有员工的才能，并可能因此错失良机。

这对领导者个人有何影响？在过去的20年里，我们指导了数以千计的领导者，帮助他们在面对日益多样化的团队成员时更有成效。当我们与约翰这样的领导者合作时，目标是使其在全球化和多元化的商业环境中通过适时调整文化管理风格来实现自己的商业目标。

在教练工作会议上，我们仔细研究了约翰的方法，并进行了长时间的反思。他自己的表述反映出了一个强有力的"顿悟时刻"。"我自己的成长经历对我影响很深。我生长在一个大家庭里，大家会公开谈论困难的情况"，约翰说，"我们有问题就处理；你很可能会挨骂，然后很快这事就过去了。如果有问题，你就提出来，而且要大声地提出来。保持沉默不会带来任何进展。"

接下来的一个多小时里，我们大部分时间都在讨论他在领导力方面最关键的挑战。对约翰来说，就是解决与不同大洲的办事处合作时因延误而造成的棘手问题。东南亚的一位当地领导者在项目延误后收到了约翰的反馈。约翰以其惯用的直接方式说这位领导者的表现不佳，他最好能够提高当地团队的工作效率。遗憾的是，由于反馈的方式，当地领导者花了几周时间才从中恢复过来，并差点从公司辞职。约翰反思道："我意识到自己没有充分理解东南亚同行所面临的商业限制，我的这种直接沟通方法没有产生效果。"

将一个人转变为具有文化流畅性、高效的领导者的过程，始于对其当前的意识和能力进行评估。然后，我们通过教育、后续教练工作和情境回顾，将其转变为灵活、高效的跨文化领导者。

在接下来的几个月里，约翰增加了深入了解全球各地同事不同观点的策略，同时提高了对自己文化假设和认知偏差的理解。他勤加练习的一项技能是我们所说的"预先沟通问题"（Pre-Engagement Questions）。这项活动能让你在给予反馈或与对方直接接触之前，了解并有意识地反思自己对对方的假设。如果自己或与教练一起持续使用，就能加深对对方的了解。

预先沟通问题——3个关键问题

如果你发现自己在职场中与一个和你不同的人建立了关系，并且你想真心实意地为他提供反馈，以改善你与他之间的互动，我们建议你在开始说话之前思考3个"预先沟通问题"。养成这样的习惯，可以让你在了解对方之前保持开放的心态，避免草率地做出判断。

提出反思性问题

1. 他们在想什么?

是什么影响了他们的行动？是否有文化价值观、个性或其他因素在驱动他们？他们与我有什么不同？

2. 我应该如何与他们沟通?

我该如何打破"僵局"并与对方建立更牢固的关系？如何表达我的真实愿望，以便更好地了解对方？

3. 如何设身处地为对方着想?

我怎样做才能暂缓评判并更好地理解对方？我又能因此采取哪些不同的做法？我该如何表达我愿意在一定程度上与他同向而行？

通过提出这些问题，并为约翰提供使用不同方法解决冲突的多种途径，我们增强了他的信心，并提高了他调整自己领导风格的意愿。他不再觉得其他办事处必须与美国的做事方式保持一致。在我们的合作结束时，他报名参加了一对一语言班，学习普通话，以便更有效地与当地领导者沟通。约翰愿意与对方同向而行！

约翰的收获

约翰认识到，更加具有适应性的方式会直接影响人们对他作为领导者的看法。他还认识到，使用不同的沟通方法并不意味着放弃自己的某些特质。他还经常征求反馈意见，以确保自己对会议的理解是正确的。与善于理解和弥合文化差异的教练合作，并完成对自己文化能力的评估，可以帮助自己找出盲点，并确定解决方法。首先要愿意调整自己的领导风格；其次永远不要假设其他人会适应你。

人际关系

11

领导者如何辨识和利用员工的5种基本需求

克里斯托弗·劳恩[1]（Christopher Rauen）

里克是一家拥有1200名员工的软件公司的CEO，他向自己的教练抱怨两个部门主管之间不断出现问题：他们没有及时传递信息，也没有寻求解决方案，而是将问题归咎于对方。最后，情况升级为公开冲突。里克对部门主管的行为感到恼火。他不擅长处理情绪问题，他是一个注重实际的人，更喜欢理性的解决方案。在与里克的共同讨论中，虽然两个部门主管承诺解决问题，但冲突仍在幕后继续。里克觉得两个部门主管的行为"就像幼儿园小朋友一样"。他想从教练那里了解如何才能更好地处理这种情况。

员工之间的这种冲突是教练中常见的话题。管理者必须能够处理这些冲突，并在可能的情况下帮助员工避免冲突的发生。只有了解员工的基本动机，他们才能做到这一点。如果不了解员工的5种基本需求，管理者就无法理解员工的行为。虽然可以给出解决方案，但这些方案并不会真正得到实施。问题只会循环往复。

那么，5种基本需求是什么呢？所有人都在努力满足归属感（Bonding）、控制（Control）、自尊（Self-esteem）、愉悦（Pleasure）和一致性（Coherence）这5种基本需求。尽管每个人都能感受到所有这些需求，但它们通常处于不同的层次。也可能出现这样的情况，一种基本需求没有得到充分满足，而另一种基本需求得到极

---

[1] 克里斯托弗·劳恩博士自1996年以来一直从事企业教练工作。他是克里斯托弗·劳恩有限公司的创始人兼CEO，国际商业教练组织董事会主席，《教练杂志》（Coaching Magazine）和"教练工具系列"书籍的作者、编辑和出版人。

大满足。因此，这些需求并不是相互独立的，而是相互影响的（见图11.1）。

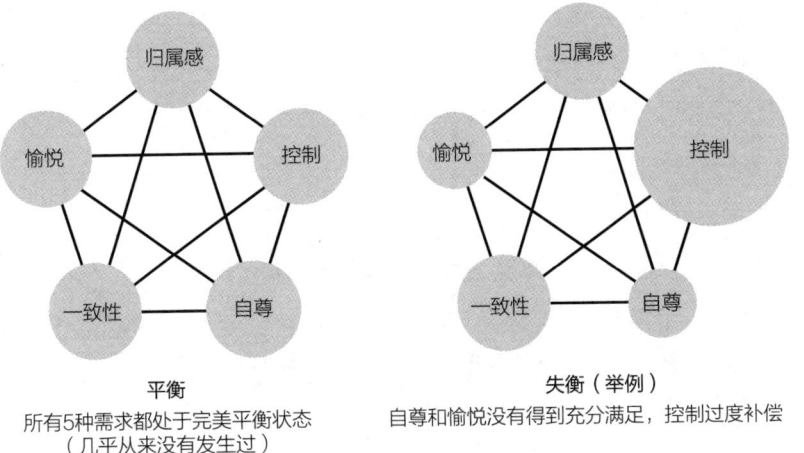

平衡
所有5种需求都处于完美平衡状态
（几乎从来没有发生过）

失衡（举例）
自尊和愉悦没有得到充分满足，控制过度补偿

图11.1　5种基本需求的平衡与失衡状态

归属感：对于每个人来说，归属感都是一种重要的基本需求。这种需求始于母子之间的连接，即使一个人独自生活，这种需求也不会终止。对归属感的需求也可以通过其他关系得到满足，如与动物或物体建立关系，或者与内化的参照人（Internalized Reference Persons）进行内心对话。在归属感需求上有问题的人，在别人看来可能显得冷漠、铁石心肠、傲慢、玩世不恭，同时也很孤独，缺乏安全感，对批评敏感，很难与他们建立关系，因为他们并不真正开放。

控制：能够控制自己的生活是人们的另一种基本需求。在人们失去控制的情况下，这种需求会变得非常明显，失控会导致巨大的恐惧。人们对控制自己、他人和环境的需求程度有很大的不同。控制欲强往往伴随着低自尊（有时也会反映在某人不合理地"装腔作势"上）。不能充分满足这一基本需求的人往往显得迂腐、强迫、固执、目中无人，同时也显得无助和情绪不稳定。

自尊：每个人都在努力——至少从长远来看——提高或保持自己的自尊。如果这一点实现不了的话，人们往往会采取一种间接的方式提高自尊：贬低他人。有自尊问题的人在他人看来往往是受害者，似乎很痛苦、牢骚满腹、缺乏安全感、自怨自艾。如果只能通过贬低他人来提高自尊，那么他们也会显得傲慢、以自我为中心、夸夸其谈。

愉悦：人们努力体验尽可能多的快乐和快感，但使用的策略大相径庭。纯粹的享乐主义者想要"立即获得快乐",而不考虑未来。隐藏的享乐主义者会压抑自己的冲动,以便以后体验更高层次的快乐。他们接受对自己需求的限制,希望在未来获得更高层次的回报。不能充分满足这种基本需求的人往往显得紧张、孤僻、不自信、羞耻感强、面容憔悴,有时还很吝啬,缺乏安全感。基本而言,愉悦是每个人内心都非常强烈的需求。没有表现出这种需求的人其实只是隐藏的享乐主义者。

一致性:一致性是指在体验自身和环境时没有矛盾的感觉。一致性越强,世界就越有逻辑性和凝聚力。在这种情况下,人们通常会使用简化的世界概念。为了体验一致性,并不需要特别聪明。相反,许多非常聪明和敏感的人往往只有很弱的一致性感觉,因为他们会以差异化的方式对自己和环境进行感知,看到的是矛盾。随着年龄的增长,一致性的感觉通常会增强,因为我们所感知到的矛盾可以不必获得解决而并存,这样给我们带来的压力就会减小。无法充分满足这一基本需求的人往往非常聪明,但又给自己造成了阻碍。他们似乎缺乏安全感,过于理智,试图了解一切细节,却往往无法发现其中的道理。

5种基本需求相互影响。例如,缺乏归属感会导致一个人对控制的需求增加。自卑往往导致一个人难以感受到愉悦。因此,有必要始终着眼于全局,而不仅仅关注其中一种基本需求。

在教练过程中,向被教练者解释5种基本需求的模型非常有帮助。员工的基本需求得不到满足就会产生问题。优秀的管理者是能够及时意识到这一点的。他们不仅会帮助员工实现目标,还会满足他们的基本需求。这样的做法会产生巨大的激励作用。做到这一点的前提是认识到未满足的基本需求。一个很重要的做法是给员工布置新的任务,让他们接受挑战。

- **缺乏归属感**:为相关员工提供更多在团队中体验连接的机会。给他们分配一项只有作为团队一员才能完成的任务。

注意:团队成员必须相互喜欢,而且任务必须是可以完成的。这样,你就能创造出一种集体的感觉,从而使业绩达到一个新的水平。

- **缺乏控制**:给每位团队成员布置一项他们都能完成的任务。任务可以很大,也可以很复杂。重要的是,员工有足够的资源独自完成任务。一旦他们成功实现目标，其控制需求就会得到满足，他们也就不会觉得需要控制自己或环境了。

- 缺乏自尊：绝不允许员工贬低他人。这种行为会毒害企业文化，必须受到惩罚。给低自尊的人一项特殊的任务、一项特别的工作。这项任务应具有挑战性，但可以实现。
- 缺乏愉悦：隐藏的享乐主义者通常不是问题；他们习惯于忍受困难的情况，并期待在以后获得相应的回报。然而，有问题的是对愉悦需求极少的员工，他们已经处于"内心屈服"的状态。要向他们展示工作的有趣方面及获胜带来的积极挑战。只有那些已经忘记如何取胜的人才会"内心屈服"。
- 缺乏一致性：向员工展示其工作的意义和整个公司的目标。他服务于哪个更高的目标？对社会有什么好处？对个人有什么好处？这样就会使其清楚地认识到他们都是更伟大事业的一部分。

在教练里克过程中，呈现出的情况是，两位部门主管的不同需求没能得到满足：部门主管A有明确的控制需求。他经常有失控的感觉。他认为主要原因是部门主管B。部门主管B有自尊问题。他不想让A看轻自己，导致两人之间的冲突一再发生。事实或知识层面的解决方案并不稳定，能够带来帮助的是对关系层面的问题进行澄清。在教练中，里克安排了一次联席会议，两个部门的主管就在关系层面上如何相处制定了新的规则。其中包括安排每周一次的面对面会议。一段时间后，冲突几乎完全化解。

问问你自己：在你的情况中，5种基本需求中的哪种目前没有得到很好的满足？哪些与基本需求相关的行为让你想起了自己？如果你是一名管理者，上述基本需求让你想起了哪些员工？

12

史蒂夫：房间里最聪明的人

菲利普·格拉尔[1]（Philippe Grall）

史蒂夫是一家知名制药公司肿瘤部门的负责人。在许多认识他的人眼中，他是该行业的翘楚。

史蒂夫收到了一份邀请，出任日本一家全球性生物技术公司的总裁。这个新职位将赋予史蒂夫更多的责任，这是他第一次担任CEO。新公司在很多方面都还没有正常运转，许多关键领导岗位都在由不恰当的人担任。史蒂夫说，无论看向哪里，他都感觉有"100件事情可以做得更好"。

大约六个月后，他的老板私下里与他进行了沟通："史蒂夫，你至今所做的每一件事都取得了成功，你为此付出了努力。但是，要想成为这个组织真正成功的CEO，你所表现出来的某些行为对你是不利的。"

就在那时，史蒂夫决定联系我，让我做他的教练。

我的教练方法

我的使命是帮助卓越的实干家成为领导者，并让这些领导者成为公司每个人的榜样，而史蒂夫具备了更上一层楼的绝佳条件。

我相信每个人心中都有一颗钻石，而每颗钻石都是独一无二的。"内在钻

---

[1] 菲利普·格拉尔教练企业CEO的时间超过5000小时，他利用自己独创的"内在钻石"概念培训领导团队超过1000次。菲利普·格拉尔主要为欧莱雅集团、路易威登集团、安进公司、历峰集团等国际知名企业的领导力提升和人力资源开发提供教练服务。

石"的每个切面都代表着你的优势和天赋，这些都是你做得最好、最开心、最省力的事情。了解自己就意味着了解自己的"内在钻石"。这是在事业和生活中发光的第一步。

但是，还有一块缺失。了解自己不仅要了解自己的优势，它还意味着要了解自己的劣势。我称之为"阴影钻石"。这些是你想要改变或转化的方面。

当史蒂夫遇到斯派克先生

我开始与史蒂夫一起工作，帮助他发现自己的"阴影钻石"。史蒂夫虽然聪明，但作为第一次担任CEO的人，他显然迈出了自己的舒适区。在这里他不必再与任何人竞争。

正如史蒂夫所说："你必须把'小我'放在一边，诚实面对那些你看不到的东西，还有那些你不想看到的东西。"

我首先对史蒂夫的主要利益相关者进行了面对面的访谈。他们帮助我确定了史蒂夫"内在钻石"的闪光点：

- 聪明；
- 沟通有逻辑；
- 战略性思维；
- 对业务问题的快速理解。

同时这些访谈还揭示了他的"阴影钻石"：

- 对某些人缺乏耐心；
- 要求过高；
- 倾向于在团队面前与董事意见相左。（在日本，人们不喜欢丢面子。）

我知道史蒂夫的问题可能出在哪里，但想先听听他的意见。在我们起初的一次教练会谈中，史蒂夫分享了他的沮丧："开会时只有我一个人在发言。当我的团队成员真的提出想法时，他们的思维水平又太差了……我不知道该怎么办。"

我微笑着问他："史蒂夫，你在害怕什么？"他对我的问题感到很意外，回答说："你知道，我必须尽快取得成果，需要尽快做出重大改变。我不想失败。这是我第一次担任CEO。"

史蒂夫还没有意识到这一点,但他正在与我所说的"小法官"作斗争。"小法官"是你自身的一部分,源自你很小的时候。我们出生时就有情绪:喜悦、饥饿、恐惧和悲伤等。我们的父母希望给予我们其所拥有的一切。他们教会了我们在其心中什么是对的,什么是错的;什么是该做的,什么是不该做的。

我们的"小法官"总是处于"反应模式"。你可能也会听到内心的声音在说"你真蠢""你错了""你总是犯错""你不尊重我",或者关于你自己的认知"我不是领导者""没人尊重我",等等。

当我向史蒂夫解释这个概念时,他说:"我明白了。当我有不安全感,感到被人需要时,我的'小法官'就会出现。我总是觉得自己必须成为那个有答案的人,觉得自己必须是努力的中心。"

"好,"我说,"这就是你的'小法官'的策略。告诉我,如果你的'小法官'是一个角色,它会在哪里?它叫什么名字?"

史蒂夫沉默了一会儿,闭上了眼睛。"我的'小法官'正坐在我的肩膀上,他的名字叫斯派克先生。"他说,"他告诉我,'你上的是好学校,但不是哈佛或斯坦福。你也没有上过商学院。所以你需要证明你是房间里最聪明的人'。"

当这一点体现在团队会议中时,就是史蒂夫在说"对我而言,答案是显而易见的"。这句话在他的团队听来就是"你们都太蠢了"。

史蒂夫为自己的成就感到自豪。"斯派克先生"却表现为自负——这种自负很快就变成了毒药,并具有破坏性。

史蒂夫需要认识到,作为领导者,他并不总是需要成为房间里最聪明的人。他的工作是激励团队找到最佳答案。

我让史蒂夫真的做出用双手握住"斯派克先生"的动作,看着他说:"谢谢,但不用了!我不再需要你了!"然后我又让他真的做出把"斯派克先生"扔掉的动作。史蒂夫笑了,兴致勃勃地照做了。

他看着我,笑着说:"我现在感觉轻松多了。"

史蒂夫的转变:从自我到他人

"斯派克先生"是罪魁祸首,给史蒂夫的"内在钻石"蒙上了一层阴影。当史蒂夫真正理解了这一点，并且明确了该如何应对时，他的前进道路变得清晰起来，他开始发出夺目的光芒。

随着时间的推移，史蒂夫学会了如何控制"斯派克先生"。过去，他总是在毫无准备的情况下参加会议，凭感觉行事，依赖于过去的经验和当下的智慧，但结果几乎总是在情绪层面引发相反效果。

现在，他每次开会前都会花15分钟问自己："我想在这里扮演什么角色？我想拥有什么样的心态？我怎样才能激励大家全力以赴？"在会议期间，史蒂夫不再觉得有必要向全世界证明他是房间里最聪明的人。正如他所说："这事不再以我为中心了。"

在事业和生活中发光的3个步骤

如何与自己的"内在钻石"建立联系，让它绽放光芒？

第一步：发现自己的"内在钻石"

根据你的生活和事业经验，列出你认为自己现在拥有的才能和优势。

身体素质：健康、有力量、充满活力、节奏感强，甚至你的时尚感。

内在状态：自我意识、直觉、开放性和观察力。这些都是心态——与情绪不同。

智力能力：果断、批判性思维、记忆力和创造力。

人际关系：如何与他人互动（善于倾听、有说服力、团队建设者和顾问）。

业务技能：变革者、人才培养者、远见卓识者和营销者。

如果你感到没有头绪，不妨回想一下自己的童年，想想你最珍视的是什么。不一定要与事业和现在的自己有关。

你也可以请3~6个你信任的人与你分享，他们认为你的优势和才能是什么。请他们通过电子邮件回复。你可能会对收到的好评感到惊讶。他们的反馈会帮助你丰富你"内在钻石"的画面。

第二步：面对你的"阴影钻石"

现在是时候照照镜子了：不仅要看到光，还要看到阴影。

要做到这一点非常简单，只需列出你的"阴影钻石"的属性。可以是负面态度、坏习惯及其他任何遮蔽你真正潜能的东西。要诚实、勇敢：为了让你的"钻石"充分闪耀，这个过程至关重要。

也可以回忆一下你的同事、合作伙伴或家人对你的抱怨，并列出相应的清单，如不倾听、评判、讽刺、分心、拖延等。

第三步：照亮你的阴影，散发光芒

为你的"小法官"创造一个角色：一块石头、一个带刺的球、一个小恶魔等。发挥你的想象力，看看你想到了什么。如果你愿意，可以把它画下来。给它起个有趣的名字。

把你的"小法官"从你的脑子里、背上、肩膀上等任何地方拿出来。把它放在你手中，然后说"谢谢，但不用了"，然后把它扔掉。

感知一下此刻你的身体和心灵有什么不同。

现在把注意力集中在你的"内在钻石"上，想象一下你希望在未来的商务会议中如何大放异彩。花点时间想象如何展现最好的自己。

注意：你的"小法官"往往会悄无声息地卷土重来，尤其是在你疲惫的时候。你唯一的武器就是自身的觉察。你可能需要一次又一次地将它丢掉。

在每次重要场合，如会议、演讲、销售谈话或面试之前，都要检查一下你的"小法官"是否还在。想象你的"内在钻石"在那个场景中闪闪发光。这个技巧是你在事业和生活中大放异彩的强大方式。

13

强大的领导者如何创造安全感：从办公桌两侧看问题

卡罗尔·考夫曼[1]（Carol Kauffman）

当你被视为有权力的人时，人们就不会再告诉你真相。作为CEO，你需要了解他人正在经历的真相。当没有人告诉你时，你可以做些什么呢？这种感觉就像你在河的一边，而他们在河的另一边。若想建立联系并进行领导，只需走过这座桥，到达他们所在的地方。如果你能深刻地理解他们，他们就会上桥跟着你回到桥这边。这是显而易见的，但为什么我们没有经常这样做呢？

以下是我与一位CEO进行的教练工作中的一些经验，或许你可以借鉴一下。首先，我必须走过这座桥，到达他所在的位置。然后，他再走过桥到达其团队面前。动作虽小，影响力却巨大。

马可被任命为世界最大制造公司的CEO。但有一个条件，他必须接受教练满一年后才能上任。这是一个耳熟能详的故事：他业绩辉煌，能够扭亏为盈，对业务了如指掌；然而人们认为他过于强势：对人横加指责，不听劝告，人们也不敢告诉他到底发生了什么。

强制性的教练本身就可能很棘手，而我们的合作起初也不顺利。

经过4个月的推脱，我们终于和马可通过视频电话联系上了。我不确定他是否先打了招呼，但他听起来并不高兴和我交谈。他很快就问："这需要多长时

---

[1] 卡罗尔·考夫曼被MG100评为领导力教练第一名，在Thinkers 50中位列前八。在哈佛大学任教期间，她获得了200万美元的资助，创办了教练工作研究院（Institute of Coaching）。她还是亨利商学院的客座教授和Egon Zehnder公司的高级领导力顾问。她拥有超过40000小时的教练工作经验。

间?"我能想象到他抬起胳膊,甩动手腕,查看手表。

"这一点我们要弄清楚",我说:"我认为,教练工作应该以你的实际需要为导向,而不是让你来适应我的框架。"

"那我们要做什么呢?"

于是我用两分钟时间向他介绍了有哪些备选方案,并提出我惯常会问的问题:"此刻,我怎样才能为你提供最大的帮助?"

第一课:走过桥

在最初阶段,他一直站在桥的另一端。其实,像别人一样给他贴上"霸凌"或"抗拒"的标签很容易。但是,在这种情况下,我很容易理解他的立场。换作我也不想被"送去"接受教练。

你呢?有些人可能对你要求他们做的事情有抵触情绪。在做出反应之前,你可以先从他们的角度看问题。听着是不是很简单?那你试试在一整天里100%地做到这一点。

当一天结束时,反思一下:有多少次你本能地为自己辩护或再次说明自己的逻辑,甚至都没想过要先提出一个问题?当你向前推进或急于采取行动时,是为了组织的利益、长远利益,还是为了让自己的日子过得更轻松?

回到我问"此刻,我怎样才能为你提供最大的帮助"的那次会谈。

在我问完之后,马可沉默了大约一秒,然后突然开始爆豆般讲述他的公司。他喋喋不休地说到高压力问题:重组、动荡的市场,他在公司开发更加全球化方法的过程中如何需要一个地区又一个地区地解决问题。

随后他转而谈到如何领导他即将接手的高管团队。"我的主要兴趣是领导最优秀的团队,希望能取得最有效的成果,并找到让自己有所改变而需要跨越的那条细线。"

尽管此刻我很想站在他这一边,但我还是在心里翻了个白眼,心想:细线?细线?这是一条相当粗的线。我的反应基于我收集到的大量数据:霸凌、不会倾听、命令和控制……尽管如此,我还是要放下我先入为主的判断,重新调整自己的态度。毕竟,我没有领导过价值数十亿美元的全球性公司。通过培训和实践,让自己的态度回归积极的一面可以变得像第二本能一样自然。

第二课：找到并按下重启键

当你在心里"翻白眼"时，人们是会感觉到的。戈尔曼和博亚齐斯等人的研究表明我们对他人的情绪和态度是具有传染性的。一瞬间他们的神经系统就会启动威胁反应机制。专注力范围缩小，心脏泵出更多血液以确保生存。在战斗或逃跑模式下，大局思维、创造力和人际关系的开放性都会被关闭。

不过，按下重启键可以迅速恢复正常。可以利用过去情绪调节和正念方面的成功经验，进入成长型思维模式，将重心转回连接而非评判。

令人欣慰的是，马可并没有发现我的消极情绪。"我可能有时会做得过分，但我不想失去有潜力的人。我的某些行为可能会让人疏远、失去动力。但我必须把团队中的慢热成员也带动起来。如果我不大胆领导，改变就不会发生。就像在上次团队会议上，我们有一个重大决策要做，所以我必须给大家施加压力。"

"结果怎么样？"我问。

"我最有价值的人员辞职了。"在滔滔不绝地说了15分钟之后，他第一次沉默了。

"你是希望这种事不再发生吗？"我问。

他回答："是的。"

"我能给你上一堂简短的课吗？"

"当然可以。"他听起来很感兴趣。

"有一个理论叫作'自我决定理论'（Self-Determination Theory）。人们希望有心理安全感，希望能够自我决定，觉得可以掌控自己的生活。作为领导者，我们可以帮助创造能够满足这三种基本心理需求的文化和环境。当这些需求得到满足时，他们的表现就会达到更理想的水平。这里有一个缩写词，ARC，分别代表了自主性（Autonomy）、相关性（Relatedness）和能力（Competence）三个词语。从本质上讲，人们需要一定程度的自由（而不是微观管理），以获得心理上的安全感，而不是被设置障碍，影响工作表现。"

他打断道："但如果他们不能自治呢？我们正处于自由落体的危机之中。"

"会永远都是那样吗？"我问道。

"不，"他想了一会儿，"我可以让团队知道这是暂时的。这一点很有意思，我们马上要开董事会了，他们也会到场。也许我可以退一步，给他们更多的自主权，这样我就可以知道他们要说什么了。"

在两周后的下一次会谈中，马可教会了我一些东西，我后来一次又一次地使用。我把它理解为"一位CEO通过我教练其他人"。

"进展如何？"我问。

"难以置信！董事会说这是有史以来最好的一次会议。我决定为了他们的自主权和关系，应该让他们发光发热，应该让他们大显身手。所以是他们主持会议，我坐在后面。结果他们做得非常好。"

"哇，发生了什么？"

"开会之前，我记得要创造心理安全感。因此我告诉团队，不要担心你们在董事会上的表现。无论如何，我都会支持你们。一切都因此发生了变化。他们看起来更自信了，其中一个人还热泪盈眶。在此之前，从来没有一个领导者对他们说过这样的话。"

这位多次被贴上"欺软怕硬、不善于倾听、情商低下"标签的CEO其实非常了不起。只是稍微接受了一点教练，他就能接触到自己内心深处一直存在但在工作中没有被发掘出来的内在部分。我合作过的许多被贴上"霸凌者"标签的CEO，其实内心并非如此。他们因为努力工作和取得成果而得到了回报。

有一个能够了解员工需求的框架，可以将领导者从推动者转为保护者，这样他们就能以一种非常积极的方式改变其风格。让团队成员知道领导者会支持他们，并能够走过桥来了解自己的经历，从而激发他们释放出力量和才能。

参考资料

Boyatzis, R. E, Boyatzis, R., & McKee, A. (2005). *Resonant leadership: Renewing yourself and connecting with others through mindfulness, hope, and compassion.* Harvard Business Press.

Goleman, D. (2006). *Emotional intelligence.* Bantam.

Ryan, R., & Deci, E. R (2000). Self-determination theory and the facilitation of intrinsic motivation, social development, and well-being. *American Psychologist.*

Spence, G. B, & Oades, L. G (2011). Coaching with self-determination theory in mind: Using theory to advance evidence-based coaching practice. *International Journal of Evidence-Based Coaching and Mentoring,* 9(2), 37–55.

Videos interviews with Richard Boyatzis, Dan Goleman, and Robert Ryan are available.

14

"面子"如何帮助你向上管理

胡孟君[1]（Maya Hu-Chan）

艾玛是一家制药公司质量保证和安全部门的高级经理，她发现自己很难与新老板玛莎共事，因为两人的沟通风格相互冲突。艾玛认为玛莎啰唆、顾左右而言他、不明确，而自己则简洁、直接、一针见血。

她说："我永远都弄不明白她想要什么。"

艾玛抱怨说，玛莎似乎迫切地想要展现自己的权威。这一点尤其让艾玛感到烦恼，因为她是一名技术专家，已经在公司工作了10年。而玛莎是个新人，她的专业背景也不是质量保证和安全方面的。

"她只想让人们知道她是老板，"艾玛说，"但她不懂其中的前因后果，提出的要求也不合理。"

艾玛与前任老板的关系完全不同。他们之间的关系是以信任为中心的合作。老板能够放手让艾玛独立工作。她们的沟通风格也很匹配。

当我开始给艾玛做教练时，玛莎刚刚成为她的新老板一个月，但她已经到了崩溃的边缘。她说："我不知道与这样的人怎么才能好好相处。"

---

[1] 胡孟君是全球知名的主题演讲家、高管教练和畅销书作家。她是全球管理咨询公司Global Leadership Associates 的创始人兼总裁。她还是《保全面子：如何维护尊严和建立信任》（*Saving Face: How to Preserve Dignity and Build Trust*）一书的作者，也是INC.com的专栏作家。

理解"面子"

作为她的教练，艾玛希望我能帮助她"向上管理"，想办法让这种新的、具有挑战性的关系进行下去。为此，我首先要帮助艾玛理解"面子"。

"面子"是一个全球性的概念，已经超越了其在亚洲的起源。一个人的"面子"代表其尊严、骄傲和自尊。人们"丢面子"时，就失去了一些尊严。当我们帮助他人"保留面子"时，就是帮助他们找回了尊严。当我们"给别人面子"时，我们就为其树立了威信，建立了信任关系。

我问了艾玛几个问题，以帮助我们从"面子"的角度了解她的新老板，并最终帮助她"向上管理"。

首先，我问艾玛希望与老板建立什么样的关系。她回答道："我希望她信任我，让我做自己的工作。我希望她给我自主权，我们能够相互信任，坦诚交流，把事情做好。"

我让艾玛想想什么对她的老板最重要，老板最看重什么。她回答说："在组织内部迅速树立自己的威信。在同事、直接下属和老板面前表现得知识渊博，并且能够开始交付成果。"

我让艾玛站在她老板的角度想想，老板需要她做什么。"我有很多经验。我熟悉业务。我了解这个领域。我了解这些人、利益相关者，我还有专业技术知识。她需要我的支持，以帮助她实现目标。"她回答道。

通过我的教练提问，艾玛意识到玛莎需要有人帮她"保留面子"。玛莎正处于一个新的高风险环境中，感到很不安全，没有人站在她这一边。艾玛可以成为这样的人。如果玛莎感受到了安全，她最终可能会给艾玛她所渴望的自主权。

但首先，艾玛需要赢得玛莎的信任。我和艾玛制定了一套"向上管理"的策略，以维护面子、帮助玛莎挽回面子和避免丢面子作为驱动力。

这些以"面子"为核心的"向上管理"策略对任何希望与上司建立卓有成效的积极关系的人都很有帮助。

基于"面子"的向上管理策略

- **积极主动地提供支持。**

艾玛承认玛莎在技术和专业知识方面存在空白,但她无法寻求帮助或承认自己的不足,因为这样做会意味着"丢面子"。

为了赢得玛莎的信任,艾玛要积极主动地提供帮助。例如,两个跨职能部门直接找到玛莎,请她解决两个不同的问题。艾玛说:"我会和你们一起解决这些问题。"她真的这样做了,并且把功劳都给了玛莎。这帮助玛莎避免了"丢面子",并在同僚中获得了一些她渴望得到的信誉。

积极主动地提供支持可以帮助管理者避免"寻求支持"这种常常会让人感觉丢面子的行为。

- **询问沟通偏好。**

艾玛习惯每月与前任老板进行两次沟通。她以为玛莎也会有同样的要求。但在询问了玛莎的偏好后,艾玛出乎意料地发现,玛莎要求她们每周进行一次情况的确认。玛莎最终可能会接受每月两次的汇报,但在现阶段更频繁的情况确认会让她更有安全感和掌控感。

艾玛还为玛莎提供了详细的项目时间表,让她随时了解进度详情和时间节点,从而让她更有掌控感。她还会花时间用简单的方式解释复杂的技术信息,让没有技术背景的玛莎能够消化理解。

这些步骤让玛莎对自己的角色更有信心和安全感,它们都是维护面子的有效方法。

- **帮助你的老板在他们的老板面前有面子。**

艾玛还询问玛莎什么时候与老板见面,然后她会主动帮助玛莎为这些会面做准备,向她提供成功会面所需的任何信息。

这让玛莎在这些高压情况下充满信心,有备无患。这让玛莎更有面子。

- **对语言和非语言线索保持敏锐。**

在玛莎对艾玛有足够的信任并可以坦诚交流之前,艾玛必须透过"字里行间"来解读她老板的感受和想法。

艾玛会同时注意语言和非语言线索。例如，如果玛莎看起来心情不好，她就会礼貌地问："有什么事让你担心吗？你还好吗？"这表明她很关心玛莎，与她有连接，同时仍然尊重玛莎的界限。当玛莎分享自己的担忧或挫折时，艾玛会充当她的思考伙伴，帮助她找到解决方案。艾玛也会在私下里这样做，但从不会在同事或下属面前这样做。

主动预测上司的需求，帮助他们维护尊严。当他们足够信任你并愿意向你透露自己的需求时，要帮助他们满足这些需求。

- **向他们展示你支持他们。**

艾玛知道，她希望与玛莎建立一种合作的而非对抗的关系。因此，当她有机会把玛莎从可能丢面子的局面中解救出来时，她毫不犹豫地采取了行动。

她发现玛莎即将根据错误的信息做出决策，于是马上安排了一次与玛莎的私人会议，并向她提供了正确的信息。玛莎得以在执行会议之前改变她的计划。

艾玛向玛莎展示自己支持她。更重要的是，她帮助玛莎满足了其最大的需求之一：在其职位上体现出能力。艾玛帮她挽回了可能失去的面子。

要向老板表明你们是同一战队的，你是可以信赖的。当有机会帮他们挽回面子或避免丢面子时，请抓住机会。

在实施这些策略6个月后，玛莎开始信任艾玛，并将她视为自己的得力助手。艾玛惊喜地收到了新老板给她的第一份积极的绩效评估，如今，她们已经建立了积极互信的工作关系。

"向上管理"是一项经常被忽视但又至关重要的职业技能。虽然我们无法选择老板，但我们可以选择如何处理与老板的关系。注重面子——在主动维护面子的同时保持相互尊重的界限，帮助他们避免丢面子，并在丢面子时帮助他们挽回面子——你就会建立信任，发展积极、富有成效的关系。

15

倾听的回报

弗兰克·瓦格纳[1]（Frank Wagner）

这个故事始于一家正在经历大规模转型的企业，它正在重塑自己的业务方式。这一转型归功于高层管理团队的努力，他们根据行业正在发生的根本性变化重新设想了企业要如何与新的未来愿景相匹配。

从与未来愿景保持一致的角度来说，每个流程、每个人都需要被重新看待。被选中领导全国销售工作的领导者的职位比变革前晋升了两级。加布里埃尔相对年轻，被认为是领导销售组织走向未来的最佳人选。

作为这次晋升的一部分，他被分配了一名教练，以帮助他度过上任的第一年。该企业有一位负责与高层管理团队一起创造未来蓝图及领导层所需未来行为的外部顾问，他推荐了我来担任这位新任全国销售主管的教练工作。

在与加布里埃尔的初次会面中，我介绍了我们将采用的流程，从而帮助他胜任新的岗位。在我们第一次会面即将结束时，我问他："你认为改进哪种行为将最有利于你成功地管理销售组织？"他很快答道："我认为自己需要改进倾听能力。"然后，他问下一步是否要做360度评估。我告诉他这是惯例，我会向总裁征求意见以明确我收集信息的最佳方式。

第二天，我与总裁通了电话，讨论我将如何开展工作。在电话中，我向总裁提出了同样的问题。他用两个词回答了我："更好地倾听"（Listen better）。这

---

[1] 弗兰克·瓦格纳作为一名行动教练，拥有与中层管理人员和最高层管理人员合作的广泛经验。弗兰克的专业领域是领导行为，重点是承诺、团队合作、跨越组织边界的影响力及人才发展。

家企业是位于美国的母公司的子公司。你们可能已经猜到当我问负责这个企业业务的主管同样的问题时他是怎么说的了。他的答案简洁至极:"倾听。"

我使用的方法叫作以利益相关者为中心的教练(Stakeholder Centered Coaching®),即利用组织中的相关人员作为内部教练,在实际变革过程中为领导者提供支持。对于我的客户的目标而言,最相关的利益相关者是他的直接下属,即地区销售总监。

当我谈到他的利益相关者时,加布里埃尔对于让最西部的地区销售总监成为他的利益相关者之一感到犹豫。他告诉我两人之间有些过节,彼此都不喜欢对方,还说这个人在同事中很受欢迎,在他们心中他是这个顶级销售职位的理想人选。我告诉他,他想排除在外的这个人很可能是最应该包括在内的人。他对我说的话置若罔闻。虽然他持反对态度,但我还是坚持让这位地区销售总监参与进来。

当加布里埃尔确定了目标和利益相关者后,他的下一步就是让利益相关者了解自己正在做什么,并通过持续的反馈和建议来寻求他们的支持。而利益相关者的第一项任务是就加布里埃尔如何做一个更好的倾听者提出两条建议。

让加布里埃尔给最西部的地区销售总监打电话,简直就像不打麻药去拔牙一样难受。我提示他说,这位地区销售总监在第一次通话中可能不会提供任何帮助。其实我预测这次通话只会持续60秒,甚至更短。我要求加布里埃尔在给最西部的地区销售总监打完电话后再给我打个电话。他确实这么做了。

他是这样告诉我的:"你说得一点没错。我只听到电话那头一片寂静,然后突然冒出来一句'不感兴趣'。"加布里埃尔接下来问:"我可以不跟他联系吗?"为了让我们的方法行之有效,需要对利益相关者进行严格的跟进,以保证他在利益相关者心目中的形象有所改善。于是,我给了他一个他不想听到的答案。我告诉他:"不,他和其他地区销售总监一样,都是你的利益相关者之一。你每个月都要与所有利益相关者进行沟通。"

加布里埃尔在没有得到最西部地区销售总监帮助的情况下,根据其他直接下属的建议制订了行动计划。加布里埃尔改进倾听的主要行动包括:

- 提问时要带着证明"别人是对的"这一意图;

- 复述一下对方所讲的话，以表明你对其话语的理解；
- 区分我和别人所说的话中哪些是事实，哪些是观点；
- 带着学习的目的去倾听；
- 尊重他人的观点。

一年后，加布里埃尔得到的评价是，他在"倾听"每一位直接下属方面都取得了显著进步。而那位他最初并不想纳入自己目标中的最西部地区的销售总监，他也与之建立了真诚、积极的关系。随着时间的推移，他收到了许多赞誉，表明了他与这位地区销售总监合作得非常好。

加布里埃尔致力于成为一个更好的倾听者。通过努力提升这种技能，其他的变化也随之而来。整个团队都能看到这些变化。所有的关系都是双向的。加布里埃尔和最西部地区销售总监之间的不和是众所周知的，很多人都认为最西部地区销售总监本应得到加希里埃尔的职位。然而，在教练工作开展的第三个月，出现了一个关键性的突破。

他给最西部地区销售总监（作为利益相关者，没有帮上一点忙）打了电话。之后加布里埃尔又给我打了电话，他说的话大大出乎我的意料。他告诉我："当我给他（最西部地区销售总监）打电话时，他告诉我，他以为我会对他置之不理。他还说，他仍然认为应该由他来坐我的位子，而且他从来没有喜欢过我。"但真正令人惊讶的是他接下来说的话："伙计，我接下来要说的话可能会让你感到震惊。我开始敬佩你了，因为你没有放弃，持续给我打电话，说你会倾听……嗯，我想我也需要在倾听方面下功夫了。"

从那次谈话开始，他们俩就相互支持对方成为更好的倾听者。销售团队的每个人都看到了这一点，并从中受益。

教练工作结束时，我们讨论了他取得的成果，加布里埃尔说，他逐渐意识到，在选择提升倾听技能之前，他习惯于通过倾听来收集信息，以影响他人接受自己的观点。他承认自己偶尔还会这样做。不过，他很自豪地说现在他更愿意使用新技能去学习一些自己以前不知道的东西，他喜欢这样的结果。

加布里埃尔发现，通过"为了学习而倾听"，他的影响力更容易获得，也更有效。让他感到惊讶的是，他在与直接下属共事时更加愉快了。这是加布里埃尔在努力提升领导力的过程中得到的最重要的收获。倾听只是手段，真正的目的是学习。这与詹姆斯·库泽斯（James Kouzes）和巴里·波斯纳（Barry Posner）在《领导力的真理》一书中的观点不谋而合。在关于领导力的十大永恒真理中，他们的研究得出结论：最好的领导者是最好的学习者。

从这个例子中我们可以得到哪些启示？从加布里埃尔的行动及其在领导工作的感悟中，我们可以得到两个重要的启示。首先，鼓起勇气努力提高自己，让那些与你相互依赖但又相处不融洽的人参与进来，可能会带来最好的结果。其次，这也向很多人证明了你有领导的能力。

我的问题是："你是否有勇气与他人合作，特别是与你最大的批评者合作？至少，你是否愿意从不太可能的渠道寻求帮助/支持？你是否以谦虚的态度去请求他们的帮助、倾听他们的建议并将其付诸实施？你是否有坚持不懈的毅力？因为要改变这种关系并不容易，而且需要时间。"

所有的付出都是值得的。像加布里埃尔那样行事，你会为自己感到骄傲。

参考资料

Kouzes, J. M, & Posner, B. Z (2010). *The truth about leadership: The no-fads, heart-of-the-matter facts you need to know.* John Wiley & Sons.

16

美国企业的必要反思

特里·杰克逊[1]（Terry Jackson）

"意识正在觉醒，你不可能再把它放回盒子里。"

——"破坏修复者"组织[2]主席威廉·J.巴伯二世牧师

什么样的国家会把"黑人的命也是命"视为激进的想法，而把"黑人"的痛苦和死亡视为不值一提？

"美国企业"的必要反思始于挑战我们所有的假设。这里没有神圣不可侵犯的事物。一切都可以被质疑。这样做并不是要将其摧毁，而是要将其带到阳光下加以审视。我们需要看看自己的假设在当今的现实中是不是有效的工具、技能和手段？是否能够达到我们必须奉献个人和集体力量的目的，即重新创造一个共同分享的现实，为人类所有成员提供更好的生活质量，并为进一步持续发展铺平道路？它基于对人类精神的认可和颂扬，这是我们所有人的共同点。

我们正处于一个关键时刻：全球疫情与众多社会不公问题同时存在。我们也正处于理智与本能的交汇处，需要更加人性化，企业也需要积极地响应社会的需

---

1 特里·杰克逊博士是一名执行顾问、思想领袖和组织顾问。特里是"马歇尔·戈德史密斯100位教练"之一，最近被Thinkers 50评为教练工作50强之一，并被Thinkers 360选为未来工作领域的思想领袖。
2 "破坏修复者"组织于2015年由威廉·J.巴伯二世牧师创立，诞生于北卡罗来纳州"共同前进道德运动"（Forward Together Moral Movement）。"共同前进道德运动"构建了草根阶层力量，以打击针对劳工权利、投票权、LGBTQ+权利、医疗保健、刑事司法的不道德和非法政策，以及其他对该州贫困和边缘化社区产生负面影响的政策。——译者注

求。现在是对美国企业进行必要的反思的时候了。

我们正处于一个组织和个人应该评估及重新评估其目标的时期。无论是对个人还是组织来说，目标都是其每段旅程的第一步。为了能够连接到目标，组织和个人皆需要深入内心，问自己："我们为什么要这样做？"当我们的目标与他人有关——涉及我们慷慨给予他人时间、才能和财富时——就会使我们的"为什么"更加持久。领导力大师丹尼尔·戈尔曼（Daniel Goleman）指出，若要重新构想明天，我们需要积极的思维、稳固的立足点和深刻的目标感。这就是我们在充满不确定性的环境中创造意义的方法。这样，个人和组织才能开始社会所需的必要反思。

美国企业进行必要的反思是势不可挡的。多元化、包容和平等自20世纪80年代诞生以来一直未能达到预期目标，还有性别、薪酬问题，以及CEO前一天声称找不到合格的非裔美国人与他们共事，第二天又道歉，同性恋、双性恋和变性者的挑战都在考验着这个系统，千禧一代也有自己的要求。美国企业需要进行必要的反思。

普林斯顿大学教授小埃迪·格劳德博士（Dr. Eddie Glaude Jr.）言之凿凿，"这个国家有一个价值差距"。白人的生命比其他人的生命更重要，这是一个巨大的问题。诚然，在《财富》500强企业中，也有一些少数族裔担任最高级管理层职位，但人数少得可怜。目前，《财富》500强企业中有38位女性领导者，只有4位非裔美国人。而在《财富》500强的历史上，只有18位非裔美国人担任过CEO。这就是美国企业所需要的"反思"。当我们研究董事会中的非裔美国人数量时，发现情况更糟，因为几乎没有。

根据纽约市职场智库人才创新中心的分析，"黑人"约占美国人口的12%，但在美国大公司中担任高级领导职务的"黑人"仅占3.2%。美国企业需要进行必要的反思。

许多白人的"价值差距"源于恐惧。法律无法改变恐惧。能够改变恐惧的是去接近令人感到恐惧的事物。在我们所说的情况中，就是人去接近其他的人。

Coach Me

通往 / 始于领导力的所有道路

对于那些担任领导者导师、高管教练和值得信赖的顾问的人来说，这是一个充满巨大机遇的时期。要想成功实现"美国企业的必要反思"，就必须进行领导力转型。行为改变、观念改变和情商（同理心）提高都是读者自己可以影响的方面。这是领导力领域的一个关键时刻，所有人都需要挺身而出，推动所需的变革。

这是号召行动的呼声。它关于寻找和实施解决方案，而不是把问题归咎于他人并进行指责。这是一场必须从我们每个人内心深处开始的运动，以帮助解决多元化、平等和包容等社会问题，而不是将其停留在口头上。这是一种信念和思维的转变，以解决我们（而不是"他们"）造成的问题。是时候扩大我们自身的认知范围了，将彼此看作有血有肉的人。美国企业的必要反思是发掘其所拥有的力量，唯有这样，我们才能成功地提高现实的质量，创造一个有利于个人和集体可持续发展的环境。

这应该为美国企业敲响警钟。所有人都必须挺身而出，承担起解决问题的责任。没有藏身之处，也没有任何借口。

这场反思必须涉及所有种族问题、性别问题、政治问题、宗教问题，以及我们在人类各阶层之间设置的所有其他障碍。是我们筑起了这堵墙，我们所有人都有责任花费必要的力量推倒这堵墙，用足以支撑真理的信任之桥取而代之。

这次反思是向美国企业发出的呐喊，要求其帮助改善我们的教育系统。它们应该用正能量和教授孩子们真正生活技能的课程来帮助振兴我们的学校。是时候放弃那些不再适用的东西了，是时候对充满陈旧思想和虚假承诺的过时系统进行修订了。是时候用创新的、以技能为基础的课程来取代过去的旧课程了，这些课程教导人们如何根据自己的才能制订人生计划，从而实现自我价值，帮助他们在自己被当作真正的人来看待的同时成为社会的积极贡献者。

在我们的社会中，"金钱就是权力"，而在企业界，这种现象更是比比皆是。现在是时候让企业把从人民手中赚取或窃取的部分金钱和权力归还给支持其发展的社会和文化了。是时候让企业领导者将其领导力和支持延伸至企业之外，并承担起资助社会重建的责任了。现在，企业不仅要重新设计流程，提高利润，还要贡献知识、技能和资源，为全人类营造一个安全、健康、有利于持续不断提高质量的环境。

我们每个人都要发挥作用。我们看到了这个世界的发展，或者选择参与其中，或者选择视而不见。现在不是选择无视的时候，而是拓宽视野、抓住机遇、改变自己或他人生活的时候。如此一来，下一个重大发展将是我们个人环境的发展，是我们心智的发展。

现在是时候让我们大家开始为改善自己生活的世界承担责任了吗？是时候承认我们之间的差异是提高认知的源头而不是障碍了吗？是时候都站起来开始建设而不是谴责和破坏了吗？是时候本着真正的沟通、合作和协调精神走到一起了吗？是时候发挥长处、弥补短处了吗？是时候认可和颂扬人类精神，并去发掘令人难以置信的无限潜力了吗？我们是否应该将精力、时间和努力转向更具建设性和更有意义的目标？现在难道不是开启变革性思考的时候吗？

通过拓宽认知，我们开始看到自身真正的潜能是什么。如果我们能结合这种潜能，辅之以诚实地承诺自己始终如一地按道德（原则）行事，就能做到完全忠于自己的一系列信念。当了解如何与他人沟通和互动时，我们就可以将他人也纳入自身的思考范围。我们可以确定自己的人生目标，计划如何实现这些目标，并创建确保成功的方法。最后，只要不放弃和勇于变革，我们就能够持续努力，并确保始终朝着正确的方向前进。

当然，美国以前也经历过令人震惊的种族和性别方面的重大转折，但每次在实现完全平等之前，非裔美国人的进步都会被扼杀。现在是对美国企业进行必要反思的时候了。

情商

17

管理我们失控的情绪

乔纳森·帕斯莫尔[1]（Jonathan Passmore）

萨米特打电话问我一个关于他高级团队的问题。他解释说："我们面临的情况很严重。我不能放任高级团队成员向他们的员工扔订书器。"

在萨米特升任总经理之前，我曾担任过他的教练，因此我们关系不错。自上任以来，萨米特一直在慢慢重组公司业务，去年，他任命了新的公共关系总监史蒂夫。

史蒂夫在之前的岗位上取得了成功，最初几个月也相安无事。但萨米特注意到，在几次高级团队会议上，原本融洽的氛围开始变得紧张起来。如果史蒂夫坚持自己的观点，他就会在会议上采取挑战性的沟通方式，他会很快失去耐心并发脾气。然而，最令萨米特感到措手不及的是，上周一位资深同事与其分享了一次Zoom会议的细节。史蒂夫当时的行为简直可以被描述为"威胁""欺凌""咄咄逼人"，直到最后他终止了与所有参会者的在线会议。人力资源总监与参会者进行了交谈，发现了一个更令人担忧的情况。"如果我们不按史蒂夫的方式行事，那与他共事简直就像人在地狱。"有好几个人都提到了他在办公室辱骂和欺凌员工的行为，甚至会将物品扔到办公室各处或摔在办公桌上。

---

[1] 乔纳森·帕斯莫尔是《国际教练心理学评论》（*International Coaching Psychology Review*）的主编和英国心理学会教练心理学分会主席（2021—2022 年）。他是CoachHub高级副总裁，也是英国亨利商学院教练与行为改变教授。他发表了100多篇科学论文，出版了30多本著作。他的最新著作包括《教练工作手册》（*The Coaches Handbook*）、《教练的常识》（*Becoming a Coach*）等。他是全球被引用次数最多的教练工作研究者之一，其作品曾多次获奖，并被列入"教练全球大师"前20名教练（2021 年）。

萨米特和人力资源总监乔基于他们听到的证据在进行"他应该留下还是应该离开"的讨论时给我打了电话。最后,萨米特问我是否能帮上忙。我的回答是"也许"。如果史蒂夫愿意探讨他的情绪失控问题,并承诺努力做出改变,我愿意与他见面。但如果他没有反馈,也没有意识到这是一个问题,没有改变的决心,教练就不是合适的方法。

几天后,史蒂夫和我在网上见面。在接下来的一小时里,史蒂夫讲述了他对同事的不满,但也承认有时他的愤怒会导致一些让人无法接受的行为。在与乔的交谈中,他也明白了自己面临一个严峻的选择:要么停止这些行为,要么走人。在接下来的一个月里,我们每周都会见面,探讨各种触发因素及解决这些问题的机制。

在最初的两周里,史蒂夫同意休假几天。他向员工解释说自己压力很大,要去休假。正好在史蒂夫道歉后,员工有了一段冷静期,史蒂夫也有时间制订新的计划来应对自己火山式的情绪爆发。

作为一名心理学家,我的起点是帮助史蒂夫探索触发其行为的诱发性事件/诱因、他的信念/情感/思想与其他人看到的他的行为之间的关系。ABC模型中的诱发事件(Activating Event,A)、信念(Beliefs,B)和后果(Consequences,C)是帮助人们更好地理解外部事件与其行为之间的联系的好方法。

虽然该模型帮助史蒂夫认识到是自己的思想驱动了自己的行为,但他想知道自己能否当机立断,真正控制自己的愤怒情绪。这是一个显然已经有些失控的习惯。

我们探讨了不同的情况——他总是这样吗?经过反思,他认识到,在没有熟人的公共场所,他可能会生气,但能够控制自己的行为。然而,在家庭关系中,他的爆发性行为模式依然存在。史蒂夫在与不认识的人相处时能较好地控制自己的行为,因为他认为"这些人还不了解情况",但当与他人开始变得熟悉时,他就更容易表现出不当行为。

我们继续探讨"正义的愤怒"与不当行为之间的区别。有些时候愤怒是必要的,因为愤怒是一种有益的情绪(确保正义得到伸张或弱者得到保护)。正如史蒂夫之前分享的,他是一名基督徒,我们探讨了耶稣在圣殿中的愤怒:这种愤怒

Coach Me

是否恰当？怎样才算恰当？史蒂夫自己的行为与之相比如何？

我向史蒂夫介绍了ACCEPTS模型（见图17.1）及其七个步骤。

- 活动——参与你喜欢的活动
- 贡献——为他人与社群做出贡献
- 比较——与其他没有那么幸运的人比较，或者与自己此前更糟糕的境遇比较
- 情绪——体验积极的情感和幽默
- 推开——先暂时把手上的事情放在一边
- 想法——先想想其他事情
- 身体感觉——体验一种不同的强烈感受

图17.1　ACCEPTS模型

这七个步骤与其说是一条线性路径，不如说是一系列活动，让个人面对具体情况时能够处于最佳掌控状态。

第一步是通过参与自己喜欢的"活动"（Activity）来减轻压力。史蒂夫很快就确定了几项他喜欢的活动：与格兰特一起外出就餐、打网球和慢跑。他同意在接下来的一个月里，每周安排一次约会之夜，周末打网球，周二和周四早上上班前进行两次30分钟的慢跑。

下一步是"贡献"（Contribution）。这可以是对世界的贡献，从而产生一种连接感、意义感和目标感。史蒂夫说，他过去曾做过志愿者，虽然由于工作变动，他搬离了家乡，但有些事情他还是可以做的。比如他在报纸上看到当地学校希望有人来和孩子们一起读书。于是他联系了学校，他和格兰特每周都自愿与孩子们进行15分钟的阅读。

"比较"（Comparison）旨在帮助人们认识到自己是多么的幸运。当然，我们当中有很多人生活在发达国家，确实很幸运，拥有健康、财富，可以选择吃什么、去哪里、做什么。提醒自己认识和珍惜这些幸运会让我们受益匪浅。由于史蒂夫是一名基督徒，这是很容易的一步。他很快就意识到自己是幸运的，世界并没有与他为敌。他也提出会在晨祷中感恩自己受到的福佑，并将专注于每天找到一件让他感激的事情，其中的人、物或事是如何让他感受到祝福的。

处在压力之下的人往往很难投入轻松的生活中去，无法开怀大笑、开玩笑、开心，从而无法产生积极的"情绪"（Emotions）。对于史蒂夫来说，他天生的

工作导向和严肃的态度中隐藏了更有乐趣的一面，多年来这一面几乎消失了，只有在节假日才会出现。史蒂夫在一次会谈中提到，格兰特曾说最喜欢他的这一面，于是他们讨论了如何一起寻找时机，在日常工作中加入更多幽默和有趣的元素。去学校、打网球和约会之夜在其中发挥了作用，他们还提出了去剧院、喜剧商店或外出游玩的想法，让欢笑成为夜晚的一部分。

"推开"（Push away）是指把引起愤怒的事先放在一边，即把我们的注意力从问题上转移开，去思考其他事情。这对史蒂夫来说似乎不是什么问题，因为他的反应更多的是在当下，但在这背后是一个更大的信念，即人们"应该做得更好"。为了取代这个消极的主观假设，我鼓励史蒂夫找出每个同事身上的积极因素：他喜欢他们什么，他们什么做得好，并把注意力集中在这些方面。

压力大的时候会产生消极的"想法"（Thoughts）。我们商定了一个处理这些爆发性时刻的策略，那就是不要陷入当时想法或情况中去，而是退后一步。史蒂夫和我用一把空椅子来模拟，当意识到身体开始变化时他会说些什么。史蒂夫只需简单地退出，如去洗手间或走出办公室。他可以说："我马上就回来，你们先继续吧。"这为他提供了5分钟的喘息空间，让他重新聚焦于对他人的同理心，重新连接到自己的福佑，想想生活中的其他事情，给手上的问题带来新的视角。

"身体感觉"（Sensations）可以是非常丰富的，无论是吃辛辣的咖喱还是洗冷水澡。我与史蒂夫分享了洗冷水澡的好处，如可以提高免疫力和减轻压力。他是否可以改变自己的生活习惯，每天早上洗个冷水澡？也许在正常情况下，这一步迈得有点远，但史蒂夫下定决心要尝试一切，因此他承诺先用10天时间试验一下，每天早上冲冷水澡。

在教练工作接近尾声时，我们约定在3个月后举行一次回顾性会议。史蒂夫能否坚持这些新行为，慢慢养成新习惯呢？对于很多人来说，制订计划很容易，但在最初的三个月里，每周坚持阅读、打网球或约会变得越来越难。为了解决这个问题，史蒂夫挑选了一些利益相关者，如同事和朋友，希望这些人能够支持他对自己负起责任来，格兰特也在其中。但出乎意料的是，史蒂夫还选中了几位此前曾有过不愉快交往的团队同事。

因为有了他们的支持，再加上强烈的个人改变动力和这套工具的帮助，史蒂夫的爆发性时刻消失了。我相信他的内心仍然会感到愤怒，但他学到的一系列策略能够帮助他更好地管理自己的情绪，并保持对问题的专注。据我所知，他的订书器此后也一直放在办公桌的抽屉里。

18

如何处理更深层次的、对教练有抵触情绪的行为

罗恩·卡鲁奇[1]（Ron Carucci）

"我为什么总是那么做呢？"

这是一些领导者的共同感叹，他们令人困扰的行为总是在最不合时宜的时候出现。有些领导者即使有最好的意愿和努力，也无法实现或维持对不良行为的改变。

我曾与一家全球性专业服务公司的部门主管共事。在本故事中，我们称他为安迪。他热情好客，能言善辩，充满活力，赢得了很高的评价。但是，与这些积极品质略显矛盾的是，他总是固执地认为自己是对的，渴望成为焦点，并且说起话来滔滔不绝。安迪对我说："我真的很关心我的员工。我想激励他们，想让他们感到充满力量。但我就是无法控制自己的固执，因此总是惹上麻烦。"一位受访者告诉我："安迪是个好人，但他永远不会改变。他听不进去。如果你说他错了，他就会一直说个不停，或者贬低你，直到你屈服为止。"

一些令人困扰的领导行为会对教练、培训或其他发展活动产生阻碍。尽管领导者的初衷是好的，但他们在维持新的行为时依然很费力，时间一长，压力和触发因素会促使他们回到那些熟悉却令人不安的行为模式。正如曼弗雷德·凯

---

[1] 罗恩·卡鲁奇是 Navalent 公司的联合创始人兼管理合伙人，专注于帮助CEO和高管追求组织、领导者和行业的转型变革。罗恩著有9本书，其中包括获奖的《要诚实》（*To Be Honest*），他还是《福布斯》和《哈佛商业评论》的定期撰稿人，曾两度在TEDx演讲，也是"马歇尔·戈德史密斯100位教练"工作社区的成员。

茨·德·弗里斯（Manfred Kets de Vries）在《沙发上的领导》（*The Leader on the Couch*）一书中所说："全世界的组织中都有这样的人，他们无法认识或改变已成为功能障碍的重复行为模式。"

科学告诉我们，改变是一项不可思议的壮举，因为它需要调动我们大脑的两部分。

我们大脑的前部即前额叶皮层，是认知发生的地方。它是我们大脑中获取新知识和技能的理性部分。当我们学习如何改变行为时，就会用到这部分。另一部分通常被称为"奖励系统"，当我们做一些感觉良好的事情时，它会释放多巴胺，从而为我们提供改变的动力或"意愿"。你可以把这种组合看作"意愿"和"方法"。当日常学习新技能或养成新习惯的努力失败时，通常是因为人们只启用了这两部分当中的一个。

但有时令人困扰的行为源于创伤经历，这些经历会在我们大脑中感知威胁的部分留下烙印。这些记忆储存在我们的杏仁核中。虽然记忆存在于过去，但当我们的杏仁核在熟悉的情境中检测到危险时，就会把这些记忆当作现在的经历重现出来，并触发反应，产生具有破坏性的自我保护行为。当这种情况发生时，无论是意愿（动机）还是方法（认知学习）都不足以推动改变。

当面对客户无法改变的抗拒性行为时，我会使用一种叫作"起源故事"的方法来努力探究塑造这些行为的深层次原因。这绝不能取代长期的治疗工作（不过有时会揭示对治疗工作的需求），但它确实为领导者提供了一个安全的场所，来审视持续存在的破坏性行为的根源。这一过程包括四个环节，经过精心考虑之后，可以揭开破坏性行为的根源，并启动持久的变革。如果你正在努力改变长期的破坏性行为——可能是恼羞成怒后的情绪爆发，可能是重要时刻突然僵住，也有可能是压力下的过度控制——挖掘"起源故事"可能会帮助你在其他方法失败的地方取得突破。

辨识出并书写你的"起源故事"

我会邀请客户回忆他们成长时期的场景，通常为5～21岁，在这些场景中，相关的问题行为的重要性开始显现。

客户经常选择涉及痛苦和冲突的形成性场景，而这些场景往往是问题行为的开端。我从未遇到过客户苦于没有场景，令他们感到烦恼的通常是苦于不知道先写哪个场景。

在为期4天的集中学习中，我请安迪写了几个成长故事，讲述他如何认识到在许多问题上坚持自己的观点并保持核心地位对他来说是至关重要的。我的目标是通过这些故事揭示他内心深处对出错和被边缘化的恐惧代表着什么威胁。

构思一个"起源故事"，需要以非评判的方式将令人困扰的行为分离出来，并假设该行为满足了什么需求。我的直觉是安迪只有在倾诉时才会感到安全，他的观点受到质疑会引发他的匮乏感和羞耻感。

安迪写的故事中有一个讲到了他10岁时转学后所经历的社交挣扎。安迪患有严重的口吃和多动症，新学校要求他参加"特殊教育班"。两年来，安迪每天都要从同学们的嘲笑声中穿过，到他们称为"愚蠢的教室"的地方去，这让他内心充满了抗拒和羞愧。随着他慢慢长大，这些情绪最终助长了他现在无法改变的行为。虽然安迪的智商很高，但他的身体残疾使他无法在标准化测试中展示自己的智力。安迪明白了要想不被人视作是愚蠢的，他就必须讨人喜欢，说话不结巴，证明自己很聪明。对他来说，聪明就意味着正确。

辨识出习得的叙事方式

让我们感到困扰的行为的背后往往有一些根深蒂固的叙事方式。这些叙事方式是我们理解世界的一种模式。除非改变这种模式，否则穷尽一生我们都会在生活中不停地重复那些令人困扰的行为。

我让安迪用一句话写下他认为生命中那个脆弱的时期教会了他什么。安迪写下的是："除非你能证明自己不是这样的，否则每个人都会看到你有多愚蠢。"他的解释揭示了这一点。安迪并不认为他必须证明自己并不愚蠢。他认为自己必须掩盖自己愚蠢的事实。那些年仿佛"仪式化"的公开羞辱使他得出结论：他是不合格的、不聪明的，因此，他必须向别人隐瞒这个"真相"。这些认为自己愚蠢、不讨人喜欢的创伤经历在他的工作场所重新上演。他的粗暴行为将人们推开，再现了他童年被拒绝的经历。因此，他不得不用积极的能量和精辟的观点来获得他人的认可和钦佩。安迪意识到，他的一生都在完善一个循环，尽管这个循环让他暂时感到安全，但产生了他试图逃避的被拒绝的感觉。为了消除自卑和羞耻感，安迪决心让别人相信他是一个聪明、优秀的人。

辨识出令人困扰的行为满足了什么需求

令人困扰的行为的锚是它所满足的需求。安迪的无意识需求与他认为"自己愚蠢、不讨人喜欢"的信念相一致，这也是尽管他在认知上明白自己应该改变，但最终抗拒改变的原因。这种信念根植于大脑中印刻创伤的部分，从而启动了重复的行为模式。滔滔不绝和鼓舞人心的行为平息了安迪认为别人觉得他愚蠢和不讨人喜欢的感觉。这种熟悉的循环让他感到安全，但产生了他最想逃避的被拒绝的感觉。除非安迪认识到是什么驱使他做出这些行为，否则任何改变的尝试都无法坚持下去。

当我让安迪告诉我他最终想要什么时，他说："我只想通过做自己来获得归属感。"问题是，他很早就知道，他无法既"获得归属感"又"做自己"。因此，他选择通过塑造一个新的自己来获得归属感。安迪和我讨论了这意味着什么：为了消除他的自卑感和羞耻感，并获得他人的认可。安迪极力确保他人相信自己是一个和蔼可亲、能说会道的人，尤其是在他工作的地方。

虽然他坦然承认自己的行为对他人造成了负面影响（认知层面），并希望真正停止这种行为（动机层面），但那些在成长岁月中未得到处理的痛苦（创伤）实在是太强大了，他的意愿或他的认知也只能抵消片刻。

一旦你发现了令人困扰的行为的深层次需求，无论它们看起来多么不合理，你都可以开始改变的过程。

选择新的叙事方式和替代行为

找出令人困扰的行为的根源是重要的一步，但持久的改变需要时间。有时在这样的阶段最好是请专业的治疗师进行治疗，因为旧的叙事方式不会轻易消失。我问安迪："如果你真的很聪明，不需要用你的热情或你的口头表达能力来换取别人的认可，以显得你很聪明，那会怎么样？你觉得如果你不说话，别人还会佩服你吗？"在新的叙事方式中，安迪写道："即使在沉默中，我也是受人喜欢的、聪明的、安全的。"学习这种新叙事方式需要时间，但他已经在路上了。

我们不能因为了解到令人困扰的行为有其深层根源就为其造成的损害开脱。但是，如果我们每一位有前途的领导者都因其行为抗拒了常见的改变而遭到解聘，那么领导者队伍将所剩无几。我们必须深入挖掘，帮助那些在领导岗位上挣扎的人改变并茁壮成长。我们通常只会把成长经历视为过去的一部分。但是，离婚、亲人罹患重病、被人欺负或在自然灾害中幸存下来都会给人们留下持久的印记，塑造我们难以改变的令人困扰的行为。

玛雅·安杰洛（Maya Angelou）说："没有什么比在你的内心藏着一个未曾讲述的故事更痛苦的了。"如果你正在与持续困扰你的行为作斗争，也许是时候去挖掘一下是什么不为人知的故事在驱使你这样做了。你将活得更加充实，你所领导的人也会特别感激你。

参考资料

Psychologytoday.com *Why Behavior Change is So Hard* Elliot T. Berkman, PhD. March 20, 2018.

Harvard Health Publishing, Harvard Medical School, *Past Trauma may haunt your Future Health*; February, 2019.

19

冲突管理教练工作

王戈[1]（Gary Wang）

尽管高管教练是一个相当年轻的行业，存在时间仅有12年左右，但在中国越来越受欢迎，其主要推动力来自在中国拥有大量业务的领先跨国公司。推动需求增长的因素有很多，包括：快速增长的业务，大多数组织面临的令人吃惊的低工作参与度，合格领导者的短缺，传统的、占主导地位的命令与控制型领导风格（深深植根于中国文化），相互竞争的教练认证项目，以及企业已经从教练工作中获得的积极体验。由于经济的快速增长需要稳固的领导力和强大的后备力量，中国如今已成为教练工作中一些最令人惊叹的成功案例的发源地，由教练引发的团队和组织层面的转型已为教练行业带来了巨大的影响力，我们从不缺少这样鼓舞人心的成功案例。我很高兴能与大家分享这样一个关于教练力量的案例，尤其是在建立信任和关系方面。

案例研究

我们暂且将这位客户，一家在中国运营的美国公司，称为"WBA"，这是为了保护客户的隐私而使用的化名。WBA是一家在包括造纸和食品加工在内的多个行业中处于技术和市场领先地位的过滤材料公司。

---

[1] 王戈是MindSpan——中国高管教练市场的领先者——的创始人兼CEO。MindSpan总部位于上海，拥有400多名教练，为19个国家的450多家全球和本地客户提供服务，其中包括136家《财富》500强企业。在创立MindSpan之前，王戈曾在杜邦公司和索尼公司担任高级管理人员。

19 冲突管理教练工作

2009年，WBA的亚太地区业务开始下滑，不是因为竞争或其他外部因素，而是因为无法控制的内讧。内讧的根源在于刚从通用电气塑料公司（GE Plastic）跳槽而来的亚太地区总经理、美国籍高管约翰和苏州工厂厂长卫国之间难以调和的冲突。苏州工厂投资5000万美元，是该公司在亚太地区唯一的制造工厂。卫国是该地区的二把手。卫国是中国人，在澳大利亚有16年的学习和工作经验，是一位深谙文化差异的高级领导者。12年前，他加入WBA苏州工厂担任工厂厂长，负责苏州工厂的建设和运营。此外，他还聘用了140名操作工人，他们非常敬佩他的领导才能。

WBA是一家始建于美国俄亥俄州的家族企业，距今已有120年的历史，苏州工厂是WBA向亚洲客户供货的重要基地。WBA的亚太地区业务因中国经济的快速增长而蓬勃发展。

约翰加入WBA担任亚太地区总裁，总部设在上海，距离苏州约1小时车程。作为地区总裁，约翰负责生产、运营、销售、市场、财务、采购、人力资源和法律事务。卫国和其他5位高管向约翰汇报工作。

在2007年加入WBA之前，约翰曾在美国和中国的通用电气塑料公司工作了12年，这对他来说是一段决定性的经历。他以变革领导者的身份加入了这家企业，除了制定积极的发展目标，他还努力引入类似通用电气的绩效文化。约翰是在这种文化氛围中成长起来的，他相信这种文化将帮助WBA赢得更多的市场份额，并在亚太地区取得更大的成功。

约翰并没有完全意识到自己是WBA的新任领导者，也没有努力与直接下属进行必要的沟通，争取他们对积极的文化变革的支持。因此他震惊地发现，有一半的直接下属并不支持他的变革计划。他自己聘请的销售总监和业务发展总监以及卫国都反对约翰的绩效系统变革。

约翰决心推出一套新的绩效管理系统，要求领导者解雇绩效最差的10%的员工。卫国和其他两位领导者反对约翰的计划，认为他过于激进，没有给企业足够的时间进行反思和沟通。

约翰遭遇的集体冲突非常激烈，他聘请的两名高管选择了辞职，卫国也在考虑通过提前退休的方式离开企业。他和约翰互相看不顺眼，甚至不再有眼神交

Coach Me

流。但事实上，52岁的卫国还年轻，不适合退休。更重要的是，以这种不愉快的方式结束在WBA的成功职业生涯似乎不太合适。他关心企业和员工的福祉。他知道如果自己辞职，后果对每个人都将是灾难性的。他是一位出色的领导者，以人为本，非常有亲和力，深受同事、直接下属和一线员工的尊敬。在中国，企业几乎不可能找到一个完全可以替代卫国的人。约翰不知如何是好。

为了找到快速解决这一棘手问题的办法，约翰的人力资源总监瑞秋从一位朋友那里得知了教练技术，这位朋友所在的公司与我们合作多年。在苏州工厂与约翰和瑞秋会面后，我推荐比尔担任教练，与约翰和卫国一起工作。

在分别与约翰和卫国会面之后，比尔和我讨论了WBA的最佳项目设计方案。比尔建议为期7个月的合作，每月一次，每次1.5小时。我们的方案与众不同之处在于，最初的3次会议是比尔、约翰和卫国的联合教练会议，其余则是单独会议。

在客户办公室进行的第一次联合教练会议中，比尔要求约翰和卫国准备好笔和纸。两位被教练者仍在避免目光接触，气氛明显紧张。

比尔首先向客户提出了第一个问题："现在，作为WBA亚太地区最重要的两个人，如果你们继续冲突，谁会受到伤害？谁会受到最大的伤害并承受巨大的损失？"

比尔鼓励约翰和卫国列出所有答案。在没有任何互动或眼神交流的情况下，两个人开始在纸上写下自己的想法，"领导团队成员、员工、员工家属、客户、供应商、总部、苏州市政府"，名单越列越长，两人开始意识到，他们自己才是受负面影响最大的人。

当两个人意识到比尔问题的最终答案就是他们自己时，他们都如释重负。现在，他们发现房间里的气氛不再那么紧张了。

比尔接着问："当你们两人作为一个团队，一个真正的团队开始工作时，谁会受益？谁会受益最大？谁会赢得最多？"

两人几乎瞬间就领悟到了，如果他们作为一个团队进行合作，他们自己将比其他任何人收获更多的益处。

在尖锐的提问结束后，比尔已经为约翰和卫国铺平了道路，让他们能够自如地接受对方。他们重新开始了眼神交流和握手,而这已经是两人半年多没有做过的事情了。冰墙正在崩塌,温暖、希望和欢乐又回到了办公室。瑞秋和约翰、卫国一样高兴。

第一次联合教练会议结束后,当约翰和卫国重新开始进行建立信任的练习时,每周的领导团队会议开始变得更具实质性和富有成效。他们在员工面前表现积极,并向领导团队宣布,他们之间曾经存在误解,但现在已经消除了。

随着会议的持续进行,约翰和卫国越来越致力于彼此的合作与企业的成功,WBA办公室的气氛也发生了积极的转变。仿佛整个世界都焕然一新,方方面面都变得更加和谐,季度销售配额一次又一次地被完成。比尔也成了WBA的座上宾。

9个月后,约翰升任WBA总部国际业务总裁,卫国成为约翰的继任者。

在前往俄亥俄州哥伦布市就任新职位之前,约翰告诉卫国,要把教练比尔作为WBA领导力发展活动的永久"固定成员"。他给我和比尔写了一封邮件,感谢我们的支持:"这次教练工作挽救了我们亚太地区的业务。"

我们非常高兴地看到,这次教练工作以公司历史上最非凡的成功而告终。第一次合作之后,我们又与WBA合作了3年,每年签订一份25小时的合同。卫国的直接下属在需要时,每人都可以邀请比尔做教练4~5次。

从这个令人惊叹的客户成功案例中得到的最大启示,就是提出正确问题所体现的巨大力量。这个故事所讲述的就是提出恰当而有力的问题,而这正是优秀教练工作的灵魂所在。就这样,一个难以调和的冲突局面被完美地化解了。

20

骑兵队不会来了

卡罗琳·斯托克斯[1]（Caroline Stokes）

如何成为打造情商型工作场所的内部倡导者？

斯科特是全世界最有价值的美国上市公司之一的卫星办公室的项目总监，我们第一次见面是应邀与他及其团队讨论情商问题。每次我在展开大规模教练工作时，都会带着团队一起查看他们的职场情商诊断结果。这是我开发的一个工具，可以帮助组织评估其整体情商水平，了解组织需要如何发展才能获得并留住"独角兽"——那些能够帮助组织保持韧性并推动增长的关键人才。

我们想弄清楚的是，斯科特的公司是否已经成为"独角兽磁铁"，即在工作场所展示了高情商？或者它是否即将成为这样一家公司？抑或这家公司在这方面才刚刚起步，现在才开始了解成为一家高情商组织意味着什么？诊断结果将开启与斯科特及其团队为期一年的广泛而深入的工作。

通过情商诊断，我们了解到，尽管该公司取得了巨大的成功，但其管理团队才刚刚开始理解情商组织的含义。CEO的愿景是将公司文化从以产品为中心转变为以人为本，但我们也意识到，这一目标可能需要10年时间才能在整个组织中完全落实。总部正在进行转型，但像斯科特所在的卫星办公室没有进行这种转型。事实上，斯科特的许多同事似乎根本不知道CEO的这个愿景。

---

[1] 卡罗琳·斯托克斯是FORWARD公司的CEO，也是《独角兽之前的大象》（*Elephants Before Unicorns*）一书的作者，以及"情商高的招聘人员"播客主持人。她是一位屡获殊荣的领导力教练，在全球团队和领导者的整个职业生涯与领导力生命周期中与他们合作。

这一认识对斯科特打击很大。科技公司需要不断创新。他们不能等待10年才发生变革，否则就会落后于竞争对手。

他突然明白，尽管公司取得了巨大成功，但"骑兵队"并没有到来。总部没有人能够确保卫星办公室的每个人都能理解和执行CEO的愿景，即以人为本而不是以产品为中心。斯科特检视了情商诊断结果，意识到自己需要成为"内部倡导者"和员工领袖，创建一个情商型工作场所，并将CEO的愿景传达给普通员工。他一下子意识到这是自己的责任。与此同时，他还肩负着让同事们掌握相关的领导技能，使组织发展成为一个情商型组织的重任。

虽然斯科特曾在大型数字娱乐机构担任过高管级的生产解决方案提供者职位，而且他现在还在领导人工智能项目，致力于改变未来的工作方式，但这是他第一次有机会和影响力成为在公司内部推动"以人为先、以人为本"的新系统的主要力量。突然之间，他看到了自己作为领导者，其实可以在发展内部思维模式和创造积极主动的解决方案方面发挥不可或缺的作用，而不仅仅是等待总部提供方向。随着第四次工业革命的到来，许多公司都将经历自动化、机器人、人工智能等颠覆性变革，而领导力教练对于企业的长期成功至关重要。

他的公司要想抵御这些全球（而不仅仅是内部的）力量，最好的办法就是成为一个情商型组织，让所有员工都有一个与公司使命相关的目标和角色。但是，要做到这一点，员工需要理解公司的使命。情商型组织拥有强大的文化理念，有助于吸引和获得能让组织变得更强大的合适人才——这些人才具有合作、创新、自我指导和定期解决问题的心态。

在我向斯科特和公司展示情商诊断结果之前，卫星办公室的员工一直只专注于自己创造产品和盈利的能力。然而，实际上组织恰恰需要让所有员工参与到发展公司、产品和成果的战略中来，让每个人都能感受到自己的角色和在其中的发展，从而创造长期的成功。在科技行业，设计师和程序员都在"沙盒环境"中工作，创造和试运行产品，但他们并没有从人的角度把高度先进的设计思维技能运用到工作中。这一认知让斯科特恍然大悟，他开始采用一种新方法，将公司以产品为中心的思维模式转换为以人为本的思维模式。

虽然斯科特和我一起工作了一年，但基本上只用了一份报告和一次演讲来评估他工作场所的情商，以及一次强有力的快速教练会议，就为他和卫星团队开启了一个新的方向。在回顾了情商诊断结果后，我们的第一项任务是召集员工和利益相关者，讨论团队在6个月后的目标，以及他们希望如何在内部创建自己的身份和系统，为CEO的愿景真正增加价值。此外，员工必须摆脱人力资源部门只负责领导力培训的印象，培养员工对工作环境的自主担责性和社会责任感，积极贡献和合作，带着信心和透明度进行创新。

他们必须认识到，在所有体验性情境中——从同事到候选人，再到雇主品牌和领导力等——以及在共同为技术和新产品创造一个包容性的创新环境这方面，他们的声音都是非常重要的。

通过几周的教练工作，我帮助斯科特超越了利润优先及"提供桌上足球和免费餐饮"这种文化层面。取而代之的是，我们把重点放在了参与度与愿景上，将其作为每个贡献者取得成功的根本因素。我们每周都会讨论一个"敢于冒险的大目标"，并为每个目标制定时间表。我们定期研究执行力、不同性格类型（甚至包括属于孤独症范畴的员工）的动态，以及相互冲突的优先事项和影响力。最终的结果是，产品、组织和人员领导力之间的明显界限开始融合，形成了一场情商运动。

由于该公司习惯于以敏捷冲刺的方式开发产品，斯科特对员工和利益相关者也采取了类似的做法。我们会邀请他们共同研究一个课题，每次从概念到交付有三个月的时间，要求他们设计出适合其卫星办公室的方法，并确保其文化发展与CEO的愿景保持一致。

第一个月，我们的重点是"欣赏式探询"，以及如何鼓起勇气提出有说服力的问题，如何带着关爱与坦诚对话，同时对CEO的愿景抱有好奇的心态，以及如何将其转化为他们可以共同创造和领导的内容。这为员工创造了一种新的思维和沟通方式。我们还进行了情商评估，使每个团队成员都能了解是什么阻碍了他们，他们的行为会被他人如何看待，以及他们需要在哪些方面下功夫，从而使别人可以更好地理解自己。这种洞察力使他们能够消除前进道路上的障碍，带着好奇心和热情向前迈进。与所有教练工作一样，可能会有人（如个别贡献者）不愿意参与进来。然而，即使最愤世嫉俗的人，也会从能够清晰表达自己的想法、目标和需求这样的行为中发现价值，他们最终会看到这是一种积极的时间投资，可以创造全新的规范。

他们把第二个月分成两半，先专注于设计一种新的思维方式，内容包括员工体验（对使命的责任感）、候选人体验（吸引并留住人才）及领导力发展。在剩下的时间里，大家一起讨论如何打造一个情商型工作场所。每个人都参与到学习中来，一致同意要具备适应能力，并愿意接受新想法，这样就产生了动力和责任感，我们也开始构建一种新的工作方式。在我与斯科特合作的剩余教练期间，我的角色逐渐演变成纯粹的教练和观察者，开始直接反馈团队如何针对自己的组织、独特的结构和挑战对这种新的工作方式进行管理与策划。

一旦斯科特明白了如何将组织从一个以产品为中心的公司发展成为一个以人为本的公司，他就能够采取必要的措施，让员工感受到他们与工作的联系、对工作的承诺和参与——从使用透明和关爱的语言到发展成一个以人为本的公司，为产品和组织创造一种新的影响力风格。斯科特注意到，他的员工可以毫无顾忌地提出问题，并通过非正式的反馈会议更快地找到解决方案，而不是等到季度评审会议，因为在季度评审会议上，组织通常会把注意力放在影响季度业绩的负面因素上。因此，团队的整体参与度、士气和自豪感都得到了提高。

第四次工业革命很可能会改变世界，对于在此期间苦心经营未来产品的技术领导者来说，很容易成为"鸵鸟"，忽视人与人之间的连接因素，或者依赖人力资源部门来管理。请不要这样做。

我们都知道却常常忘记，是组织中的人才使公司品牌得以传承。如果你关心企业的长远发展，请参加工作场所情商评估，这样你就能看到自己需要发展的领域。

接下来，请决定如何继续前进，并牢记玛格丽特·米德（Margaret Mead）的话："永远不要低估一小群坚定的人改变世界的力量。事实上，这是唯一能够改变世界的力量。"

赋能他人/授权

21

领导力敏捷性的重要性

布伦达·本斯[1]（Brenda Bence）

"我一直是个'解决问题能手'，但我不知道该怎么解决这个问题。"奥利弗第一次来到我的办公室接受教练时对我这样说。

作为一家欧洲大型工业公司最近上任的地区负责人，奥利弗之前成功地领导着亚洲一个很大的发展中国家的业务，现在他要负责领导亚洲不同区域的6个国家的业务。虽然这6个国家分别处于不同的发展阶段，但它们有一个共同点：自从奥利弗9个月前接手以来，每个地区的业务都在下滑。

奥利弗认为，他很清楚需要采取什么样的行动来提高每个国家的业绩。但是，当他把自己的建议告诉向他汇报工作的各国总经理时，奥利弗觉得他们不愿搭理他，特别是那些较发达市场的总经理。

"我从来没有遇到过这样的问题，"他坦言，"在这个行业里，我认为我一直都能成功地拓展业务，然而现在好像我过去学到的一切都不管用了。"

在老板不断施加的压力下，奥利弗感到自己的职位岌岌可危。他需要在其领导的所有国家取得成果，而且要快。

在接下来的教练过程中，通过对利益相关者的口头访谈，我们发现了奥利弗的关键优势。其他人描述他时使用最多的词语是"坚持不懈、果断、专注、以结果为导向"。他不仅熟悉工程、技术以及研发领域，还具备丰富的工业领域经

---

1 布伦达·本斯是全球顶尖的高管教练和领导力品牌塑造专家，指导高管和公司实现成功转型。布伦达还是一位作家和主题演讲者，通过分享引人入胜的真实故事和实用方法，帮助人们促进行为改变。

验，对所在行业和公司历史了如指掌。

此外，口头访谈还揭示了奥利弗需要改进的地方，其中大多数意见都与团队建设有关，尤其是"他不太信任自己的团队"这点。例如，"奥利弗总是急于下结论，出了问题就指责别人"。他的直接下属认为，奥利弗缺乏激励和管理多个不同地区团队的能力。

是什么阻碍了他的发展？为了找到问题的根源，奥利弗和我探讨了4种主要的领导力风格。

领导力的 ABCD

我与奥利弗分享了我所说的"领导力的ABCD"——4种基本但又各具特色的风格，他可以根据不同情境灵活运用。我们探讨了每种风格的含义和优缺点。

1. **专制型领导力（Autocratic Leadership）**。这种类型的领导者不征求员工的意见，而是直接告知他们该做什么。虽然这种领导力风格节省时间，方向明确，但会导致员工士气低落，敬业度不高。这种领导力风格不允许员工提出多元化观点，也不允许团队发挥主人翁精神，从而剥夺了员工重要的学习机会。它还会助长对相关领导者的依赖。这种领导力风格在危机情况下必须做出紧急决策时或在高压情况下团队成员需要明确和有力的指导时最为有效。

2. **官僚型领导力（Bureaucratic Leadership）**。这种领导力风格通过程序和制订详细的书面计划来取得成功。这是一种以流程为导向的领导力风格，它能最大限度地减少错误，快速做出决策。它明确了流程中的各个角色的职责，提供了更好的风险控制，同时也避免了冗余。但是，维持固定的程序可能导致僵化。它限制了人们的视野，这可能意味着失去大局观，只固守现状——所有这些都会对形势不利。这种领导力风格往往无法激发团队成员的积极性，也无法在团队内部建立关系。不过，如果一个项目特别复杂或技术性很强，固定程序的精确性还是很有帮助的，尤其是对监管合规性要求很高的环境，如银行和保险业。

3. **魅力型领导力（Charismatic Leadership）**。这种领导力风格利用个人能量和热情来激励员工不断前进。它可以创造积极性，带来动力和高敬业度，激发团队的创新性和创造力。这种领导力风格还能留住大量员工。缺点是这种领导力风格有时可能只是短期的，会在员工中造成盲目、不假思索的追随。这种领导力风格可能导致缺乏细节和流程，而且可能需要更长的时间才能取得成果。一些使用这种风格的领导者还可能会被认为是华而不实的，最终受人喜欢多于受人尊重。不过，这种领导力风格在团队士气需要提升时或难以获得认同（如公司或部门面临重大变革）时特别有用。

4. **民主型领导力**（Democratic Leadership）。这种类型的领导者在做出决策之前会征求他人的意见。民主型领导力能促进员工参与度、建设团队并帮助个人学习和发展。由于这种领导力风格能提升员工参与度，因此往往能提高工作满意度，留住员工。它充分利用团队成员不同领域的专长，允许听取许多不同的意见。不过，由于这种领导力风格较少依赖特定的个人来取得成果，所以要想取得成果会比较耗时。有时也会显得没有方向，因为可能在一段时间内无法达成共识。由于责任不在某个人身上，因此也可能缺乏主人翁精神和责任感。当团队成员拥有丰富的工作经验时，这种领导力风格效果很好，他们可以提供有价值的意见。当你刚刚升职，与突然成为你直接下属的前同事共事时，这种领导力风格会非常适合你。

奥利弗针对这4种主要领导力风格进行自我评估后，意识到自己在很大程度上依赖于专制型领导力风格。在他管理一个大型发展中国家的业务时，这种领导力风格一直很有效，因为在那里等级制度很受尊重，团队也更习惯于专制型领导力风格。在那里，他只需告诉他的团队该做什么，他们就会执行他的指示。

但是，严重依赖专制型领导力风格很可能会限制他在新岗位上取得成功。他目前工作的目标是以当地市场最需要的方式提供支持并帮助其发展，这就意味着他需要评估哪种领导力风格最适合哪个国家。从我们的讨论中可以清楚地看出，奥利弗的新直接下属，尤其是较发达市场的总经理，对专制型领导力风格并不买账。

此时的解决方案需要体现领导力的敏捷性。

调整领导力风格的重要性

这种新的认识使奥利弗掌握了一项在 21 世纪日益重要的技能：领导力敏捷

性。在了解了每种主要领导力风格的优缺点之后，他可以根据实际情况调整自己的领导力风格。因此，他针对每个国家都调整了自己的领导力风格，尤其是在那些现有领导力较强的地区，他放手让当地总经理主导更多的决策。

对奥利弗而言，这种新的领导力风格的效果是显著的。用他的老板的话说，几个月内，奥利弗"在领导力和成熟度方面都更上了一层楼"。他被誉为优秀的人际关系领导者，他的团队参与度得分也有所提高。

最终，奥利弗的团队不仅在所有国家都实现了业务增长，而且从他开始接受教练起的 18 个月内，奥利弗又被委以重任，负责另外两个国家的业务，这两个国家的业务对公司来说更重要。

你的风格偏好是什么

你最常用这4种领导力风格中的哪一种？你的领导力敏捷性如何？

估算一下你使用这4种主要领导力风格的时间比例。在这里写下你的百分比，并使它们相加等于 100%：

领导力风格	当前使用占比
专制型领导力风格	____%
官僚型领导力风格	____%
魅力型领导力风格	____%
民主型领导力风格	____%
	100%

现在，请让你的直接下属以你为目标，完成同样的练习，评估他们所感受到的你作为领导者所使用的不同风格的组合。将他们的所有回答做一个平均，然后看看结果。你的下属认为你最常用的是哪种风格？第二常用的是哪种风格？第三常用的是哪种风格？第四常用的是哪种风格？将他们的回答与你的回答进行比较，然后问问自己：

- 根据团队情况，我最常用的风格是什么？第二常用的风格是什么？
- 我是否过于依赖一种或两种风格？

现在，坐下来思考一下：就你目前的职位和团队而言，你认为每种风格的最佳比例是多少？

写下你对每种风格的"目标"比例——你认为每种风格在你的级别和职位上最合适的比例。将这些作为你拥抱领导力敏捷性的新"北极星"。

领导力风格	理想使用占比
专制型领导力风格	____%
官僚型领导力风格	____%
魅力型领导力风格	____%
民主型领导力风格	____%
	100%

适应能力是 21 世纪领导力工具箱中的一项基本能力。在当今快节奏的全球环境中，采用"一刀切"的领导力风格很可能让你陷入与奥利弗之前相同的境地，无法适应未来不可避免的变化。

在你每天的工作中，留意可以尝试不同领导力风格的场合。挑战自我，突破自我，你可能会惊讶地发现，在当今日益多元化的工作环境中，这将给你的领导能力带来很大不同。

参考资料

Bence, B. (2014). *Would you want to work for you? How to build an executive leadership brand that inspires loyalty and drives employee performance*. Las Vegas, Nevada: Global Insight Communications LLC.

22

教练完美主义者

萨莉·海格森[1]（Sally Helgesen）

薇拉是一位才华横溢的私人银行家，拥有众多对其满意的客户、令人赞叹的技术能力和深厚的行业知识。她精通四国语言，完成了欧洲顶尖的MBA课程，还拥有牛津大学的高级经济学学位，从加入纽约市排名前十的金融机构的那天起，她就被认定为极具潜力的人才。她所在的公司声誉卓著，致力于聘用和提拔由世界顶级学府培养出来的人才。

薇拉的职业生涯已经走过了18个年头，她进入了公司财富管理业务主管的候选名单，这是一个备受瞩目、要求极高的职位。虽然她的简历确实出色，但晋升执行委员会对提拔她犹豫不决。她在满足要求苛刻的客户方面所展现出的能力能否转化为领导能力，从而可以管理一个高度个性化且每个成员都带有令人赞叹的客户群的团队吗？针对这个问题，她的同僚和同事倾向于认为她不能。在接受负责推荐新领导者的人力资源团队的访谈时，他们说："除了薇拉，谁都可以。"

问题到底出在哪里呢？

正如晋升执行委员会所了解的那样，薇拉确实才华横溢，但她是一个完美主义者，对自己和与她共事的人都有着极高的要求。一位同事说："她对自己的要求是我所见过的人中最高的。我很敬佩这一点。但是她对团队哪怕很小的失误都

---

[1] 萨莉·海格森被《福布斯》誉为全球首屈一指的女性领导力专家，是一位畅销书作家、演讲家和领导力教练。她被"全球大师"（Global Gurus）评为世界顶级领导力思想家第六位。她的最新著作是《身为职场女性》，与马歇尔·戈德史密斯合著。

零容忍。她给自己和周围的人都造成了很大的压力。在她的领导下，我认为团队的士气会一落千丈。我们都会因为特别害怕犯错而使客户工作受到影响。"

完美主义是最难改变的行为之一，因为完美主义者的思维方式是"二选一"，要么是完美的，要么是不合格的。人们要么表现得好，要么就不行。这也是一种行为、一种心态，往往在人们职业生涯的早期或中期对他们大有裨益。因此，可以理解的是，完美主义者会认为纠正每个错误、不放过任何一个细节是通往成功的最可靠的途径。

薇拉无疑就是这种情况。她在职业生涯早期的极度严谨和不懈努力让她受益匪浅，也让她的客户非常满意，只是她并没有将这些真正转化为一种有效的领导风格。就像许多完美主义者一样，她无休止的要求往往会削弱员工的积极性，并使团队形成一种长期规避风险的文化。此外，她过于专注做好每个细节，这让她很难看到全局。

对于像薇拉这样有抱负的女性领导者来说，完美主义可能是一个特别的陷阱。我之前与马歇尔·戈德史密斯（Marshall Goldsmith）合著过《身为职场女性》（*How Women Rise*）一书，在为该书做研究时了解到，有很多女性，尽管带有完美主义特质，但依然可以上升到一定水平，主要原因在于组织倾向于根据精确性和正确性来奖励和提拔女性。相比之下，男性更有可能凭借知名度、人脉及其战略思考者的形象获得晋升和奖励。然而，精确性和正确性虽然在初级和中级职位上很受重视，但一般不会如知名度、人脉和大局思维那般被视为领导技能。

薇拉对精确性和正确性的极度重视，几乎是完美主义如何影响女性晋升到高级职位的教科书式案例。然而，她所具有的高度决心和投入度使其成为接受教练的最佳人选。我们的初次会谈显示她可以从以下三方面受益：

- 从目前的团队那里获得更多诚实的反馈。
- 练习放下细节。
- 承担一定程度的风险。

我们从反馈开始，运用被证明是非常有价值的、经典的以利益相关者为中心的教练方法。我让薇拉在她的团队中找出三个经常和她打交道的人，邀请他们帮助其做出改变。她会告诉他们：

22 教练完美主义者

- 她已经意识到完美主义正在削弱自己进行有效领导的能力。
- 她承诺改变自己的行为。
- 她知道单靠自己的力量是无法做到这一点的，因为这些行为已经成为习惯，并构成了盲点。
- 她希望他们能帮助自己负起责任。

这种帮助的形式可以是提建议，也可以是对她如何处理具体情况如领导团队会议时的直接反馈。

我还就如何处理她收到的反馈提供了建议。她并不一定要依照反馈采取行动。毕竟，也许她并不认同。或者她认同，但还没有准备好。她需要做的就是倾听，承诺思考她所听到的。最重要的是，感谢为她提供反馈意见的人。没有争论，没有反对，也没有回击。只有一句简单的感谢。

提出这些要求对薇拉来说是痛苦的。作为一个完美主义者，她一直努力隐藏自己的弱点。寻求帮助需要谦逊、信任，还需要愿意践行一种全新的行为。但是薇拉坚持了下来。倾听所收到的反馈帮助她实时觉察自己，如她会听到关于自己试图执行不切实际的标准或制造不必要的压力的反馈。

为了让薇拉习惯于放下细节，我邀请她把团队的所有工作都列出来，然后用颜色进行标注：蓝色代表需要完成标准的80%，白色代表 90%，黑色代表100%。

薇拉对此颇为惊讶，因为她一直认为自己团队所做的每一件事都要达到100%。于是我让她把清单细分一下。例如，为客户推荐的建议书的早期草稿，以及客户永远不会看到的那些文件要如何对待？她的团队长期以来一直抱怨就连草稿都被赋予了与最终报告同等的重要性，每个细节都要尽善尽美，还有对每次会议都要求有100%的出席率。对某些人来说，是不是有些会议比其他会议更重要呢？

薇拉完成颜色标注后，与团队分享了这些清单，征求他们的意见和建议。这种有来有往的交流帮助她形成了更现实的视角，并能够从团队的角度看待问题。

这两项任务让薇拉走出了自己的舒适区，让她习惯于承担一定程度的风险，而这对于想要更上一层楼的完美主义者来说是至关重要的。由于完美主义者希望

Coach Me

控制每个细节,他们通常会长期规避风险。这削弱了他们进行战略评估的能力,而这一点又正是卓越领导力的标志。

薇拉花了几个月的时间才适应这种做法。与此同时,晋升执行委员会选择了另一位候选人来领导薇拉所在的财富管理部门。换作以前的薇拉,她一定会大受打击,认为自己没有得到这份工作意味着彻底的失败。然而凭借新形成的洞察力和对自己争取支持的能力的信心,薇拉反而认为这样做其实是最好的。她非常想成为自己所在领域的领导者,但同时也认识到自己还有很多工作要做。

"走出舒适区让我明白,最有效的学习方法就是勇于面对错误,"她说,"我以前一直听说这句话,但并不相信。对于我而言,错误就是灾难。因此,我不善于学习。我认为我的新方法将使我成为一个更好的领导者,并为接下来的任何机会做好准备。有备无患总比一败涂地好。"

如果你的客户是一个完美主义者,或者辨识出你自己是一个完美主义者,那么从薇拉的故事中总结出的一些做法可能对你有所帮助:

- 寻求帮助!完美主义者通常会对任何不完美感到羞耻,而分享自己的弱点则会打破因试图保持人设而产生的孤立感。
- 接受"并非所有事情都需要达到100%的标准"这一观点,然后具体确定一下哪些项目即使达不到标准,其影响也是有限的。
- 寻找机会跳出自己的舒适区,练习不熟悉的技能。
- 准确记录你从过去的错误中学到了什么,持续记录学习日志。

完美主义者通常都坚信其所在领域没有犯错的余地,但事实并非如此。这是有一次我在公开场合所了解到的。那是在伦敦,我面向众多女性听众分享完美主义这个话题。我谈到可以用"80—90—100"法则来识别不需要达到最高标准的任务。当时我随口说了一句,当然这并不总是有用的——我们谁都不希望外科医生认为80%已经足够好了。

在会后的提问环节,一位女性听众站起来,自我介绍说是附近皇家医学院的眼科主任。她想让我知道,完美主义的外科医生的手术效果其实很差。我问为什么。她说:"首先,他们的团队通常很害怕犯错,因此影响了工作表现,无法出色地完成专业任务。其次,在进行手术时总会遇到意想不到的情况,你必须根据所学知识在当下做出判断。而完美主义者往往墨守成规，意外情况让他们感到不安。他们更喜欢'知道'而不是'学习'。"

这次交流让我明白，完美主义从来都不是一种有益的行为。帮助完美主义者进步的教练真是帮了所有人一个忙。

参考资料

Helgesen, S., & Goldsmith, M. (2018). *How women rise: Break the 12 habits holding you back from your next raise, promotion or job*. Hachette Books.

23

教练工作让高管客户摆脱微观管理

汤姆·科尔迪茨[1]（Tom Kolditz）

我最喜欢的客户莱利（非真名）身处极具挑战性的领导者岗位。他是由500万名选民选举产生的政治家，在一个与美国罗得岛同等地理面积的区域内帮助促进44万家企业的商业发展，全面负责应急管理。他管理着2.2万名员工，预算超过50亿美元。在战略影响力方面能够与其匹敌的也只有少数全球CEO，其经济和政治责任的总和大致相当于新西兰总理。

除了责任重大这一因素，对于拥有公共政策和法律方面深厚学术背景的莱利来说，这也是他第一次担任这样的领导职位。他渴望得到教练的指导，当我们进行访谈时，他已经担任该角色几个月了，我同意了这次教练工作。莱利有两点让我更加坚定了与其合作的决心。首先，他对目标充满热情，除了尽可能接触和代表更多的选民（不分政党），没有其他明显的动机：没有明显的长期政治抱负，没有商业利益，也不迷恋权力。其次，他真诚地寻求我的帮助，没有一丝傲慢、妄自尊大或犹豫不决。我发现莱利是100%真诚、100%可教练的人。马歇尔·戈德史密斯的一句至理名言浮现在我的脑海：作为教练，成功的秘诀在于选择客户。这就是一位值得教练的客户。

此种类型的客户——才华横溢、缺乏经验、负责战略执行——的问题是可以

---

[1] 汤姆·科尔迪茨是莱斯大学（Rice University）多尔新领袖研究所（Doerr Institute for New Leaders）的所长，该研究所所在的莱斯大学被领导力教育家协会（Association of Leadership Educators）评为最佳大学。他是一名拥有博士学位的退役陆军将军，2017年获得沃伦·本尼斯卓越领导力奖，并连续3年跻身全球教练工作25强。

23 教练工作让高管客户摆脱微观管理

预见的。莱利试图在短时间内做太多事情。倘若他原来的角色是大众汽车,那么现在的他就好比法拉利,马力已经加到极致,轮胎在燃烧!员工已经焦头烂额。我的客户(单身,无子女)每时每刻都在工作,因此员工也是如此。其智力远远领先于其员工,因此他往往会过度参与到计划的细节中,给予过多的指导、过多的信息、过多的要求、过多的细节:过多、过多、过多!我的这位领导者客户是团队中最没有经验的人,却又是最爱发号施令的人。他必须调整工作节奏,否则就会发现自己面临来自原本忠诚团队的叛变。另一个显而易见且必要的改变是,让客户保持在执行战略层面的高度,减少管理,减少干涉,减少亲力亲为。

我的第一个建议是从团队中获取信息。我采访了10位员工主管,每人约20分钟。我只问了5个问题:

1. 领导者的优势是什么?
2. 领导者面临哪些挑战?
3. 领导者什么时候表现最好?
4. 领导者什么时候表现最糟糕?
5. 如果你是这位领导者的教练、导师或顾问,你会给他什么建议?

访谈结果也反映了上述问题。在使用这种方法时,关键问题往往会反复出现,受访者的相关意见也会趋于一致。例如,在本案例中有两个问题,一是工作节奏过快,二是微观管理过多。

当我把这些匿名信息反馈给莱利时,很明显,他觉得很难改变自己的工作节奏(认为很有必要)以及其对团队细节的关注程度。我必须为他提供一种具体的方法来发布一般性指导。这种方法需要鼓励授权,将主动权交还给员工。

为了帮助解决这些问题,我教莱利使用"意图声明"的方式进行交流。意图声明是对指导的简明概括。这样的表述既可以赋予员工权力,又不会因为提供过多细节而破坏他们的创造力或抑制他们的主动性。

意图声明包括四部分。

- 目的:"为什么"。我们为什么要启动这个项目、制订这个计划、提出这个倡议或组织这项活动?
- 方法:明确任何不可协商的必要任务,只包括最重要的任务,并且不要过度强调这一步。

- **风险**：说明在未经你明确许可的情况下，你愿意承担多大的风险。其中，包括资本风险、失去客户的风险，同时还要明确你不希望发生的任何后果或行动。
- **最终状态**：回答"如果我们成功实现了你的意图，结果看起来是什么样的？成功看起来是什么样的"这个问题。

意图声明不应包含太多细节，以至于看起来像一份计划书，通常一段话就足够了。该声明所要做的只是为员工确定一个范围，其余的想法和工作应由员工自己提出。我邀请客户为他们正在实施的每项举措或计划撰写一份意图声明，并在今后的工作中使用这样的声明，而不是在冗长的会议上与员工讨论每个细节。

我想与你们分享的是，意图声明解决了莱利的问题——它们确实带来了帮助。他立即停止了微观管理。通过这个过程，我的高管客户明白了战略性指导是什么样的，相比之下，也认识到了过去的微观管理是什么样的。但是，接下来又有一个问题体现在他书写意图声明的效率上。我的客户真的可以在坐车去参加活动的路上，或者在公司里穿过走廊时就能写出一份意图声明。这导致工作节奏反而更快。不过通过更传统的教练工作，我的客户学会了选择真正重要的事情，只在必要时才写意图声明。我们为每份意图声明赋予了更高的价值，很快客户在发布意图声明时就变得更加谨慎了。

意图声明除了可以为客户的员工赋能，教会客户提高授权和停止微观管理，还有另一个强大的用途。中层客户工作时可能会接到老板的电话或口头指导，因此需要厘清老板的意图到底是什么。在这种情况下，他们可以把老板的意图写下来，提交给老板审阅，这可以为原本可能不明确的请求或要求带来极大的清晰度。

请大家自己尝试一下。下次在飞机上或候机室里，可以拿出一张纸，为你正在进行的计划或项目写一份意图声明。然后与同事、朋友甚至家人分享一下，问问他们是否清楚你的意图是什么，他们是否可以利用这些指导来实现目标。当答案为"是"的时候，你就会感受到鼓舞。而最丰厚的回报则是客户告诉你，他们的某个员工在未经提示的情况下做出了对公司或组织有帮助的出色决策，并说："我这么做是因为我知道这符合你的意图"。在那一刻，你就知道已经协助客户超越了单纯的指令性管理，成为真正的领导者。

24

作为常务董事展现压倒性的存在感

本田孝弘[1]（Takahiro Honda）

井上先生是一家大型房地产公司的总经理，拥有丰富的经验和出色的业绩。然而，公司总裁质疑他的管理方式，认为他的管理水平是"专家型总经理"级别，而不是常务董事级别。换句话说，他的管理水平低于其职位。公司总裁一直希望井上先生能够从对员工的微观管理中抬起头来，拥有宏观的视角，并取得配得上常务董事身份的巨大业务成果。因此，公司总裁要求我对井上先生进行教练工作，井上先生真诚地接受了这一要求，并将其视为"改变自己的机会"。从第一次见面开始，我们就建立了良好的关系，这让井上先生说出了他的真实想法。

我们一共进行了6次会谈，每次90分钟，其间发现了以下4个问题：

1. 自尊心不强。
2. 不愿意认可下属。
3. 缺乏理想的形象，只在总经理一级找到了舒适区。
4. 未能从内心深处激励下属，只告诉他们"如何做"，而不是"为什么做"。

---

[1] 本田孝弘是ICF认证的大师级教练。他积累了超过2500小时的企业高管教练经验，在企业开展培训超过2000次。本田孝弘主要为软银公司、松下公司、日清食品株式会社、日本保诚人寿保险株式会社等提供服务。

自尊心不强

尽管井上先生比任何人都努力，但他总是说，"像我这样的人需要付出更多的努力"。我给他的反馈是："你这种无论付出多少努力，不取得足够多的成果就不认可自己的态度，让我觉得你很痛苦。"他回答说："可能你说得对。然而，我不能不这样做，因为我没有天赋。"

尽管井上先生的职位已经至此，但他并没有真正拥有足够的自尊（一种能使人对自己满意的安全感）。他坚持在自己的监督下取得成果，直到获得积极的评价，同时将时间和精力消耗到极限。

之后，我听他讲述了如何晋升为常务董事的过程。在回顾自己履历时，他逐渐开始放松。最后他说："我确实想要提升我的自尊心。"于是，我给出了以下几点行动建议。

- "评估结果"是一回事，"承认自己尽力了"是另一回事。"承认自己尽力了"有助于提升自尊心。
- 承认自己行动的事实，如"我今天在这方面和那方面都尽力了"，并每天记录下来。
- 避免因不理想的结果或他人的反应而否认这些事实和努力。

井上先生开始实践上述行动，但他最初很难停止自我否定。然而，随着会谈的深入，他终于体会到了其中的精髓，并彻底改变了自己的状态。在此之前，他显得有些缺乏自信。但现在他可以带着平静的微笑，展现出强大的气场。提升自尊心进而成为克服其余三个问题的关键成功因素。

不愿意认可下属

井上先生对下属也采取了"除非取得成果，否则不给予认可"的态度。结果，他的下属陷入了疲惫不堪、动力下降、业绩下滑的恶性循环。由于缺乏自尊心，自我认可不足，这也导致对他人的认可不足。

于是我提出了一个问题："在您的一生中，为谁工作时您曾展现出最大潜能？"井上先生回答说："是我年轻时的一位导师。无论我是否取得成绩，他总是对我充满期待并鼓励我。"这番话突然启发了他，让他意识到了一些重要而本质的东西。

井上先生尝试先从尊重下属开始，营造心理安全感。此外，他还开始关注那些状态不太好的员工。很快他的下属就变得阳光起来，行动也变得自发和自信，并开始取得成果。

缺乏理想的形象，只在总经理一级找到了舒适区

井上先生没有向下属充分授权，因为他认为像自己这样的人不应该把工作强加给下属。此外，他还容忍下属的不当言行，因为他不愿意给予别人负面反馈。而且，他总是逃避做出决策，压制自己的真实想法，只去协调他人的意见。他的这种态度甚至在敬仰他的下属中也造成了一种不信任感。

由于缺乏自我效能感（相信只要努力就能做到），他不自觉地选择了停留在总经理级别，因为这对他来说是一个舒适区。这与他缺乏对理想高管形象的清晰认知有直接关系。

不过，随着自尊心的恢复，井上先生的自我效能感也得到了加强，渐渐地，他开始想象心目中理想的高管形象：沉着冷静，不为短期业绩和声誉所左右，真正信任下属，能够放心地把工作交给他们去做；必要时带着关爱给予负面反馈；能够承担风险并果断做出最终决策，在大型项目中能够以开阔的视野与人打交道。井上先生也开始主动拜访公司外部的关键人物，完成只有高层管理人员才能完成的大型项目。

未能从内心深处激励下属，只告诉他们"如何做"，而不是"为什么做"

井上先生意识到，他迄今为止向下属下达的都是"如何做"的指令，而没有充分讨论"为什么做"，因为他之前总是急于求成，急于获得评价。井上先生开始与下属讨论完成工作的价值以及工作的目的。这样一来，员工就从内心深处受到了激励。自我效能感的加强让他有了更广阔的视野：在未来，我们应该做哪些事情才能让公司、员工和客户满意？从整个行业和世界的角度来看，我们当前

的业务能带来多大的贡献？就这样，他开始能够向下属提出更积极、更广泛的问题。

井上先生解决了这些问题，并取得了诸多成果，其中成功的关键因素是他的自尊心得到了提升。

在图24.1中，当自尊之油不足时，就需要把来自别人的尊重之油注入杯中（见图24.1左侧）。

因此，当一个人显得有些缺乏自信时，需要立即取得成果以获得他人给予的尊重。

自尊之油充足时不需要他人给予的尊重之油（见图24.1右侧）。

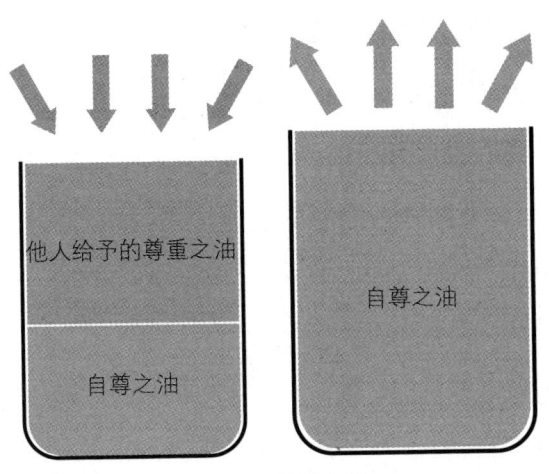

图24.1　尊重之油

规则1：杯子就是自己。杯子里必须装满尊重之油。
规则2：尊重之油有两种，即自尊之油和他人给予的尊重之油。
规则3：两种油的密度不同，不能混合。自尊之油更重，会向下沉。

因此，一个人可以用大方的微笑创造美好的存在状态，去关心和欣赏他人。

这不由得让人想到自我实现和自我超越（社会贡献）。一切由此开始。

最后，井上先生做了如下发言："只要把心态转变为'我现在这样就很好'，提升自尊心，人们就能按照自己心意去改变生活——也许这就是我的学习收获。我每天都会遇到各种各样的挑战，但我现在感觉很好，也很积极。你有时可能会变得消极。如何才能一笑而过，并将其转化为成长的契机呢？带着这样的想法，我以后会继续迎接挑战。"井上先生的认真态度，以及他为改变人生所展现出来的非凡勇气和决心，给我留下了深刻的印象。

练习

提升自尊心和自我效能感

- 愿你对自己本真的样子感到满意。（特蕾莎修女）
- 只有不同，没有好坏。
- 迄今为止，你取得了哪些成就？爱你的人为什么爱你？

尊重对方，为对方营造心理安全感

- 每个人的一生都是跌宕起伏的，每个人都是生活的主角。
- 真诚地为他的幸福喝彩。

积极塑造带有更高自我效能感的理想形象

- 如果没有限制，你到底想去哪里？
- 你最想成为什么样的人？
- 那些拥有高自我效能感并接近实现理想的人在哪里？

生动阐述有吸引力的愿景

- 你真正想做什么？
- 你要实现什么目标，才能在仅有的一次生命中微笑而不后悔？

25

放手：一位创始人从实践到梦想的旅程

马格达莱纳·诺维卡·穆克[1]（Magdalena Nowicka Mook）

根据美国国家慈善统计中心的数据，在美国注册的非营利组织超过150万个。这个数字包括公共慈善机构、私人基金会和其他类型的非营利组织，如商会、兄弟会组织和公民联盟。在美国，每10人中就有1人为这些组织工作。因此，非政府组织的劳动力在美国各行业中排名第三，仅次于零售业和制造业。

放眼全球，估计有超过1000万个非营利组织。约翰·霍普金斯大学（John Hopkins University）的研究表明，如果非政府组织是一个国家的话，它将成为世界第五大经济体！

然而，尽管这些组织的领导者往往在努力完成任务、扩大影响范围和增强影响力等方面有着诸多挑战，但很少有人寻求教练的帮助。有些人根本不了解教练工作，有些人认为他们负担不起，还有很多人认为他们没有时间投入教练关系中。

我的客户蕾妮就属于这种情况。她是一位精力充沛、活泼美丽的女性，有着极具感染力的笑容，肩负着她坚信不疑的重大使命。她是一个组织的掌舵人，该组织主要关注明尼阿波利斯（Minneapolis）一个贫民区的黑人女孩和年轻女性。她们的使命是什么？引导女孩们发现自我。该组织在成立之初，包括蕾妮在内的所有参与者都是志愿者，其中许多人每个月只能用宝贵的几小时来支持这项事业。

---

[1] 马格达莱纳·诺维卡·穆克拥有丰富的筹款、教练、咨询和协会管理方面的经验。她是ICF的CEO兼执行董事，并担任 ICF 全球董事会的合伙人。她还是一名训练有素的专业教练和系统引导师。

Coach Me

蕾妮似乎精力无限，多年来一直在运营这个组织，并取得了不错的成绩，但也付出了巨大的个人代价。但是，该组织并没有发展壮大。现在是时候扩大规模了，否则，该组织将面临完全停止运营的窘境。捐款非常少，人力资源也越来越少，积极性也越来越低。

她是个大忙人！开办教育课程、监督志愿者、撰写通讯稿、更新网站——日常事务没有尽头，但这并不是长久之计。她知道自己擅长什么——筹措资金、制定战略和激励他人，而这些事情恰好是项目最需要的。她认为自己是做这些事情的最佳人选。然而，她没有花足够的时间来提高知名度和筹集资金以支持这项事业。她总是说，实在是没有时间。

我们针对阻碍她前进的原因，以及令她不堪重负的繁忙事务做了大量探讨。然后一步一步地梳理工作清单，剔除了一些"做了会很好"，但不是关键任务的事情。然后，我们开始了一项艰巨的工作，即确定剩下的事情中哪些是她真正需要做的，哪些是可以（而且应该）很容易就委派出去的。然而，由于人手有限，她不知道该如何去做。但是，她深感自己要对员工和组织的成功负责。

后来，她发现自己没有充分利用所能利用的全部资源。例如，她有一个代表当地有影响力的组织和公司的董事会，只是之前对于主动要求它们为组织提供捐赠或实物支持一直感到不自在。此外，她也从未想过让董事们负责寻找可以接班的候选人，而且，她从未想过邀请他们为组织筹款。

我们每次解决一个问题，设法找到了更多她可以轻松利用的资源，为她专注于战略和愿景创造了更多空间。

在分析她作为领导者的价值观时，真正的突破出现了。她总是追求卓越，却忘记了照顾自己。我向她指出，作为一名领导者，除了组织的使命，她还需要关注两件事：

- 让与她一起工作的人成长和发展。
- 成为她通过慈善机构想要支持的女孩和年轻女性的榜样。

我们研究了爱德华·德西（Edward Deci）和理查德·M. 瑞安（Richand M. Ryan）关于自我决定理论的研究成果。突然间，蕾妮明白了所有的道理——她需要放手，相信她的员工和志愿者能够做好工作——当然，是在有一系列明确期待的前提下。她明白了在出现危机的时候，如果自己跳出来接管工作，那反而是没有尽到职责。蕾妮还注意到自己试图表现出的关心其实会被其他人视为控制。而成为她所服务的女孩和年轻女性的榜样是她真正的"北极星"，每当心有疑虑时，她总能回到这颗"北极星"上来。我们还讨论了塔莎·尤里奇（Tasha Eurich）的作品——《洞察力》（Insight），内容涉及自我认知与他人对自己的看法及对自己工作效率的评价。

这种转变并非易事。我们做了几个练习，如列出一份只有她能做/应该做的事务清单，并坚持做下去。我们根据商定的标准对新想法和新项目进行了评估，这样一来说"不"就不会让人感到羞愧或内疚。莉兹·怀斯曼（Liz Weisman）的《成为乘法领导者：如何帮助员工成就卓越》（*Multipliers: How the Best Leaders Make Everyone Smarter*）为我们提供了一个框架。我们运用"合理加分"的方法，为她的员工和志愿者设定了期望值。"合理加分"要求的服务和质量水平是任何合理的组织都会提供的，也是任何合理的客户都会期望的。而"加分"的部分则是对其努力追求卓越和最高质量的认可。这也是我在自己的组织工作中发展和运用的理念，并取得了良好的效果。"合理加分"让她感到非常舒服。最后，我们还帮助她找到了一位值得信赖的同事，会及时向她提供诚实的反馈意见，而她则需要给予这位同事充分的接触机会和完全的反驳许可。

我与她合作已有几年时间，如今她的事业蒸蒸日上，她所创办的组织也在蓬勃发展。她从CEO的职位上退了下来，现担任首席执行战略家——这是一个董事级别的职位。她是该组织热情洋溢的代言人，提高了组织的知名度，并为这项事业带来了强有力的支持者。该组织目前有7名全职员工，以及一个由8名具有不同背景和广泛支持者网络的人士组成的充满活力的董事会。最重要的是，该组织持续为它的目标人群——黑人女孩和年轻女性——在其最需要的时候提供帮助。

蕾妮意识到，放手并不意味着放弃梦想，反而是让梦想得以实现。

换句话说，有一些方法可以确保你集中精力，做该做的事情，以取得自己的成功和所领导组织的成功。以下是一些建议：

- 盘点自己通常一周内所做的所有事情。

Coach Me

- 严格审查清单，决定哪些事情只能由你来做，哪些是你的激情所在和独特能力。然后看看其他人（员工和志愿者）能做什么（请记住，你有能力做某件事情并不意味着你应该去做）。
- 为你的员工和志愿者设定明确的期望值，"合理加分"可能就是适合你的方法。
- 至少每隔几周审查一次你的清单，看看你是否坚持只做了该你做的事情。
- 如果你发现自己又回到了以前的状态，请信任的同事/顾问/导师给你提出直接的反馈。
- 始终专注于你的愿景和使命，你不会走错的。

参考资料

Deci, E. L., & Ryan, R. M. (2012). Self-determination theory. In P. A. M. Van Lange, A. W. Kruglanski, & E. T. Higgins (Eds.), *Handbook of theories of social psychology* (pp. 416–436).

教练他人

26

激励他人学习与转变

理查德·E.博亚齐斯[1]（Richard E. Boyatzis）

让我们以你的个人故事开场。想一想，在你的一生中，谁对你的成长帮助最大？想到几个人？对于每个人，都请回忆一个特定的时刻，在那个时刻你有了重要的学习收获，或者开始了一个重大的改变——可能让你一直坚持到了今天。在那个时刻，对方说了什么或做了什么？他们给了你怎样的感受？捕捉到那一刻，把它写下来，就像你要为短视频写一个脚本那样。

我是认真的，暂停，请做一下思考。
在空白处写下你的笔记。

我们已经邀请世界各地的数百万人参与了这一思考。最常得到的回答是，这个人关心他们、倾听他们、鼓励他们并向他们提出挑战。很少（即使有的话）是为了完成任务或让他们融入公司文化，更不是为了提高工作绩效。相反，这是更深层次的东西，而且这种影响往往在几十年后仍能感受到。我们称这些时刻为"慈悲心教练"。

在我与同事梅尔文·史密斯（Melvin Smith）教授和埃伦·范·奥斯滕（Ellen Van Oosten）教授合作的新书《帮助人们改变》（*Helping People Change*）中，我

---

[1] 理查德·E.博亚齐斯是凯斯西储大学组织行为学、心理学和认知科学系的杰出教授。他撰写了200多篇文章，著作包括《胜任的管理者》（*The Competent Manager*）、国际畅销书《情商4》（*Primal Leadership*）（与丹尼尔·戈尔曼和安妮·麦基合著）以及《帮助人们改变》。

们回顾了进行的39项纵向行为改变研究、3项fMRI（功能性磁共振成像）研究和2项荷尔蒙研究，研究了帮助或教练人们学习和改变的内部机制。这些研究清楚地表明，"慈悲心教练"能激发人们对新想法和新可能性的开放态度，能够延长任何学习和变革努力的持久性。

遗憾的是，大多数领导者只关注手头的任务和问题，并试图通过增加压力或奖励来激励他人改变和提高绩效。我们把这种帮助和教练的方法称为"服从性教练"。你试图让别人朝着你希望的方向改变（或学习），试图让他们符合你对其应该成为什么样的人的想象。除了数十年积累的经验，我们现在还有研究可以表明，这种方法尽管初衷是好的，但并不奏效。

"慈悲心教练"能激活"积极情绪吸引体"，而"服从性教练"则会激活我们所说的"消极情绪吸引体"。表26.1说明了这两种吸引体之间的一些差异。二者都是必要的，但在变革和学习的可持续努力方面产生了截然不同的结果。

表 26.1 积极情绪吸引体和消极情绪吸引体的比较

	积极情绪吸引体	消极情绪吸引体
神经内分泌	副交感神经激活，共情神经网络	交感神经激活，分析神经网络
影响	积极	消极
理想自我	可能性、梦想、乐观、希望	问题、期待、悲观、恐惧
真实自我	优势	劣势
学习模式	乐于尝试	应该做的绩效改进计划
实验/练习	新奇、实验、练习以精通	预期的行动，你应该做的事情
关系	和谐的	不和谐的或令人烦恼的

我们书中的一个例子描述了这种情况是如何发生的。它有点类似于办公室里领导和下属之间的对话。例子讲述了一名年轻的高中足球运动员的故事。从青少年时期开始，她的父母和教练就一直培养她踢足球。她的家人中有许多优秀的足球运动员。然而，她的高中教练注意到她似乎对足球运动并不热衷。一天训练结束后，教练问她："你为什么踢足球？"她对这个问题有些不解，说："因为我家人都踢球，而且我踢得很好。"然后教练问："那你热爱足球吗？"

Coach Me

她有些沮丧地说："不，我不……小时候觉得很有趣，但现在觉得这是我必须做的事情……我不想让家人失望。"教练还注意到了她其他的行为，并就此进行了询问，结果让她和教练有了新的认识。原来她喜欢跑步，而不是足球。于是她换了运动项目，并成了一名出色的长跑运动员。她的父母和兄弟姐妹都在使用"服从性教练"，而她的教练则是在运用"慈悲心教练"。

另一个例子是关于一家中型公司的信息技术副总裁的。他的业绩相当不错，甚至还在经营一家信息技术咨询公司。但是，他感受不到过去那种充满兴奋或迎接挑战的感觉。作为领导力课程的一部分，他的教练（作者之一）邀请他进行思考并写一篇长达数页的个人愿景，描绘他梦想中 10~15 年后的生活。结果整篇文章所讲的都是他参与的一项社会倡导运动，却只字未提自己的工作、人际关系或他自己。教练开玩笑地说，只要他有一大笔信托基金，这就是一个伟大的愿景。他笑着说"没有"，他是从非常艰苦的生活环境中一路打拼过来的。教练和他一起做了十几次反思练习，一直听到的似乎更像逃避现实而不是实现梦想。

最后，教练让他想象一下周五晚上回家的情景。他对自己本周的表现感觉非常好，给自己倒了一杯威士忌（他最喜欢的饮品），面带微笑。教练接着问："这周发生了什么事，让你感觉这么好？"他立即回答说，他帮助了城市里的一群青少年，让他们知道电脑是可以使其过上更好生活的东西，而不是什么书呆子的东西。教练问他为什么喜欢教师而不追求这项事业？他说仅凭教师的工资无法负担自己的生活方式，无法帮助前妻和女儿。教练问他是否可以每周花半天时间在当地的一所高中举办讲习班，或者每月花一天时间在社区大学举办讲习班。他眼睛一亮，能量又一次回来了。在接下来的4个月里，他在当地一所大型社区学院教授特殊课程。在随后的几年里，他开始在自己的公司为"新员工"开展指导项目，后来他加入了另一家公司，也开展了同样的项目。他在完成自己工作的同时，也在追求人生梦想的另一个层面。这就是"慈悲心教练"如何激发人的能量和深刻的使命感的。教练帮助这位高管找到了自己的梦想，并使之得以实现。

以梦想和更深层次的使命感为导向的教练会激活"积极情绪吸引体"。我们已发表的研究成果表明了这种心理—生理状态能够激活神经网络和荷尔蒙系统，使人们对新想法、他人和情感持开放态度。它能够带来感染他人的新能量，提高一个人在工作、家庭和其他环境中的成就感。

一家大型银行的 C 级高管在参加一个领导力项目时，教练（作者之一）邀请他探索个人梦想，他感到非常惊讶。这是他人生中最具变革性的一次经历。后来，他说他很惊讶公司会投资于他本人，而不仅仅是他的绩效。8个月内，他减掉了约45千克。他经常锻炼身体，和妻子一起跑马拉松，享受生活的乐趣。他开始对下属使用"慈悲心教练"技巧。他们变得都很兴奋，干劲十足。在接下来的几年，因为非常喜欢这种助人发展的活动，他要求CEO将自己从（做得非常出色的）审计副总裁调任为人力资源副总裁。

领导者面临的终极挑战是如何激励人们学习和改变。这要从自身做起，他们自己对工作和生活感到兴奋吗？然后这些会通过教练工作直接延伸到他人，或者通过情绪感染。无论领导者的情绪是什么，情绪感染都会在千分之一秒内发生。当通过"慈悲心教练"激活"积极情绪吸引体"时，重新焕发的兴奋和好奇心就会传播给其他人。

大多数人都希望发展自己、适应变化和探索新事物。但如果领导者只关注要解决的问题、要完成的任务或要实现的目标，实际上这会使他人对其他可能性失去兴趣。这也是大多数组织中参与度低得吓人的主要原因。增加新的指标或目标并不能起到激励作用，因为我们已经证明这些都是"服从性教练"。即使下属服从并做出改变或开始学习新知识，这种努力也是短暂的，缺乏持久性，因为这是对他人要求的防御性反应。作为一种义务，它缺乏不断更新和恢复生机所需的自我维持性的神经、荷尔蒙和情感状态。

领导者可以做到这一点。他们可以激励他人对新想法和新变化持开放态度。但这需要一种看似违反直觉的方法。要关注他人的梦想、使命感和价值观。努力发展一种以共享愿景（目标）、共享关爱和共享能量为特征的和谐关系。

反思练习和对话指南

1. 想一想曾让你发挥最大潜能的教练或其他人。你对自己当时正在做的事情以及为什么要那么做有什么感受？

2. 现在是15年后的今天。你过着自己理想的生活。你生活在自己梦寐以求的地方。你和最想生活在一起的人生活在一起。如果工作是你理想画面的一部分，那么你也正在做自己喜欢的工作。

3. 在你的组织中，你最常观察到哪种类型的教练——"慈悲心教练"还是"服从性教练"？为什么会出现这种情况？这对组织的影响是什么？

参考资料

Boyatzis, R., Smith, M., & Van Oosten, E.. (2019). *Helping people change: Coaching with compassion for lifelong learning and growth.* Harvard Business Review Press; Boston, MA.

27

教练式领导者

兰斯·斯蒂肯[1]（Lance Secretan）

当斯蒂芬妮最近晋升为CEO时，她既感到兴奋，又觉得有点手足无措。她不禁问道："我到底应该做什么？我到哪里去学习如何成为一名出色的CEO？"

我给斯蒂芬妮做教练，帮助她走出小我带来的恐惧（我的工作是否会有效？我会受人钦佩吗？我能获得成功吗），而将注意力转向外部，关注他人的需求（他们很快就会告诉你这些需求是什么）。这并不需要复杂的模式。只需考虑：（1）怎样才能以最有效且富有同理心的方式倾听我所领导的人的心声？（2）一旦我确定了他们的需求，怎样才能最好地满足这些需求？（3）怎样才能激发他人的个人成就感？（4）我们有共同的梦想吗？

最近，我对商业文献和管理期刊进行了一项研究，以找出最常被提及的"卓越领导者的关键品质"。以下是我发现的成为一名出色的领导者必须具备的品质，如表27.1所示。

---

[1] 兰斯·斯蒂肯是世界顶级励志领导力权威之一，是开拓型教师、导师、顾问和领导力教练（世界排名第四），也是企业文化方面的权威。他出版了 21 本关于励志、企业文化和领导力的书籍，获得了无数教学、写作和人道主义奖项。他是滑雪、皮划艇和山地自行车高手，常年往返于安大略省和科罗拉多州之间。

表 27.1　成为一名出色的领导者必须具备的品质

CEO：理想的品质		
可靠	授权	直觉敏锐
灵活	勤奋	激励人心
忠于目标	专注	积极正向
有信心	出色的沟通者	成果导向
有创造力	诚实	远见卓识
果断		

这些都深深根植于我们的商业文化中，也是大多数领导者在没有接受任何正规培训的情况下，试图践行理想领导者所具有的品质时默认的选择。

我还研究了在一段美好的关系/婚姻中，个人认为伴侣应具备的关键品质，如表27.2所示。

表 27.2　在一段美好的关系/婚姻中，个人认为伴侣应具备的关键品质

伴侣：理想的品质		
深情	诚实且正直	开放
有同理心	有趣	热情
宽容	亲密	爱玩、爱冒险、有趣
慷慨无私	有爱心	尊重人、独立
善于倾听	让你感觉特别	信任
共同成长	成熟	敞开心扉
		有耐心

请注意，表27.1和表27.2有多么大的差异。这就好像我们被期望去作为两个不同的人去行事——一个是作为领导者，另一个是作为配偶、父母或朋友。当然，这只是一种假象，就好像我们有可能早上醒来时是杰基尔医生，上班时是海德先生，回来时又是杰基尔医生[1]。

教练式的领导者

许多CEO都认为，表27.1就是卓越领导者的蓝图。然而，如果我们真的想要

---

[1] 此处人物出自《化身博士》，这是19世纪英国作家罗伯特·路易斯·史蒂文森（Robert Louis Stevenson）创作的长篇小说。书中塑造了文学史上首位双重人格形象，后来"杰基尔和海德"一词成为心理学"双重人格"的代称。——译者注

成长并激励自己的员工，就需要更多地连接到表27.2。表27.2所列出的品质才会对他人产生最强大的激励作用。当CEO真正地理解了与员工建立起鼓舞人心的情感联系所具备的力量时，就会明白他们其实有两个角色——教练和领导者。要激励我们所领导的人，就需要对他人进行教练，充分运用表27.2中的品质。具有象征意义的第一步是将所有高级职位重新定义为"教练"。因此，营销高级副总裁将成为营销教练，首席财务官将成为财务教练，依此类推。

在过去的40年里，领导力理论和思想发生了很大变化。我们从彼得·德鲁克（Peter Drucker）、汤姆·彼得斯（Tom Peters）、沃伦·本尼斯（Warren Bennis）等名人那里学到了宝贵的经验，这些经验为我们搭建了知识平台，使我们能够在此基础上开展咨询、教练和领导力实践。但是，"管理"已让位于"领导"，"动力"已让位于"激励"。

我们现在更清楚地认识到，有效的领导力其实就是有效的教练，而有效的教练的核心就是激励。我们的同事和客户——其实所有人皆如此——会去做那些能激励他们的事情，同样重要的是，他们不会去做那些没有激励效果的事情。

我把动力描述为"在某人身上点燃一把火"——它基于恐惧；把激励描述为"在某人内心点燃一把火"——它基于爱。基本的（也是过时的）原则是，如果我们用报酬、奖金、头衔等"贿赂"某人，我们就能提供动力使其提高绩效。同样，这枚硬币的另一面是，如果我们用惩罚来威胁他们，他们就会减少失误的次数。大多数现代领导力和人力资源政策都建立在这种过时的"胡萝卜加大棒"哲学之上。

领导者的职责是与他人（既有内部也有外部）建立激励关系——客户愿意与激励他们的组织合作；员工喜欢为激励他们的组织工作。激励是我们做任何事情或不做任何事情的原因。如果我们的新年决心不能激励我们，我们就不会完成它们。如果我们的领导者不能激励我们去实现伟大的目标，那么这些目标就不会实现。因此，我们今天的老师和导师更有可能成为这种新思维的典范，如萨蒂亚·纳德拉（Satya Nadella）（微软）、马克·贝尼奥夫（Mark Benioff）（Saleforce）、阿杰·班加（Ajay Banga）（万事达卡）和马云（阿里巴巴）。

Coach Me

万事万物皆有联系

曾有一位非常成功的企业家请我做他的领导力教练。经过几周的教练，我发现他有三大问题：（1）他已经多年没有缴税了；（2）他生活在糟糕的家庭关系中，却又不敢结束；（3）他和有毒瘾的儿子处于协同依赖[1]的关系中。我向他解释说，我们需要解决这三个问题，以提高他的领导能力。他直截了当地拒绝了我，争辩说："我聘请你来做我的领导力教练，我只想在这方面下功夫。"这说明我们对生活中所有部分的相互依存关系存在根本误解。教练工作没有领域之分。我们可能会说生活方式教练、高管教练、领导力教练等，但实际上，这些方面都不是我们生活中的独立部分。

我认为，人的生活包括11个基本方面，如图27.1所示，我们在与员工或客户建立关系时必须考虑到所有这些方面，而且每个方面都必须充分发挥作用，这样我们才能充分发挥自己的潜能。

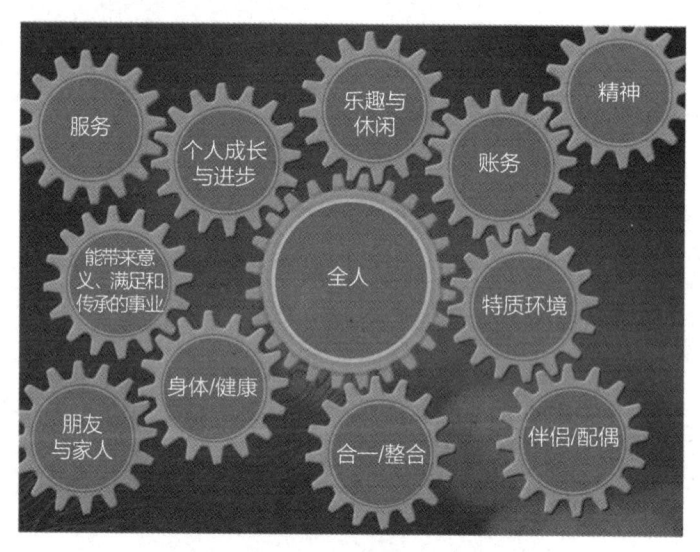

图27.1 人的生活中包括11个基本方面

我称其为"全人®教练模式®"。

我们生活中的这些方面紧密结合在一起，如果你触及了当中的一个，那么其

---

[1] 协同依赖是一种状态，在心理上接受其他人的影响或控制，或者依赖和需要其他人，而这个人存在某种物质依赖，如酒精和药物；或者某种成瘾行为，如赌博和网络等。——译者注

他所有方面也将受到影响,而不仅仅是其中的某些。这就是人类境遇的本质。

如果你的健康受到威胁,或者你有家庭纠纷或经济烦恼,你就不可能不把这些带到工作中来。如果你认为同事不会注意到你的痛苦,或者你能在生活一团糟的情况下发挥出最佳水平,那也是一种幻想。(一个奥运会比赛选手在收到伴侣要离开她的短信后,还可能打破世界纪录吗?)每个未解决的痛点都会消耗一个人的能量,转移本可以投入高绩效中的正能量。

这种思维方式的改变会升级我们在工作中对待他人的方式。过去,我们常说人们的情绪应该留在停车场;在工作场所,人们的私生活与我们无关。现在,我们意识到事实恰恰相反。向我们汇报工作的不是"工人",而是加入我们社区的"人",他们在寻找意义、成就感、目标、灵感和乐趣。而且,这些人有多个方面,如果我们希望帮助他们成长,成为最好的自己,那他们希望我们能够接纳、支持和激励他们所有这些方面。

如今,我在教练领导者时,首要任务是更新其视角,帮助他们鼓起勇气,以应对每天与之打交道的人的方方面面。有一个有价值的出发点,即将其自身的个人角色主要看作他人的教练,其次才是职能专家,而激励他人的工作是在他们的层面上进行的,而不是在我们的层面上。有了这些认识,我们就能改变一切,甚至改变世界。

斯蒂芬妮意识到,与负责任、以结果为导向或果断相比,仔细聆听、换位思考、爱与宽容更能帮助她与团队建立联系并激发其热情。易洛魁人(Iroquois)的一句古话提醒我们:"温柔需要强大的内心。"

参考资料

Secretan, Lance (2018) *The Bellwether Effect* (pp. 15–17). The Secretan Center Inc.

28

教练员工时最重要的五个品质

霍华德·J. 摩根（Howard J. Morgan）和本·克罗夫特[1]
（Ben Croft）

领导者/管理者必须履行的、最具挑战性的职责之一，就是有效地教练员工。在过去的20年里，关于教练过程的论述很多，但很少有人关注成功的关键因素。

一开始，许多人认为成为一名有效的教练应该是领导者与生俱来的本能。但对大多数领导者来说，这是不正确的。例如，鲍勃是一家化工企业的高级领导者，他被提拔后需要领导一个成员分散在世界各地的10人团队。考虑到文化差异和地域挑战，他想知道：要建立有影响力的关系，自己需要做哪些关键的事情？首先，成为一名有效的教练需要用心：这要求领导者/管理者在对待教练工作时采用不同于其他大多数以管理为中心的技能和能力的方式。

如果你有幸在孩提时代（或与你的孩子一起）与一位优秀的体育教练相处过，那么你就已经体会过成为一位优秀的教练可能意味着什么。与教练孩子的工作一样，教练的职责就是鼓励人们成长和发展，帮助他们实现他们认为不可能实现的目标或达到他们认为不可能达到的水平。毕竟，从过往的历史来看，我们因提供答案而获得奖励。然而，在当今这个高速运转、信息密集、变化频繁的世界里，"知道所有答案"是不可能完成的任务。

在我们世界各地的工作中，一个经常被问到的问题是："领导者需要理解哪

---

[1] 本·克罗夫特是一位屡获殊荣的企业家，专注于高管和领导力教练。他是世界商业与高管教练峰会的创始人，该峰会是世界领先的专业教练工作盛会，2022年接待了49000多名与会者。他还是全球团队教练工作协会、ACE和其他五家活跃公司的联合创始人。

些关键的方面，从而可以成为一名优秀的教练？"以下五个教练品质是我们认为对于全球领导者来说最具适用性的，其中许多也适用于辅导性质的关系。

明确期望

在与组织内的某个人合作时，你应该预料到他可能对"教练"背后的动机有所顾虑，而且被教练者必须相信他可以信任你这个教练。因此，如果你能主动积极地应对这个潜在的"挑战"，将取得更大的成果。同时，这也使你避免在领导者角色和教练角色之间出现任何混淆。具体怎么操作呢？这意味着要与你想要教练的人展开一次前期讨论，并解释你希望如何帮助他们。然后，确定他们是否愿意接受你的帮助。如果说有什么事情一定是行不通的，那就是试图教练一个对接受教练或被你教练都不感兴趣的人。要认识到教练是你愿意给予的礼物，如果他们不愿意接受，那就算了。如果他们有兴趣，那就明确你将扮演的两种角色。第一种是作为他们的管理者/领导者，第二种是作为他们的教练。在进行教练会谈之前，你会说明现在是"教练时刻"。同时，说明这些讨论不会成为任何评估的一部分，除非在所确定的领域没有取得明显的进展。

这与你无关，而与被教练者有关

在许多传统的领导者—员工关系中，关注的焦点是"作为领导者"的你，以及员工需要做些什么来达到你和组织的期望。所有的奖励制度都以达到/超过预期目标为基础。然而，在进行教练时，还有一个更具影响力的因素：被教练者的个人成长和职业成长。因此，作为领导者/管理者，你的视角必须转变。你要帮助被教练者明确他们在生活的各个方面想要实现的目标，然后与其一起制订实现目标的计划。这就是挑战他们的成长/发展，使其成为更有效的执行者，甚至拥有更令人满意的生活。根据我们的经验，优秀的教练会让被教练者达到他们认为不可能达到的水平。教练的真正价值在于认识到一个人想要什么、能做什么，然后激励他们去实现。因此，你的领导力视角必须聚焦于被教练者。他们的职业成长和个人成长就是你的回报。设定路径，监控进展，然后庆祝成功。

避免建议陷阱

大多数人都是在企业中成长起来的，他们的领导者善于做出决策和提供建议。然而，要想让被教练者真正成长，更有效的方法是帮助他们自己找到解决办法或做出决策，而不是向其提供答案，或者建议其按照你的方法去做。这一点非常重要。迈克尔·邦盖·斯坦尼尔（Michael Bungay Stanier）曾出版了一本名为《建议陷阱》（*The Advice Trap*）的书。中国有句古话："授人以鱼，不如授人以渔。"即使你恰好就有被教练者正在寻找的具体答案，那也不要先直接给他，因为如果你通过教练过程帮助他们找到解决方案，他们就能更好地应对接下来出现的问题。虽然我们都倾向于直接解决问题（毕竟这样更快），但更重要的是确定对方真正需要什么。如果是为了获得建议，那很好。如果不是，那就通过提问使情况更加清晰，并确定最佳方向。

倾听和提问

要成为一名优秀的教练，必须具备倾听和提问的能力。许多教练认为，他们被雇用是为了提出意见和建议。这在一定程度上是对的。然而，倾听和分析的能力才是教练投资的最大回报。在领导者"应该做得更好"的行为清单中，"倾听"经常出现，这是有原因的。大多数人都以行动为导向，当人们"只是"坐下来倾听时，就会感到不耐烦。需要注意的是，倾听不仅指关注被教练者的话语，还指理解对方所说的问题及其紧迫性，然后提问并运用积极倾听的技巧来证实你已经听到并理解了这些问题。只有这样，你们双方才能达成最佳结果。希望被倾听是所有人与生俱来的天性。作为教练，我们的目标应该是引导被教练者去发现和反思，以构建概念性技能和巩固学习效果。倾听也是体现你尊重他人的重要方式。然而，缺乏倾听仍然是领导者/管理者无法成为优秀教练的主要原因之一。

后续跟进

我把最重要的品质留到了最后。无论是作为领导者/管理者还是教练，你都应该开展的一项重要活动就是后续跟进。后续跟进可以确保按时完成任务和交付成果，并将意外情况的可能性降至最低。在教练中，后续跟进同样至关重要。无论任务/活动是什么，后续跟进都能极大地确保获得有利的结果。没有后续跟进的教练很可能导致失望。后续跟进教练中出现的问题，表明你作为他们的教练和领导者是投入的。如果请求/问题好像消失在黑洞中一般——除非当事人主动提出，否则永远不会再出现——那是将非常令人沮丧的。

为了确保后续跟进的节奏，建议领导者/管理者在会谈结束后确定下一次教练的日期。同时，在每次会谈时为被教练者布置一项"家庭作业"，并将需要重新讨论的具体事项列入日历中。同样重要的是，要将教练的跟进约谈与领导者/管理者的定期汇报分开。你也可以合二为一，但要将用于教练的部分进行明确区分。请记住，与倾听一样，为职业成长和个人成长专门留出时间也能体现出对员工的真正关怀，也表明了对自我提升的承诺是至关重要和受重视的。

那么，可以提出哪些重要问题以确保自己体现了最重要的品质呢？

- 我是否明确表达对自己、被教练者和目标的期望？
- 我能否将注意力转移到被教练者及其需求上？
- 我能否从教练模式转入倾听模式？
- 我是否愿意让被教练者对其承诺自主担责？我是否承诺将这件事坚持到底？
- 我实施后续跟进的计划是什么？

对于这家全球性化工企业的领导者鲍勃来说，整合这些品质并不能保证成功，但考虑到工作的跨地域性和虚拟性，它确保了鲍勃与其团队建立了合作基础，并且合作没有失败。在教练开始时就建立一个有意识的流程，让鲍勃和团队能够专注于成功因素，而不是让文化差异成为焦点。随着鲍勃越来越熟练地运用教练品质，他与团队建立了信任，尽管存在地域和文化障碍，但他们依然表现出色并积极参与其中。

通过将这些教练品质融入领导力行为中，人们将有机会看到自己的员工茁壮成长，并从作为教练所创造的领导力传承中获得回报。

参考资料

Stanier, M. B. (2020). *The advice trap*. Box of Crayons Press.

29

S型学习曲线

惠特尼·约翰逊[1]（Whitney Johnson）

"变化是人生中唯一不变的东西。"

——赫拉克利特（Heraclitus）

这句话不只是说我们，也不只是说现在。赫拉克利特大约在公元前535年"登场"，大约60年后"退场"，因此，在很长的一段时间里，变化一直是我们的同路人，也是人类生活的一个重要特征。

作为一名教练，我与许多人合作过，尤其是管理者和高层管理人员，他们对变化，特别是工作中不可避免的变化，有抵触情绪。这样做只会适得其反；学会有效地管理变化，而不是被变化所管理，是我们的首要任务。我们所面临的最重要的问题是："我该如何调整自己的组织，使其在不断变化的环境中至少能够生存下来，最好能够蓬勃发展？"

我叫他约翰。他是一家中型企业的高层管理人员，当时正处在既沮丧又担忧的状态中。他团队中的一位顶尖人才心怀不满，突然之间表现不佳，而（通常准确的）小道消息也强烈暗示，这位员工已经在认真地寻找新工作。这已经不是约翰失去的第一位优秀团队成员。事实上，他觉得这些令人头疼的人事变动，以及

1　惠特尼·约翰逊是科技人才发展公司——颠覆性咨询的CEO、她被Thinkers 50评为全球十大商业思想家之一，并且是马歇尔·戈德史密斯评选的全球顶尖人才教练。约翰逊撰写了《华尔街日报》畅销书《智能增长》（*Smart Growthh*），并主持了广受欢迎的《颠覆自我》（*Disrupt Yourself*）播客。

招聘、雇用和整合替代人员所需的精力和费用，几乎是一个持续的刺激因素，削弱了他所在部门的效率。

在约翰和我讨论这个常见的挑战时，我问他："为什么（你的员工）工作不开心？"他不知道，也没有询问。

这正是令人惊讶的地方，许多原本很负责任的领导者却没有与员工进行此类关键的对话，特别是围绕工作满意度、职业抱负和下一步发展等问题。这就好像在花费了努力让新员工入职之后，他们就认为员工会满足于在原地保持不动——直到永远。

人力资源就是资源。与其他类型的业务资源一样，人力资源也需要深思熟虑的长期投资和发展战略。你需要的是高度投入、充满激情的员工，每天为你带来最好的想法，你需要有意识地培养这样的人才。如果你不积极主动地管理你的员工，以促进他们的学习和成长，培养他们的适应能力，那么你就是在制造一扇旋转门，你最优秀的人才会从这扇门离开。

我为约翰阐述了我所倡导的人力资源发展的S型学习曲线策略。20世纪60年代，E. M. 罗杰斯（E. M. Rogers）将S型曲线用于模拟新技术在市场中的传播过程。我对其进行了改编，以说明人的成长过程，即个人的 S 型学习曲线。它有助于模拟人们如何成长和应对变化。

S型学习曲线有三个主要阶段：首先是启动阶段，在这个阶段需要快速掌握大量的知识，但感觉进展缓慢；其次是快速上升阶段。在此阶段，基本能力已经掌握，成长迅速，学习呈指数级增长。这是高参与度和最高生产力的最佳位置。随后曲线在顶端再次变平，此时已达到精通的程度，由于曲线的潜力已经耗尽，学习和成长也随之减缓。自满和厌倦——抽离——即将来临。

后来，约翰向我袒露，他与那位心灰意冷的员工进行了交谈，她吐露了自己对高端停滞（High End Stagnation）的抱怨，我对此并不感到惊讶。这种情况经常发生。幸运的是，在这种情况下，我们还来得及采取干预措施，帮助她在团队中迎接新的挑战。

你的组织需要被视为这些S型曲线的集合体。每个员工都在其中一条曲线上，你亦是如此。理想情况下，你的团队中大约有 60% 的人处于高度投入的最佳位置，20% 的人是新员工，或者在企业中担任新的职责，而最后20%的人正准备在停滞影响业绩之前跳到新的曲线上。作为领导者，你的工作就是最大限度地利用每条曲线上的成长机会，并积极主动地为每位员工的下一个角色做好准备。

建议采用这一策略时使用以下基本框架。

招聘时注重最大潜力，而不是最大熟练程度

在大多数情况下，人们的目标是在新曲线的启动阶段聘用员工或重新部署员工。这样一来，他们将从第一天起就接受挑战，持续学习和成长。高流动率和高离职率部分是因为企业在招聘时夸大工作要求，然后招聘资质过高的求职者，难保员工不会很快就感到无聊。

雇用有潜力的员工会延长学习曲线的长度，但同时这也要求组织内部的培训和指导发挥良好的作用。帮助新员工尽快适应工作，是领导者可以也应该与那些有可能在自己的曲线上耗尽空间的员工来共同承担的责任。对他们来说，辅导新员工是一种新的学习体验，可以带来满足感。

此外，要始终考虑人员内部流动的可能性。随着时间的推移，潜力在工作中应能够得到最好的评估。尽可能在公司内部为有才能的员工提供新的学习机会。保持敬业度与留住个人同样重要。

按照个人学习曲线管理员工

启动阶段：如果你是根据潜力而非熟练程度来聘用或调动员工，那么处于S型学习曲线启动阶段的员工应该会体验到相当大的挑战。这一阶段的学习应该是高要求的，并且每个人都应定期回到这一阶段，以获得持续的成长。恰当的衡量标准应强调在岗位上取得的进步，而不是随意的目标，管理者应监督最初几个月的情况，以确定新员工与岗位是否匹配。重视经验不足，鼓励提出问题；新的视角和新的思维有利于变革，应该受到欢迎。

快速上升阶段：大约六个月后，根据职位的复杂程度，员工应该已经具备了基本的能力水平，并做好了爆发式增长的准备。这一阶段的特点可以概括为：快速学习、创造力与创新迸发、高度投入以及生产率显著提升。应该对处于这一阶

段的员工进行管理，以延长他们停留在此的时间，提供扩展任务，以激发更多的学习，改变团队配置，并提供重要问题以供其解决。

经常定期与员工进行讨论，确保他们知道自己受到重视，并且使他们和你都为其进入新学习曲线的那一天做好准备：了解他们自己的抱负以及希望实现的目标。

高端停滞阶段：那些已经精通自己角色的员工，其重要性毋庸置疑，但是，虽然看起来最有价值的员工是那些处于曲线顶端的员工，事实却并不一定如此。顶端是一个不稳定的位置，可能很快就会变成悬崖。当这一阶段临近时，要监控员工的热情水平。员工是否觉得在自己的岗位上还有更多需要学习的东西，还是他们和你都认为其已经耗尽了自己的潜力？要确定一个双方都认同的角色转变的时间框架和流程。据我估算，员工在S型学习曲线上的平均生存期为3~4年，然后就需要发生变化，以激发员工更快成长。一个员工都停滞不前的组织也将停滞不前。

能够接受这一事实并采取相应行动亦是一项挑战。因为当把能力出众的员工调到他们并不擅长的新岗位时，近期的生产率就会受到影响。

从管理变革到驾驭变革

不断变化的商业环境和世界意味着管理技术也在不断发展。如果想在变革中做好准备并具有竞争力，就不能一切照旧。不要以老一套的方式聘用员工；除非你帮助员工留下来，否则不要指望员工愿意留下来；也不要对为你工作的有机的、成长的、学习的"机器"抱有"我们就喜欢你待在现在的位置"的态度。

人们都希望知道如何做事情。学习机会带来的激励作用超越金钱，甚至超越赞美。你可以利用人类学习和成长的力量，推动组织走向未来。S型学习曲线领导力战略可以发展员工能力的深度和广度，提高他们的投入程度。面对变革，他们会变得灵活、适应性强、富有创新精神、足智多谋、韧性十足，并善于做出调整。员工个人在进步，组织也在进步。约翰在为时已晚之前挽救了这一局面，并为防止其再次发生做好了更充分的准备。

管理变革

30

在变革时代发挥领导作用

阿特查拉·朱查伦[1]（Atchara Juicharern）

对于人类或企业来说，变化并不陌生。纵观历史，交通工具从马车到带发动机的汽车，再到今天的自动驾驶汽车。数字技术积极改变了我们的生活、通信和协作方式。

"变化"本身也发生了变化。虽然我们的世界一直在经历变化，但变化的速度正在加快。市场、商业模式和技术正在加速转型，这与过去几代人所目睹的一切都不同。

目前，由于这些前所未有的变化，以及世界的不确定性和波动性——不断变化已成为我们的新常态——商业环境需要更频繁地重新定义。特别是在全球健康危机之后，商业环境可能会更具挑战性。虚拟的工作环境给快速找到解决方案及落实执行带来了越来越大的挑战。

世界的这种变化速度影响着领导者和组织，有时甚至威胁到他们的生存。我教练过的许多领导者都发现，尽管他们每天都在经历变化，已如家常便饭，但组织中的员工仍然渴望安全和稳定。即使在最好的情况下，也只是领导团队在快速前进，组织的其他部门却在惯性作用下继续先前的行动。

以一家知名金融公司的副总裁杰克为例。我认识杰克很多年了，当时他还是一个小部门的高级经理。

---

[1] 阿特查拉·朱查伦是AcComm集团CEO，被马歇尔·戈德史密斯博士评为亚洲第一教练。她是简化教练流程的先驱，这一流程帮助高管成功地将教练融入其领导活动中。她的创新模式使现代组织所需的灵活性和转型成为可能。

一个周一的早晨，杰克给我打来电话，向我倾诉了他的担忧，团队表现出惰性，难以让员工走出舒适区。2022年他的情况也发生了变化，因为他的老板将其职责从领导一个部门扩大到了领导两个部门。一个重要的议程是在不久的将来逐步使两个部门合二为一。大多数团队成员从杰克和他的老板那里了解到，这个合并后的新部门将成为成功实现数字化转型的关键驱动力。他们还明确表示，裁员不会被列入组织议程。然而，团队成员依然很可能会把精力放在确保现有职位上，而不是放在发展新团队的能力上。

杰克发现自己每天都疲于处理紧急但并不重要的问题，并为寻找答案而四处奔波。他清楚地意识到，组织需要他的领导，但他不知道从何入手，也不知道如何实现。他想过为他的团队提供变革管理培训，但他和团队成员都很难抽出时间。

快速的变革可能会带来焦虑和困惑，因此组织希望领导者能够传达前进道路的确定性，并培养团队的使命感。在变革时代发挥领导作用已成为当今时代的一项重要领导能力。

为了在不断变化的环境中蓬勃发展，我们需要一种新型的领导者，这种领导者应具有开放的心态，能够促进团队的灵活性，培养团队成员的持续学习能力，并具备成为教练的能力。换句话说，领导者需要更多地进行沟通和教练，而不是命令和控制。

优秀的教练善于真诚倾听，释放员工的才能，并将员工的激情与业务的优先事项结合起来。如今，领导者和管理者的教练技能对于团队的持续发展、快速获取市场洞察和调整战略重点越来越重要。

强有力的一对一教练对话可以帮助个体打破停滞不前的状态。然而，就像杰克的情况一样，要想以积极主动的方式带领员工和团队，在动荡、不确定和复杂的环境中快速变化，仅靠一对一的教练对话是不够的。

虽然一对一教练对于更好地参与变革和更快地消除障碍是必要的，但领导者还需要更高级的技能，以便高效地引导团队应对变化。

2018年，我进行了一项教练工作研究，调查了来自不同行业28个组织的480名泰国领导者，以更好地了解领导者和管理者如何在团队中应用教练。66%的领

Coach Me

导者使用一对一教练工作来帮助下属适应变化，57%的领导者使用团队教练来推动变化。然而，他们中的大多数人都在寻求富有成效和建设性的指导与促进整个团队的方法。

我的建议

为了帮助团队在变革时期适应并发展自身，领导者需要额外的实用技能和工具，这些技能和工具与他们的战略方向和执行相关。从当今商业的变化速度来看，学习应该是快速的、深入的，并具有战略相关性。它从领导自我开始，然后是领导他人和领导团队。

领导自我

在个人层面上，领导者还需要能够提升自己，培养韧性，并迅速适应变化，以便在模糊和动荡的环境中取得成功。

每次乘坐飞机时，我们总是会在起飞前听到这段安全公告："如果客舱压力突然下降，氧气面罩会从头顶掉落。如果你与小孩同行，请在帮助他们之前先戴上自己的面罩。"这一理念不仅适用于飞行，也适用于生活和领导。如果我们不能先救自己，我们很可能也救不了别人。

我们常常忽视这样一个事实，即领导者在转变思维模式方面也需要帮助。组织需要为领导者提供更深层次的发展，并且有必要为他们配备关键的技能和工具，使他们能够激励和引导自己度过变革时期。

采用由内而外的方法可以让领导者自己首先去体验技能和工具。有了这些经验，领导者会更好地理解其团队成员，并支持他们更快地适应变化。通过我们的高管教练课程，杰克体验到了这个过程带来的美妙和清晰性。他感觉充满了能量，已经做好了启动下一步行动的充分准备。

领导他人

这是一套帮助领导者与每个团队成员进行强有力的一对一教练对话的技能。

无论是哪个级别的领导者，通常都需要一个简单的结构，而不是一个复杂的过程，来帮助他们在员工需要发展的方面进行高效的教练对话。进行顺利的话，团队成员很可能会感到有动力、有能力，并自愿成为变革的一部分，而不是"被变革"。

领导团队

高绩效和敏捷的团队致力于了解当前客户的需求和愿望，并能迅速利用内部资源和优势对外部触发因素做出反应。领导者需要具备参与式领导和有效促进团队活力的高级技能。如果没有这种技能，一些团队可能会无法融入高层领导的变革举措。

培养领导者掌握这些技能的最佳实践是在实践课程中使用真实的变革问题。在我们的团队教练课程上，杰克将真实的团队和问题带入实践中，他和团队成员不仅获得了新的思维方式和技能，还获得了鼓舞人心的变革愿景和具体的执行计划。

总结

在我们的教练旅程即将结束时，杰克反思道，当他授权团队共同创造答案并制订统一计划时，团队感受到的关联度更高，也更有归属感。杰克开始有信心以共同参与的方式带领其团队。最重要的是，他发现自己在新的岗位上更高效、更有韧性了。

领导力发展也需要一定的变化——各级领导者都需要新的能力，以便在变革时期可以持续引导自己和他人，包括团队。培养过程应将现实生活中的挑战、战略和执行整合到干预措施中，使他们同时进行学习和领导。自我与过程的紧密联系将有助于在即将到来的变革中长期保持组织的这些能力。

练习

以下问题可以帮助你探讨组织的领导者或团队领导者是否需要支持，以发展新的领导能力，从而能够在变革时期发挥领导作用：
- 你的团队是否正面临前所未有的加速变革？
- 在这种不断变化的环境中，你是如何引导自己的？
- 你如何引导你的团队？
- 你是否需要新的技能来领导你的团队应对变革的速度？
- 你的团队是否正在经历混乱？
- 你需要什么样的流程或结构才能领导既稳定又敏捷且灵活的团队，以应对变革？

那些拥有能够预测和驾驭变革力量的强大领导者的组织将成为未来的赢家。

参考资料

Juicharern, A. (2018). *Leader and manager as coach – An exploratory study of coaching within organizations*. Bangkok: AcComm Group.

31

教练团队领导者

彼得·霍金斯[1]（Peter Hawkins）

我第一次见到菲利普时，他刚刚成为一家快速发展的金融服务公司的CEO。这是他第一次担任此职位，此前他曾在其他公司担任首席运营官。菲利普是一位非常聪明的年轻CEO，当我第一次见到他时，他看起来疲惫不堪、面容憔悴。他的沮丧和不耐烦溢于言表。

他抱怨道："我的许多直接下属都没有挺身而出……我无法依靠他们……他们的报告在提交董事会之前我都必须重写……他们一直在和我说自己的同事出了什么问题，并相互指责。"

我认真倾听，能真切地感受到他的沮丧和焦虑。"你这样下去还能坚持多久？"我问他。

"除非有什么变化，否则年底前我要么精疲力尽，要么崩溃。"他回答说，"你能不能帮我解决团队的问题——我听说你很擅长解决团队的问题。"

"我当然非常愿意支持你，与你和团队一起努力，发现你们现在的状况与一年后需要达到的目标之间的差距，然后看看我能否在这个过程中帮助你们。但我不能直接替你解决这些问题。这需要你、团队以及你们之间关系的转变。你准备好接受挑战了吗？"

他停顿了很久。

---

[1] 彼得·霍金斯为高级管理人员及其领导团队提供教练服务已有40余年，涉及多个行业和多个国家。他是系统性团队教练的全球先驱，是亨利商学院的领导力名誉教授和英国Renewal Associates的主席。

"我其实也知道自己必须改变，但目前我还在原地打转，看不到出路。"他说。

我对他的遭遇深有同感，我自己在担任咨询公司CEO时也曾遇到过类似的情况，感觉所有的事情都压在了我的肩上。我越是对他人委以重任，就有越多的问题反弹回我身上。

"是的，就是这种感觉——不停地转盘子，不仅要确保我自己的盘子还要确保团队的盘子没有一个会掉下来。"

这开启了这位CEO长达一年的教练之旅，我将其分为4个阶段：从"团队管理者"到"团队领导者"，再到"团队协调者"，最后到"团队教练"，如图31.1所示。

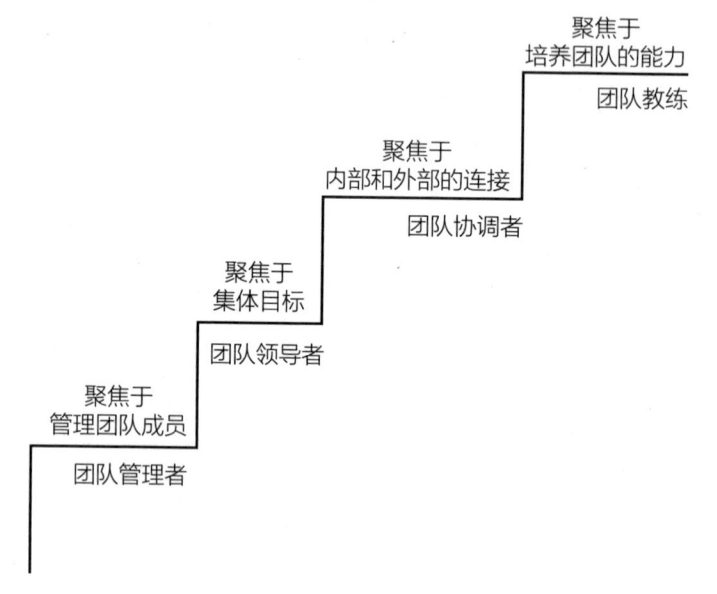

图 31.1　从团队管理者到团队教练的过程

从团队管理者到团队领导者

第二次会面的重点是探讨团队的使命。"他们能做些什么独一无二的事情满足利益相关者未来的需要？""他们只有通过合作才能实现而各自为政无法实现的是什么？"他逐渐意识到自己并没有充分挖掘团队的巨大潜力。在阐明了团队的独特使命和他所说的"协作红利"之后，我们演练了一下他要如何向团队介绍这一点。我问他怎样才能让团队帮助他制定这一目标，并将其付诸实施。直到第三次演练，他才找到了一种方式，诚心诚意地去询问，而不是间接告诉团队该怎么做。

在下一次会面时，他很兴奋地告诉我，当他向团队分享面临的挑战和机遇并请求他们的帮助时，团队成员表现出强烈的参与意愿。他们希望参与到制定团队目标及共同实现目标的过程中。菲利普请我教练他们举办一天的工作坊，实现共同创造。

在一场充满活力、参与度高的工作坊之后，我与菲利普一起探讨了他可以如何重塑每周的团队会议。现在，会议的重点不再是每个人向他汇报已经做了什么和将要做什么，而是更多地关注团队的共同挑战和对团队绩效的评估。我们俩站在白板前，头脑风暴关键问题，不停地移动问题的位置。我们还探讨了如何让团队共同创造团队会议的改进方案，而不仅仅提供建议。我说："如果他们参与共同创造前进的方向，那他们就更有可能承诺并自主实现这一目标。"

我们举办了一次团队工作坊，探讨了团队的最佳状态和最差状态，之后，团队不仅提出了新的团队会议设计方案，还确定了他们将相互支持的行为。这些行为包括：主动提供帮助，借鉴彼此的建议，质疑所达成的协议是否现实。他们还制定了一份团队行为清单，列出了他们将支持彼此停止的行为，如指责其他人，无论是在团队内还是在团队外；中途打断对方说话；谈论只涉及两名团队成员且可在一对一会议中解决的问题。

在这次工作坊之后，我参加了他们的两次周例会，并在过程中叫了三次"暂停"，以进行干预。第一个"暂停"是请每位团队成员谈谈他们注意到的另一位团队成员对会议有帮助的行为。第二次是在会议进行到一半的时候，请每位成员完成一个句子，并且之后不再进行讨论：

"在本次会议的前半部分，我们所做的最有价值的事情是……"

"让下半场会议更有价值的事情是……"

从团队领导者到团队协调者

在下一次我们一对一见面时，菲利普告诉我，现在会议的气氛好多了，大家

Coach Me

在会议上有了更多交流，而不是所有事情都指向他。他对其中一些成员在解决彼此问题时所体现出的创造力感到惊讶。他真切地感受到，自己已经从一个焦头烂额的团队管理者变成了团队领导者。不过他接着说道，他的直接下属仍在抱怨其他团队成员不遵守承诺或行为不佳，这耽误了他不少时间。他决定从那天起，他会在下属说到一半时叫一下暂停，问他们："当你告诉××这一点时，他说了什么？"当下属说没有直接告诉他们时，他会说："我怎样才能帮助你进行这样的对话？"

在接下来的几周里，他逐渐从"沟通渠道"转变为"团队协调者"，不再只是在内部重新引导对话，摆脱了中间人或裁判的角色。我们一起研究了有多少他作为团队和组织发言人的会议可以由其他人来完成。我曾直截了当地问他，如果他出了什么事，有多少团队成员可以站出来领导和代表团队？他想了想，打了个大大的"零"的手势，我又问他，在接下来的3个月里，要把这个数字提高到2个或3个，需要做些什么？他邀请主要团队成员与他一起参加重要的外部会议，然后作为主要代表，代表整个团队，这样的做法加快了这一进程。

从团队协调者到团队教练

在我们初次见面后9个月，我问菲利普："你如何在团队教练方面更多地承担我的角色？"我们在会面中已经探讨了如何把他与团队成员的个人会面，从提出问题让他解决转变为带有更多的教练风格，即他要培养团队成员作为企业领导者的能力和才干。现在，我们必须探讨他如何对团队进行集体教练。他决定每个月都请团队中的一位成员在一系列会议中扮演流程引导师的角色，并从团队中获得反馈，了解哪些做法是有帮助的。他还说想亲自主持下一次团队工作坊，但让我帮他设计，然后进行复盘。

我们在第一次见面时就使用了团队360度反馈流程，一年后又做了一次，不仅囊括了所有团队成员，还有他们的主要利益相关者（董事会成员、直接下属、2个主要供应商和3个主要客户），这些人都提供了关于团队运作的反馈。之后，我主持了与团队的最后一次工作坊。在会上，我们利用反馈意见，对集体变化以及团队和团队成员的学习与发展进行了梳理，并研究了在未来一年里，即使没有我的帮助，他们将如何持续学习和发展。他们还向我反馈了自己看重什么，以及我还能做哪些更多或不同的事情来帮助他们。

我以为故事就这样结束了，但两年后，我又接到了菲利普的电话，他打算换一份工作，因此来询问我们是否可以进行几次会面，探讨一下他如何管理在公司的"最后100天"，以及如何顺利离开。不过，这是另一个故事了！

读完这个故事，你认为自己在从团队管理者到团队领导者，再到团队协调者，最后到团队教练的过程中处于什么阶段？这个故事中有哪两三个观点可以推动你的领导力、你的团队以及你们之间的关系更进一步？

参考资料

Hawkins, P. (2021). *Leadership Team Coaching: Developing collective transformational leadership* (4th ed). Kogan Page (translated into Spanish Chinese and Japanese).

32

实现可持续成果的教练与文化转型

彼得·志[1]（Peter Chee）及亚伦·恩吉[2]（Aaron Ngui）

琳恩在谈到她作为一家大型电子制造商组织发展主管的工作时，明显有些担忧。"首席人力资源官（Chief People Officer，CPO）交给我一项艰巨的任务，要在工作中创建教练文化。但许多高层领导并不支持，也不相信教练是前进的方向。"她继续说，"他们不相信教练会对业务成果产生重大影响，因此不愿意花时间和精力学习这项技能。我担心自己会失败。"

琳恩有18个月的时间来推动以高绩效教练文化为中心的文化变革，以超越竞争对手、赢得市场份额并获得更佳的营收成果。当时正值经济衰退，利润和收入受到影响。有些员工通过自愿离职计划离开了公司，公司还实施了其他各种成本削减措施。

琳恩的CPO坚信，高绩效教练文化将渗透到整个组织，通过赋能和释放员工的巨大潜能，加速员工发展，从而制定有效的战略并高效地执行，实现营收成果、可持续增长和竞争优势。

我告诉她，我理解她肩负的项目规模。对我来说，第一件事就是了解琳恩

---

[1] 彼得·志是ITD World的CEO，这是一家跨国公司，其使命是通过改变领导者让世界变得更美好。他擅长教练、培养和改造全球领先组织的CEO、首席行政官和全球高级领导者，这些组织包括英特尔、西门子、百事可乐、可口可乐、美光、第一太阳能和西部数据等。彼得是全球顶尖教练大师之一，在培养来自80多个国家的领导者方面拥有33年以上的经验。他被马歇尔·戈德史密斯博士授予"第一战略创新教练"称号。

[2] 亚伦·恩吉是ITD World的全球项目主管兼主编。他参与了多个项目，包括开发ITD World应用程序和ITD Word电子学习课程。他从事数字营销及内容创作，涵盖线上和线下营销渠道。

本人是否从事过教练工作。我对她说："如果没有榜样可学，其他人也就无从效仿。"她苦笑着承认，她很难教练自己的团队。她笑着说："我通常只是快速告诉他们该怎么做，并希望他们遵循我的指示。"

凭直觉，我知道此时此刻自己应该将教练技术融入其中，为她创造更多价值。我与她分享了马歇尔·戈德史密斯开发的每日主动提问（Daily Active Question，DAQ）流程。DAQ 简单而深刻。它首先让人就对自己来说很重要的事情提出一个问题："我今天有没有尽最大努力……"例如："我今天有没有尽最大努力去指导他人实现他们的目标？"如果答案是"有"，那么做得很好；如果答案是"没有"，那么这个人就会立即知道自己第二天必须更加努力，做到更好。

我与琳恩分享了这一技巧，她的脸马上焕发光彩。她承诺会使用 DAQ 来不断提醒自己去教练团队，而不仅仅对他们发号施令。随后，她与我分享了她的5个 DAQ 问题。她还让助理做她的问责伙伴，她的助理用手机设置了每日重复提醒，这样就不会错过支持琳恩自主担责。

在我们的下一次会面时，她兴致勃勃地讲述了自己教练团队成员取得更好成绩的过程。当我们谈论下一步行动时，她表示有兴趣成为一名更好的教练。

因此我主动提议："我想与你分享PIFR模型，意思是准备（Prepare）、实施（Implement）、反馈（Feedback）和反思（Reflect）。将该模型付诸实施意味着你会在教练会面之前做好充分准备。例如，你可以想好要提出的问题，以及被教练者希望在会面中实现的目标。然后是实施阶段，在这个阶段，你尽可能地执行自己的计划并保持灵活性，以满足被教练者的需求。"

"接下来，你可以从被教练者那里获得反馈。你也可以给自己提出反馈，明确指出自己可以做得更好的地方并记下来。反思时，你要非常清楚下一次要如何改进，然后应用PIFR模型，持续取得进步。"我分享道。

从收到的反馈中，琳恩意识到她需要避免提建议性和评判性的问题，而要专注于赋权和认同的问题。为了提出更好的问题，她使用了一些启发词，如"我很好奇，请给我多讲讲这一点""我很感兴趣，请与我多分享这一点"。林恩还在所有的会面中都使用了视觉提醒，以保持专注，帮助人们设定自己强有力的目标，

Coach Me

而不是告诉他们该做什么。

在接下来的会面中，我还与她分享了"快速教练工具"（Speed Coaching Tool，SCT），她可以使用此工具来快速教练他人取得成果。SCT代表了教练可以在短时间内聚焦于难题和解决方案的最佳实践与问题。她使用SCT非常有成效，以至于其所在组织的其他领导者也开始注意到这一点。

然后，我向她提出挑战，问她如何才能得到领导者的认同，并问她那些顽固不化的高管有什么顾虑。她回答说："大多数人都说他们没有时间进行教练。"我问："如果你能为他们做一件事，让他们迅速取得成果，那会是什么事？"琳恩眼前一亮，立刻明白了我的意图，她兴奋地说会与自己的领导者分享SCT。

"彼得，我很高兴和同事分享了SCT，他们的反馈非常鼓舞人心。""有多么鼓舞人心？"我问道。林恩说，虽然许多人持怀疑态度，但她教练他们如何有效地使用SCT。尽管他们开始很谨慎，但所获得的结果为林恩的努力增添了可信度，随着教练习惯的逐渐养成，更多的人加入了进来。

她说："我将亲自教练20人，在接下来的6个月里支持他们实现突破性目标。只要我一直陪伴着他们，支持他们实现了目标，我想就应该能够让更多的人相信教练的力量。"

在这一挑战的推动下，琳恩启动了她的"LS20"计划，并在接下来的一周里为20人进行了教练。她运用自己的直觉、智慧和教练技巧，支持他们发挥出最佳水平。尽管有些人一开始只是出于从众心理才加入的，但她真诚地希望他们取得最好的结果，许多人在6个月内获得了预期的结果。

在随后的一次会面中，琳恩问："彼得，你愿意教练我的CEO吗？""我很愿意，不过请先告诉我这个想法是从何而来的。"我回答。

琳恩说，她团队的成功，加上"LS20"计划，以及同事和直接下属对教练工作表现出的浓厚兴趣，传到了CEO的耳朵里。"我被问及在组织中创建高绩效教练文化项目的进展情况。"

琳恩意识到这是一个赢得整个高管层支持的好机会，于是她和CPO就如何在组织内部推动教练工作制定了战略。"我介绍了教练工作带来的巨大益处，以及成功案例和成果证据。我向CEO展示了成果，他对取得的进展感到非常高兴。"

CEO问:"看着挺有意思,你是怎么做到的?"琳恩分享了推动她前进的两个关键因素。"我告诉他,第一个是我的自我激励奖励(Self-Initiated Rewards,SIR),当我成功时,我会奖励自己一个休闲俱乐部的会员资格。""第二个是我的自我激励后果(Self-Initiated Consequence,SIC),"她接着说,如果我失败了,"我必须向我讨厌的一个政党捐赠2 000美元,并在下一次选举中投票支持它。我想不惜一切代价避免捐赠和投票支持。"她一边给CEO讲着这些,一边努力忍住不笑出来。

琳恩说,她还将 SIR 和 SIC 应用在她教练的人身上,这为他们全力以赴地追求目标提供了动力。"我确保制定的目标遵循 SMARTEST [具体(Specific)、可衡量(Measurable)、可实现(Achievable)、相关(Relevant)、有时限(Time-bound)、吸引人(Engaging)、令人满意(Satisfying)、基于团队(Team-based)]原则。"琳恩说,有了这样令人信服的明确目标,就能激励人们追求成果。CEO似乎被打动了,但还需要进一步的鼓励。她告诉我:"然后我就进一步问他是否愿意接受你的教练,这就是我今天问你这个问题的原因。"

我教练CEO和琳恩推动项目已经结出硕果。该组织迅速为整个集团制定了创建高绩效教练文化的路线图。琳恩负责这项工作。一旦CEO被教练的力量所折服,进展就会加快。

CEO本人也开始教练他的团队和直接下属。这种积极的做法和氛围影响了其他高管和支持人员。在18个月的时间里,该组织超额完成了目标,并赢得了相当大的市场份额,实现了令人瞩目的命运转折,这成为一段难忘而充实的旅程。

在这个故事中,我提到了琳恩用来教练他人的"快速教练工具"(SCT)。为了有效利用该工具,我想与大家分享一下最佳实践:

1. 全神贯注地倾听、观察并运用你的直觉。

2. 提出好问题(还有别的吗?告诉我更多)。

3. 欣赏和鼓励。

4. 在征得对方同意的情况下提供反馈和建议。

5. 总结、简化,专注于最重要的事情。

6. 根据时间表和承诺采取行动。

Coach Me

你也可以将以下这些简单而有力的问题应用到教练中，每天进行15~20分钟的练习。

1. 最吸引你的目标是什么？
2. 如何实现它？（考虑你的优势和机会。）
3. 是什么阻止或阻碍了你？（考虑你的劣势和威胁。）
4. 你可以扭转局面的最佳解决方案是什么？
5. 你需要哪些支持、资源和系统才能获胜？
6. 你可能会面临哪些不同的情况？
7. 为应对不同情况，你需要做哪些准备？
8. 你的行动步骤和时间表是什么？

33

敏捷服务型领导力并非空洞无物

珍妮弗·佩勒[1]（Jennifer Paylor）

杰克·科比是一位高管，领导着一个敏捷团队，负责为一家陷入困境的企业开发下一代云技术。他对技术充满热情，也热衷于改善工作环境，即从官僚、控制和恐惧的文化转变为开放和敏捷的文化。杰克设想了一个灵活、协作、开放和创新的工作环境，在这里，团队可以自我授权、承担风险并从失败中学习。然而，在经过了漫长、艰苦的争取之后，杰克意识到，要在一个奉行官僚以延续恐惧文化的体系中实现变革几乎是不可能的。

在对杰克进行高管教练的过程中，我惊叹于他体现出的无比顽强的毅力，他一直在争取以满足人们的需求。每天从醒来开始，他都在为公司数十万人创造更好的工作条件。杰克的同级领导者似乎并不在意员工离职、人力资源投诉、缺乏创新、繁文缛节、客户净推荐值低以及员工与经理之间的"信任赤字"。他们主要关心的是如何获得下一次晋升，并且使用恐惧策略来压制员工。杰克看到了这种领导方式是过时的，它扼杀了公司在市场竞争中亟须的创新能力。吸引和留住顶尖人才极其困难。尽管开展了敏捷转型和积极的领导力活动，但杰克的同级领导者并不愿意放弃他们破坏性的领导方式。

杰克的敏捷团队以创纪录的速度向市场推出了一个平台。该平台采用敏捷工作方法，原本需要3年时间才能完成的工作只用了9个月。敏捷不仅仅指每日站

---

[1] 珍妮弗·佩勒现任凯捷公司北美地区学习与发展、人才与文化部门负责人。她是一位极具影响力和启发性的商业思想领袖，并因发明了指导互动的教练系统而拥有一项公开专利。珍妮弗因在IBM创建并运作全球最大的企业内部教练实践而广为人知。

会、回顾会议、成果展示、冲刺计划、漏斗和速度，其核心是为利益相关者提供更多价值，通过迭代从失败中快速吸取教训，并庆祝成功。在敏捷环境中进行领导需要精力、韧性、动力、成长型思维、勇气和脆弱性。不健康的自我意识应该首先被抛弃。

有一天，杰克告诉我，他不能参加我们的线上教练课程了，他因身体原因无法开口说话。一场突如其来的疾病让他住进了医院并失去了说话的能力。在他康复期间，我和他还能通过电子邮件和短信保持联系。杰克住院期间，他的经理没有去看望他或他的家人。当杰克回到家并重新返回岗位后，我们继续正常的教练会面，我能感觉到他在情感上受到了无法弥补的伤害。之后还有一次，杰克的女儿在学校练习骑马时摔断了腿，不得不做手术。杰克告诉我说，人生梦想可能在眨眼之间就被夺走。

在与杰克相处的这些时刻中，我们很容易就能将敏捷工作方式与服务型领导力联系起来。如果阅读《敏捷宣言》，你就会发现该宣言的作者非常重视以下几点：

- 个体和互动高于流程和工具。
- 可工作的软件高于详尽的文档。
- 客户合作高于合同谈判。
- 响应变化高于遵循计划。

听起来是不是很像杰克·科比？敏捷环境中的领导者更重视个体和互动、可工作的软件、客户合作和响应变化，而不是公司中常见的官僚作风。为了创造一种优先考虑这些价值观的敏捷文化，服务型领导力至关重要。1970 年，罗伯特·K. 格林里夫（Robert K.Greenleaf）发表了一篇题为《服务型领导者》（*The Servant as Leader*）的文章，其中写道：

服务型领导者首先是仆人……这始于一种自然的感觉，即人们渴望提供服务、服务当先，然后通过有意识的选择，志向成为领导者。这种人与领导当先的人截然不同，领导当先的人可能是为了满足不寻常的权力欲望，或者为了获得物质财富……领导当先和服务当先是两种极端的类型，这两者之间存在着各种各样的中间状态，这也是人性无穷多样性的一部分。

这种区别体现在服务当先者会用心地确保他人最高优先级需求得到满足。最好的检验标准是什么？被服务者作为个体是否有所成长？在被服务的同时，他们是否变得更健康、更睿智、更自由、更自主？他们是否更有可能成为服务他人的人？这对社会上最弱势群体的影响是什么？他们是否会从中受益，或者至少不会被进一步剥削？

根据格林里夫官方网站的介绍，"服务型领导力是一种理念，是一系列实践，它能丰富个体的生活，建立更好的组织，并最终创造一个更加公正和充满关爱的世界"。

在接下来的部分，我们将见证服务型领导力如何推动敏捷文化、员工成长和营收成果。

我曾听到许多高管将使用服务型领导力来领导敏捷转型贬低为"软弱的""空洞无物的""宗教的""过时的"。实际上，服务型领导力通过激励自我赋能的团队、建立社区、承担风险、从失败中学习、帮助员工成长及为他人服务，对业务成果、客户满意度、上市时间、创新、价值创造和员工参与度产生了积极影响。

2018年10月，麦肯锡发表了《引领敏捷转型：领导者打造21世纪组织所需的新能力》（*Leading Agile Transformation：The New Capabilities Leaders Need to Build 21st Centry Organizations*）。麦肯锡通过多年研究发现，"敏捷组织可以将产品开发速度提高5倍、决策速度提高3倍，并能巧妙、快速地重新分配资源"。

以服务型领导力和敏捷文化著称的WD-40公司CEO加里·里奇（Garry Ridge）说："领导力就是学习和教学。如若不能变得更加智慧，变老又有何用？我们这里没有错误，只有学习时刻。"

当被问及如何"将一家境况不佳的公司转变为行业宠儿"时，Popeyes Louisiana Kitchen的前CEO谢丽尔·巴舍尔德（Cheryl Bachelder）回答说："采用服务型领导力。"谢丽尔·巴舍尔德因引入服务型领导力来提高公司的营收成果而闻名。在9年的时间里，她使餐厅销售额增长了45%，利润翻了一番，公司股价从13美元涨到了61美元。巴舍尔德在其著作《敢于服务：如何通过为他人服务来取得卓越成果》（*Dare to Serve：How to Drive Superior Results by Serving*

Others）中写道："我们相信，为他人服务会带来更好的商业成果。"

有些公司的领导者仍然无视将服务型领导力作为其商业战略一部分所带来的惊人投资回报率（Return On Investment，ROI）。他们继续假装公司可以通过在其官僚体系中采用敏捷仪式和技术来摆脱困境，却发现这样的做法永远不会成功。敏捷和官僚主义是不相容的。官僚主义的本质并不适合敏捷性、灵活性、批判性思维，最重要的是，不适合服务型领导力。两者是截然相反的。

马克斯·韦伯（Max Weber），德国社会学家、政治经济学家和哲学家，以推广官僚主义结构而闻名。对他来说，官僚主义是管理大型复杂组织的完美方式。与封建主义相比，这是两权相害取其轻。马克斯·韦伯在其于1922年出版的《经济与社会》（*Economy and Society*）一书中指出，"官僚组织得以发展的决定性原因始终是其相对于其他任何组织形式的纯粹技术优势。成熟的官僚组织与其他组织的比较，就如同机器生产方式与非机械化生产方式的比较一样。它具有精确性、速度、明确性、对文件的了解、连续性、保密性、统一性、严格的等级制度、减少摩擦以及降低材料和个人成本……"一百多年后，许多公司仍然采用这种组织设计和管理系统，但最终像柯达、百视达和宝丽来一样以失败而告终。

由于颠覆性的数字经济改变了整个行业和商业模式，我们目睹了弗雷德里克·温斯洛·泰勒（Frederick Winstow Taylor）基于科学管理的机器组织的瘫痪。麦肯锡的研究表明，"敏捷组织正在成为新的主导组织范式"。这些组织的核心是像杰克·科比这样的服务型领导者。

杰克·科比现在是一家卓越的认知和云计算公司的高管，为其团队和客户服务，同时开发下一代技术，这些技术已经取得了显著的成果。最后说很重要的一点，杰克的女儿又重新骑上马背，朝着未来某一天成为一名优秀骑师的道路前进。

参考资料

Aghina, W. et al. (2018). *The five trademarks of agile organizations*. McKinsey.
Bachelder, C. (2018a). *Dare to serve: How to drive superior results by serving others*. Berrett-Koehler Publishers.

Bachelder, C. (2018b). *Serving performs with Cheryl Bachelder*. CherylBachelder.com.

De Smet, A., Lurie, M., & St. George, A. (2018). *Leading agile transformation: The new capabilities leaders need to build 21st-century organizations.* McKinsey.

Denham, D., & Bratton, J. (2014). *Capitalism and classical social theory* (2nd ed.). University of Toronto Press,Higher Education Division.

Skibola, N. (2011). *Leadership lessons from WD-40's CEO Garry Ridge.* Forbes.

34

带领团队度过危机

吴彦群[1]

2020年，疫情在中国肆虐，不仅威胁着人们的生命，还使所有经济活动都停了下来。2月，布鲁斯（一位CEO）打电话给我，分享了他的沮丧。布鲁斯经营着一家营销顾问服务公司，该公司为中小企业客户制作营销视频并分发内容至各种媒体。由于疫情的影响，大多数客户暂停了正常的运营，布鲁斯的业务受到了严重影响。

当人力资源主管向布鲁斯汇报员工补偿计划时，他被激怒了。当时公司正处于非常困难的时期，没有收入，但人力资源主管只关注这些行政工作——补偿计划还导致了更高的成本。

布鲁斯对这位女士吼道："你不配担任这个主管职位。"这位人力资源主管哭着说，她太累了，想第二天就辞职。此外，布鲁斯还告诉我，在这种巨大的压力下，他与其他团队成员的关系也变得紧张起来。于是，我们商定对他的领导团队进行一次团队教练。

我开发了6C模型，为团队教练提供了一个架构，如图34.1所示。它显示了领导者在动荡时期需要经历的三个阶段：感知危机、处理危机和实现突破。要在动荡时期带领团队实现"突破"，领导者需要有同理心、自信和勇气。此外，领导者还需要采取一系列切实可行的行动，包括主动联系、坦诚沟通和共创解决方案。

---

[1] 吴彦群是群智教练中心（中国）的创始人兼CEO、ICF认证的PCC，ICF北京分会的联合创始人。她被Thinkers 50评为"世界50大教练领袖"之一。她是全球团队教练学院的教师，也是马歇尔·戈德史密斯百人会（Marshall Goldsmith 100）的成员。

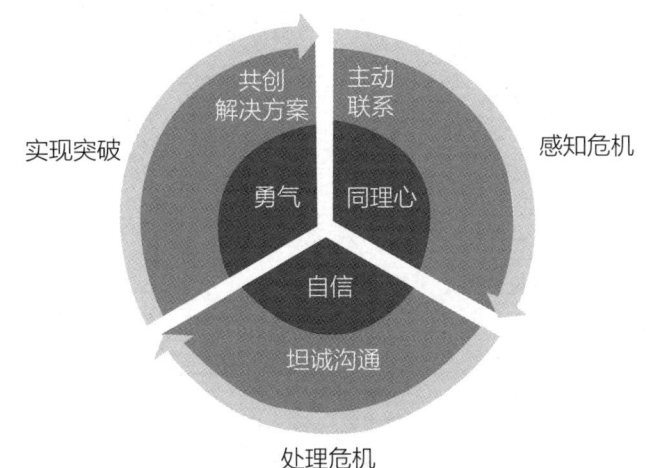

图34.1　6C模型

当组织处于动荡期时，人们很容易产生不安全感，会不自觉地分享自己的无助和焦虑，从而导致负面情绪和系统性焦虑迅速蔓延。与此同时，人们也对领导者寄予了更高的期望，希望他们能找到出路。在这种情况下，领导者的压力和紧张程度远高于平时，可能会导致他们在思路不清的情况下做出错误的决策。因此，领导者首先要做的就是觉察自己的情绪，对自己和周围的人都表现出同理心。

感知危机

内在状态：同理心

具有同理心的领导者能够充分理解和接纳大家在动荡时期的负面情绪，更好地支持大家在心理层面建立安全感。这是面对危机的基础。

不容忽视的是，领导者首先要对自己有同理心，要比常人更快地意识到自己的负面情绪，避免陷入这种本能反应。

在团队教练中，我请布鲁斯的领导力团队分享他们对以下两个问题的回答：

1. 我当前的情绪是什么？是什么触发了我的情绪？
2. 我现在可以关注什么来帮助我冷静下来？

每个人都注意到他们的情况是一样的——焦虑，焦虑引发了他们的"不良行为"。举例来说，视频制作团队的负责人一直不与他人联系，而销售副总裁则在布鲁斯要求他考虑新的商业机会时表现出抵触和抱怨。人力资源主管不堪重负，在没有团队支持的情况下感到孤独。布鲁斯注意到，他的大喊大叫只会火上浇油。这次对话帮助他们相互理解，先让自己冷静下来。

领导者冷静下来后，就能与他人产生共鸣，并专注于自己能做的事情。现在是时候将他们的同理心扩展到所有利益相关者了，这样他们才能采取真正的行动。

外在行动：主动联系

在困难时期，领导者必须放下特权，主动与人联系，表明"我和你是一样的"。这能缩短与他人的社交距离，建立前所未有的信任。只有当你让人们感受到你真正关心他们并与他们同在时，他们才会受到鼓舞并能够做出真正的改变。主动联系可以是发自内心的一句简短问候，如"你现在还好吗"，或者提醒大家休息一下，防止团队精疲力竭。

当我注意到布鲁斯和其他领导者冷静下来并彼此联系时，我要求他们去体会员工和客户的情绪，并思考如何才能与这些利益相关者建立联系。下面的问题可以帮助领导者建立基于情感的联系：

1. 我认为利益相关者（如团队、合作伙伴和客户）在此期间面临的困难和挑战是什么？

2. 我能做些什么来让每个人都感受到关怀？

在与领导团队会面时，我把他们分成了三个小组。每个小组分别考虑不同的利益相关者。

第一组被要求考虑高管团队的情绪，包括CEO的情绪。领导团队开始意识到，这些领导者情绪低落，担心公司正在经历困难和压力时期。他们还意识到，CEO需要整个领导团队的帮助。

第二组被要求考虑员工的情绪。员工也承受着压力，希望得到领导团队的指导。他们担心自己的工作，感到很多不确定性。领导团队需要表现出同理心，确保员工齐心协力，找到解决办法，帮助他们自我提升，渡过难关。

第三组关注客户的情绪。由于业务放缓，客户也会担心自己的工作和职业发展，同时他们在家里又有很多空闲时间。这个小组以一种新的方式进行创新，开发出了一个与以往不同的在线视频培训项目。这个项目所产生的能量激发了他们的热情，并将商业模式从 B2B 扩展到了 B2C。

处理危机

内在状态：自信

在处理危机时，领导者必须充满自信和希望，然后才能激励团队，建立集体信心。拿破仑·波拿巴（Napoleon Bonaparte）说过："领导者是希望的经销商"。

按照"主动联系"步骤的思路，我通过以下问题引导领导者去真正相信自己和组织：

1. 你的团队有哪些优势和品质可以帮助公司度过危机？
2. 你内心的自信源自哪里？你能做些什么来增强自信？

外在行动：坦诚沟通

当领导者内心强大且充满信心时，就是开始与利益相关者进行坦诚沟通的恰当时机，告诉人们正在发生什么，领导团队在做什么，他们为什么要这样做，组织希望每个人做什么，等等。坦诚沟通可以有效地消除系统性焦虑。

除了告知，领导团队还需要积极倾听来自一线的声音，以便他们能够获得全面的信息并做出正确的决策。以下问题有助于他们制订更好的沟通计划：

1. 你希望沟通对每个人产生什么影响？
2. 你会采用哪些方法来实现双向沟通？

在团队教练中，布鲁斯和领导团队重新撰写了员工信，不仅表达了他们的关怀，还分享了他们刚刚策划的活动，并邀请所有员工参与共创。

| Coach Me

实现突破

内在状态：勇气

尽管布鲁斯和团队对初步的想法感到兴奋，但他们仍然心存恐惧，因为这需要组织做出改变。这个想法会成功吗？当人们处于隔离状态时，新的工作方式会是什么样的？

教练的工作就是帮助领导者化恐惧为勇气。任何变革都需要勇气，而恐惧是一个信号，告诉你哪里需要做更多的工作。请记住，不要忽视小步骤，持续的、微小的进步会使成功变为现实。以下问题有助于领导者设计其早期阶段的胜利并增强他们的勇气：

1. 回想一下你或你的团队经历过的困难，勇气从何而来？
2. 哪些小成就会让大家更有勇气？

外在行动：共创解决方案

布鲁斯和他的团队确定了一些关键的里程碑，并因此信心满满，但我知道他们还有更多的工作要做。我向他们提出了以下问题，以增强他们的韧性：

1. 为了实现短期和长期目标，我们可以做哪些新的尝试？
2. 我们怎样才能接受尝试中的"失败"并从中吸取教训？

一个月后，布鲁斯告诉我，他们在团队教练后仅两周就完成了新产品的开发，并成功推出了在线视频培训项目。

此外，在线视频培训项目还为他们的传统产品带来了更多的销售机会。布鲁斯说，尽管疫情仍然持续，但他们会继续做这个培训产品，因为它为公司开发了一个全新的商业模式。

尽管疫情是一个特例，但在这个多变、不确定、复杂、模糊的时代，企业遭受动荡的情况比以往更为普遍。我们无法改变不确定性，只能提高自己应对不确定性的能力。这正是企业需要教练的原因。该组织的领导者分享了6C模型带给他们的积极反馈，认为教练不仅帮助他们解决了当前的挑战，还改变了他们的认知模式，培养了组织的敏捷性和应变能力。团队和组织因为学习的心态而变得更加强大。

35

放弃确定性

戴维·克劳特巴克[1]（David Clutterbuck）

本案例是几个案例的综合。

造成当前全球领导力危机的原因之一是，在动荡和不确定的时代，人们和组织都在寻求能够提供确定性的领导者。但这是有代价的。因为如果只有一种方法是正确的，那么其他所有方法必然都是错误的。这样导致的结果可能包括独裁行为、敢于提出不同意见的人被边缘化，以及观点两极分化——通常，面对带有压迫性的确定性，最简单的"解药"往往是另一种对"真理"同样不妥协的观点。

我所教练的领导者，绝大多数都能认识到过度确定性的危险。尽管他们可能不熟悉"简约复杂性"[2]（将复杂问题简单化但不简化的艺术）一词，但他们本能地认识到，在复杂的适应性环境中，简化的观点和解决方案是行不通的。

一位中型跨国企业的CEO（我们姑且称她为珍妮丝）就是如此。然而，她面临的问题是，不确定因素太多，她很难做出决策。更糟糕的是，当她克服了"不知道"的心理，为其高层团队任命了两个关键人物后，现在却又对这两个人是不是合适的人选产生了严重的怀疑。她当时与高层团队其他成员协商后做出的判断被公司运营环境的变化所取代。她现在认为，与其看重技术专长和业绩，不如看重灵活性和学习潜力。在来自内部和外部的压力下，她需要证明自己能够掌控大

1　戴维·克劳特巴克是教练和指导领域的先驱之一，也EMCC的创始人之一。他著有70多本书，包括第一本关于教练文化和团队教练的循证书籍。他还是4所商学院的客座教授。
2　简约复杂性：这是沃尔特·戈德史密斯（Walter Goldsmith）与作者在20世纪90年代对高绩效公司的研究中提出来的。

局，她对自己的决策能力越来越没有信心，以至于在几项需要做出重大决策，以恢复企业的目标感和方向感的事务上，她总是一拖再拖。在我们的谈话中，她还隐约表现出了"冒名顶替综合征"——这位曾经信心十足的高管现在开始怀疑自己是否适合担任这个角色。

正是在这样的情况下，教练往往变成了辅导（Mentoring）。许多未经证实的教练文献可能会暗示辅导是一种指令性的活动，但事实并非如此。对辅导最好的诠释是运用自己的智慧，帮助客户发掘其自身的智慧。辅导者利用自己对更广泛环境的了解——在本案例中，即复杂、适应性系统的动态——提供不同的视角，帮助客户进行不同的思考。他们还可以打比方，帮助客户找到新的视角。例如，用阿特拉斯（Atlas）和赫拉克勒斯（Hercules）的传说作比喻，让珍妮丝会心一笑，帮助她重新认识自己的创造力和解决问题的能力。赫拉克勒斯的 12 项任务之一需要阿特拉斯帮助他完成，而在此期间，他替阿特拉斯支撑世界。当阿特拉斯回来时，拒绝再次接过重任。赫拉克勒斯于是就让阿特拉斯暂时托起世界，装作自己要垫上垫肩以减轻不适。当然，赫拉克勒斯现在让阿特拉斯重新将世界扛在了自己肩上，而他却逃脱了。

珍妮丝如何才能摆脱肩上的"世界"重担？她可以一走了之，任由世界陷落，但她很快就否定了这种可能性。她可以分担重担，但和谁分担呢？第一种可能是她的团队。她意识到自己继承并延续了一种期望CEO承担所有责任、提供所有答案的体系。我们一起探讨了她对这种领导模式的信念，并研究了循证派文献中有关个人和集体领导力的内容，以提供背景资料。我们逐渐发现，她允许在自己身边发展起来的领导力系统正在放大她所有的负面情绪，阻碍了她获得所需的支持。这时出现了一个根本性教练问题："在个人和集体的层面上，你需要与团队进行什么样的对话？"

珍妮丝很快意识到，在努力成为团队期望的领导者的过程中，她只需更多地展示自己的脆弱。而看似自相矛盾的是，选择对团队成员展现脆弱正是解决办法的重要组成部分。团队需要她提供的不是"正确"的答案，而是一个框架，有了这个框架，他们就可以集思广益，更加自信地面对不可预测的变化。

已故的伟大理论物理学家理查德·费曼（Richard Feynman）曾经强有力地

指出，我们应该把怀疑看得比正确更重要。"如何拥抱不确定性并使之成为一种力量？"这个问题使珍妮丝陷入了沉思。她回答说："我不知道。""如果你这样问你的团队，你觉得会发生什么？""我不知道，但我会去尝试的。"

当然，由珍妮丝及其团队组成的系统只是这种情况下众多系统中的一个。将类似系统尽可能多地描绘出来有助于珍妮丝构建她所需要的框架，并在此基础上开展对话，使其组织具备更多的灵活性。在这些系统中，有公司与客户之间的系统、公司与竞争对手之间的系统，以及公司内部的各种非正式网络，珍妮丝知道，这些人并不认为自己的意见有被倾听到。

珍妮丝与其团队的谈话产生了多重积极影响。首先，他们响应了她共同分担重担的需求。当珍妮丝分享其孤独感时，他们每个人都表示有同样的感受。其次，两个"不合群的人"其中一个提出了问题："如果公司正在经历这样的动荡和不确定性，那么我们的竞争对手又在发生什么呢？这难道不是一个抢占先机的好时候吗？"

根据自己对系统的进一步了解，珍妮丝还在教练会面中提出了一些其他问题，她认为这些问题很有启发性，可以帮助团队进行协作思考。这些问题包括：

- "如果我们问客户，像我们这样的公司应该做些什么来支持处于动荡中的您，他们会怎么说？"
- "我们的竞争对手现在最不希望我们做什么？"
- "对于面临的所有不确定性，我们的关键假设是什么？如果这些假设是错误的……"

正如她在随后的一次教练会面中所分享的那样："我突然意识到，我们真正需要的是更多——而不是更少——的不确定性。我们一直在地面上打桩，好让自己有一些掌控感，但当地面不断移动时，这就行不通了。放弃对这些锚点的需求，哪怕是暂时的，也能让我们向自己和利益相关者提出不同的问题，创造不同的可能性。一开始我遭到了很多人的反对，但我请求他们相信我，他们也的确这样做了。结果，我们做出了一个重大转变，即更多地从客户需要什么的角度而不是从我们想卖给他们什么的角度来定义自己的业务。"

在这次会面中，我们讨论了她如何巩固和加强集体责任的问题。几年前，我曾对有关复杂环境中优秀领导者特质的文献进行过分析，并发现了四个共同的特质：

- 同理心——既关心企业目标，也关心受企业目标影响的人。
- 好奇心——对人和系统都真正感兴趣。
- 勇气——愿意挑战他人和自己。
- 联系——看到并重视人与系统之间的联系。

珍妮丝了解这些特质，以及它们与成为一名真正的领导者之间的关系。在不确定性的背景下再次审视这些特质，让她对如何改变自己的领导风格有了深刻的认识。她为自己制定了规则，其中一条规则是，要有勇气提前做出艰难的决定。这不仅是为了克服拖延症，也是为了腾出资源（包括精神和物质资源），专注于其他更重要的事情。另一条规则是确保在做出这些艰难决定时对受影响的人怀有同理心，并在事情没有成功时对自己和他人更加宽容。她需要一个团队，这个团队能够认同她以身作则的行为和思维模式，并在她没有达到自己的标准时给予她诚实的反馈。

用她的话说："我知道你会问我——我需要和团队进行什么样的对话？我不会告诉他们事情将如何发展……但我会邀请他们和我一起探寻答案。我们是否有勇气、好奇心、魄力，不仅接受业务中的不确定性，而且接受我们自己的不确定性？我并不知道有多少人会和我一起踏上这场冒险之旅，但现在我对此很放心！"

从珍妮丝的经历中学习

请思考以下问题：

- 你周围的人在多大程度上希望你提供确定性？
- 这对你的领导风格有什么影响？
- 在什么情况下确定性是有益的，在什么情况下会阻碍快速变革？
- 面对不确定性，你需要与哪些人进行对话，以提高应变能力？

参考资料

Coined by Walter Goldsmith and me in a 1990s study of high performing companies.

过渡期管理

36

你的第一个100天

阿卜杜拉·阿尔吉夫[1]（Abdallah Aljurf）

威利·琼斯先生（并非其真名）喝了一口热气腾腾的双份浓咖啡（并非其习惯饮品），微笑着对我说："我要离开现在的工作岗位去追寻我的激情了。我想在自己的职业生涯中更进一步，去一家国际咨询公司担任领导职务。你知道我加入这家公司后如何才能取得成功并证明自己吗？"

我微笑着说："也许，你所寻找的一切都在你的内心深处。我的工作就是帮助你发现隐藏在你内心的知识和经验宝藏。我可以帮助你定义成功的意义，找到成功的方法，并在第一个100天里和你一起踏上征程，直到你独立飞翔，像星星一样闪闪发光。"

两个月后，我接到威利的电话，说他下周就要加入新公司了，他不知道该怎么办。他害怕失败，害怕说错话，害怕从第一周开始就被卷入各种事务中。

我告诉他："在新的工作中，第一个100天是最重要的日子，我很乐意作为教练帮助你找到在新公司取得成功的方法。这些优先事项因人而异，取决于你的经验、目标、组织文化、情况的复杂性、你的团队、职能的成熟度、高层的支持及其他许多组织因素。"

我们一起梳理了威利的许多优先事项，其中包括：

- 留下良好的第一印象。

---

[1] 阿卜杜拉·阿尔吉夫是ICF沙特阿拉伯分会的创始人，也是领导力发展书籍《十年十课》（*10 Lessons in 10 Years*）的作者。他是一位热衷于领导力发展和教练的资深企业顾问，同时也是一位专业教练、培训师和演讲家。

- 第一天开始就传递正确的信息。
- 制订并实施前三个月的行动计划。

我们每隔一周见一次面，每当他遇到问题时，我们就通过聊天软件交换信息。对我们俩来说这是一段激动人心的旅程。

他面临着许多挑战，如要为高层管理者修改优先事项，他的一位导师辞职了，入职一个月后他所在的部门与另一个部门合并了，还削减了他的预算，高层管理者决定停止招聘，尽管他原本期望招聘3名新成员。

我们将每项挑战拆分成一个个可以逐一解决的小问题。我们致力于增强他的领导力，发挥他的优势和专长，同时专注于提升学习能力和取得成果。

问题阐述

高管生涯的第一个100天需要你特别关注。在这段时间里，很多关键人物，包括你的利益相关者在内，都在关注你、评价你，形成他们对你的第一印象，验证他们对你的看法。

有很多书籍和参考资料向你展示了在你的第一个100天里应该做什么。

1. 罗伯特·哈格罗夫（Robert Hargrove）的《新高管的第一个100天》（*Your First 100 Days in a New Executive Job*）。

2. 乔治·布雷特（George Bradt）、特姆·A. 恰克（Jayme A. Check）和豪尔赫·E. 佩德拉萨（Jorge E. Pedraza）的《新领导者的100天行动计划》（*The New Leader's 100-Day Action Plan*）。

3. 迈克尔·D. 沃特金斯（Michael D. Watkins）的《最初的90天》（*The First 90 Days*）。

4. 尼亚姆·奥基夫（Niamh O'Keeffe）的《你的首个100天》（*Your First 100 Days*）。

5. 迈克尔·D. 沃特金斯的《胜任》（*Master Your Next Move*）。

这"100天"是你作为成功领导者的成败关键期。有些高管将这段时间视为蜜月期或放松期，在这段时间里，他们只是观察，尝试了解企业文化，看看组织是如何运行的，或者选择一些活动来参加。其他高管可能会被日常事务所牵绊，忘记在日常问题和组织战略之间取得平衡。

另一些高管则更加认真，会制订计划去学习、帮助和改变，想要带来影响。这些人才会在组织中茁壮成长，大放异彩。这就是为什么在这个时期聘请一名高管教练至关重要，这样高管就能在第 100 天结束之前就开始学习、创造成果并有所作为。

建议

1. 找个教练、导师或值得信赖的朋友：市场上有很多高管教练。你可以通过自己的人脉、人力资源部门、LinkedIn、coachfederation 官方网站或在谷歌上快速搜索找到他们。一旦找到了一位简历看起来不错的教练，不妨要求进行一次会面，看看你和未来的教练是否匹配。如果你们不合拍，不要浪费时间和金钱，另找一个你觉得合适的教练吧。无论出于任何原因，如果你不愿意聘请教练，亦可考虑导师或值得信赖的朋友。好的导师应该是有过类似经历并愿意与你分享经验的人。值得信赖的朋友可以帮助你发泄情绪并提出建议。

2. 明确情况：尽快利用一切资源和人脉，厘清新组织的历史、现状和愿景。

3. 以终为始：正如史蒂芬·柯维在《高效能人士的七个习惯》一书中所说。你在组织的服务期结束时希望看到的结果是什么？在你为这家组织工作的第 100 天，你希望看到什么结果？你是否能想象出这个结果？能向他人描述说明吗？能激励他人帮助你实现目标吗？

4. 计划好你的 100 天：计划不重要，重要的是计划的过程。首先要制订一个计划，然后随着时间推移不断对其进行修改、调整和完善。你的计划可以包括许多内容，如你的学习活动、快速取胜的项目、与关键人物沟通、确定你的利益相关者、了解他们的期望等。

5. 评估团队：决定谁将留下，谁必须离开。这一大胆决定宜早不宜迟。对于留下来的人，要决定如何发挥他们的长处、激励他们并帮助其保持参与感。对于要离开的人，想想如何帮他们交接工作或给他们离开团队的选项。

6. 执行计划，每天和每周都要回顾进展情况。

7. 在第 100 天，向你的高层管理人员、直线经理或利益相关者做一次汇报，说明你学到了什么、有哪些成就以及今后的方向。

开篇故事的结尾

威利·琼斯非常努力。他做了97%的工作。我的3%只是作为一个催化剂，以高管教练的身份帮助他思考、整理思绪、挑战假设、打破限制性信念，并做出更好的决策，从而为他节省时间、精力和金钱。

在第一个月，他就能够专注于自己的优先事项，例如：

- 撰写电梯演讲稿。
- 收集有关组织的正确信息。
- 制订学习计划。

此后，他将公司在当地市场的份额提高了12%，与三家新的政府机构签订了协议，并利用当地资源筹备了一次大型活动，吸引了来自世界各地的200多名专业人士参加。

所有这一切，以及其他许多成就，都是在他第一个100天里实现的。在我们的教练项目结束时，我与他进行了一次反思会，他分享了自己的主要学习心得、成就以及来年的计划。我问他有什么重大的观念转变。他笑着说："也许，你所寻找的一切都在你的内心深处。"

实践活动（收获）

在你担任新的行政或领导职务时，问问自己：

1. 聘用我的目的是什么？是什么激励我担任这一职务？他们（董事会或高层管理者）希望我做什么或成为什么样的人？
2. 我怎样才能达到或超过他们的期望？
3. 我的计划是什么？
4. 在第一个100天里，我最大的成就会是什么？
5. 谁能在我的第一个100天里支持我（见表36.1）？

Coach Me

表 36.1　支持者名单

支持来源	姓名
同事	
老板	
团队成员	
教练	
导师	

写下这些问题的所有答案后，请保留一份副本，并每天回顾。

一两周后，你可能会发现，由于新知识、新关系或组织业务的快速变化，你的想法发生了变化。这完全没有问题，你可以随时修改答案，并相应地调整计划。

请记住，计划不重要，重要的是计划的过程！

37

管理升职后的自我怀疑

尼哈尔·查亚[1]（Nihar Chhaya）

我刚走进他的办公室，就感觉出来有些不对劲。当我坐在他对面的座位上时，我的教练客户几乎没有抬头看我一眼。就在几周前，也就是我们上次会面时，他还满心欢喜、充满乐观。但他今天看起来好似完全变了一个人，茫然的眼神中透露着恐惧，颓废的身躯中透露着绝望。

我的客户是一家《财富》50强公司的业务部门总裁，上个月刚刚从副总裁的职位上晋升。作为一名成功的领导者，他此刻所经历的体验使其感到非常困惑和新奇，但作为一名向C级转型的领导者的高管教练，我却一点也不感到意外。

这位高管正遭受着痛苦的自我怀疑，尽管他想担任这个职位已经很久了，但突然不确定自己是否有能力达到别人期望的水平。有时候，对于新工作他感到忧心忡忡，而在另一些时候，他又在怀念上一个职位"轻松"的日子。

作为他的教练，我知道要想避免他在这个备受瞩目的职位上表现欠佳，我们不能仅解决"外在"的挑战，也就是他工作中的业务和战略方面的问题。我们还需要引导他解决"内在"的问题，这些问题是伴随着更高层次的领导力产生的，如焦虑、怀疑和其他自我破坏的倾向，这些往往是新任高管都会遇到的问题。

我温和地对客户说："你可能正在经历一些不舒服的体验，但请放心，其他新晋升的高管也是如此。我们需要帮助你走出自己的困境，这样，无论前方有什

---

[1] 尼哈尔·查亚是一位知名的高管教练，他的客户包括美国航空公司、Cigna、可口可乐、Draft Kings、3M。他曾是《财富》200强企业的人才发展主管，也是CEO继任规划方面的高级顾问。他帮助领导者掌握人际沟通技巧，以取得卓越的业务和战略成果。

么障碍，你都能在这份工作中发挥出最佳水平。"他抬起头，眼中闪过一丝希望的光芒，并请我继续说下去。

新晋升领导者自我怀疑的多种诱因

高管晋升后，领导者会出于不同原因产生自我怀疑。你可能会担心自己的表现不尽如人意，会让公司失望；你也可能会开始拿自己的表现与同层级的新同事进行比较。

我的客户也有这些怀疑，但他最担心的是如何应对这么广泛的职责。他害怕因为对如此广泛职能范围内的工作没有直接控制权而被追究执行问题的责任。他怀疑自己是否有能力做出他人所期望看到的艰难战略决策。

最后，他觉得自己的专业技能比不上团队中那些技术领导者，这让他很没有安全感。他觉得教练和培养那些技术知识比他丰富的员工是一件令人别扭的事情。

更糟糕的是，他现在不得不把自己擅长的事情交给团队去做，以发挥他们的能力，优化工作，而他自己要把时间花在战略和愿景等模糊不清、难以衡量的事情上。

在我们的教练过程中，我提出了以下建议来帮助他减轻这种心理负担。

记住，你的工作是领导你的团队，而不是超越他们。要实现高管层的大规模目标，你必须最大限度地提高团队绩效，而不是专注于个人成就。要认识到，你不必拥有与团队成员相同的专业知识，只要拥有足以提出正确问题的知识就可以，并明确团队的工作如何为部门的愿景和战略做出贡献。

你越尝试与团队成员在技术专长上竞争，就越可能削弱自己作为战略领导者的角色，陷入他们工作的细节中。这样，你可能会削弱他们的能力，降低他们的积极性。更糟糕的是，你的参与可能导致角色不明确，影响团队的最佳表现。

将你的"专业技能"视为与专业、技术关联较小，而更多地与领导他人的艺术相关。你可以自信地指导那些技术比你更专精的人，因为你不是在他们的工作内容上提建议，而是在如何将他们的才能与整体业务愿景对齐上提建议。

此外，当你开始参与更多的战略活动，如会见客户、评估未来情景、在高管层施加影响时，你就会明白，看似模糊的战略工作其实像其他工作一样需要衡量标准。因此，将更多以前要做的工作委派出去很快就会让你感到轻松，而不是后悔，因为你现在可以腾出时间来专注于新的战略优先事项。

认识到怀疑是领导力故事中的重要组成部分。几乎你听过的每个有意义的故事都有一个熟悉的情节：主人公在成为世界期望的他和做真实的自己之间纠结。他在旅途中经历了恐惧、怀疑、愤怒、抵触以及其他许多情绪，直到他完全接纳自己的缺点，并在自己之外找到了"自我"的感觉。

同样，你也在为自己的领导力之旅编织故事，这是一个新的阶段，其中充满了现在可能还不明显的隐性教训。你可能拥有极强的自信心和掌控感，直到有一天你发现自己被工作的复杂性压得喘不过气来，陷入自我怀疑无法自拔。为了应对这种情况，你可能会把怀疑推开，在收到反馈时通过辩解来转移话题，并害怕承担职位角色中不熟悉的方面。

但是，如果你能跳出自我，观察这些倾向何时出现，你就能避免它们给你带来的限制，并为自己创作一个有意义的领导力故事。有了这种洞察力，你就可以问自己："人生的'这一章'在教会我什么？"

从害怕别人会怎么看待你这个角色转变为积极地邀请他们说出他们的看法。你要成为自己人生旅程中的"英雄"，不要把批评或对表现的"考验"看作敌人，而要把它们看作可以帮助你有意识地、自主地领导自己和他人的经验教训，无论实际发生的情况是什么。

通过对所有感觉说"是"的仪式让怀疑"短路"。研究表明，面对过多的选择时，我们会产生决策疲劳，以及从后悔到长期不作为而引发的一系列痛苦的感觉。

升职后经历自我怀疑的领导者会被"如果"所困扰，他们会质疑自己在新职位上做出的选择，甚至质疑导致自己走到今天这一步的过去的人生选择。由于每个潜在的怀疑似乎都比其他更重要，因此领导者很容易陷入无休止的漩涡，这无疑会降低领导者的工作效率。

因此，要在自己的头脑中确定，所有的怀疑都是一样的，无论问题是什么或时机如何。通过接受它们带来的感觉，迅速"消灭"所有引发怀疑的因素，你就能继续前进，而不会挑不同的情绪来吞噬你。对所有情绪说"是"，当恐惧、担忧、尴尬和沮丧出现时，轻轻地与它们坐在一起，就像你在其他时候毫不费力地享受轻松、喜悦、自豪和兴奋的感觉一样。

对怀疑带来的任何感觉说"是"，并不是为了忍受痛苦。这是在训练自己，使自己明白在任何岗位上，领导力成功的关键是适应性而不是完美。你越能从容地适应由你所领导的人以及你的反应性思维带来的不可预测性，你就会越有成效，越有韧性。

我的客户尝试了这些建议，并把它们列成清单放在办公桌上提醒自己。尽管依然会有怀疑难以消除的日子，但他也确实反馈说这些观点让他在沮丧时感到更有希望。

他最认同"领导力成功的关键是适应性而不是完美"这一观点。他把适应性称为"高管的超能力"，并表示他将在创作自己的领导力故事时不断练习这种能力。

我的客户还认识到，时间是他的朋友。他度过的每一天都在证明自己前一天的怀疑又错了。我提醒他，"既来之，则安之"。如果他每天都能抽出时间，把思绪从对过去的懊悔或对未来的担忧中转移开，他可能就会注意到，自己在做的事情正是几天前还怀疑是否能做到的事情。

当你遇到自我怀疑时，不妨试试这个练习：

将你的思绪从未来转移到当下。描述你正在经历的情况，就像你要写一段文字给别人读一样。

然后问自己："如果这种情况是要教给我一些有用的东西，那会是什么？"

写下你的答案，然后回到对未来的想象中：这一次，你的工具包里装着这个有用的教训，它将带给你自信。

记住，不仅是成功，失败也能提高你的适应性和不断学习的超能力。只要不断练习这些能力，你就能持续地成功领导自己和他人。

38

自我领导

帕梅拉·麦克莱恩[1]（Pamela McLean）

领导者也有盲点

以约翰的经验和业绩记录来看，他并不确定自己是否有必要进行教练，然而，其新老板却让他"试一试"，于是他有些不情愿地答应了。约翰最近得到了晋升，担任了一个新的职务，虽然他觉得一切都还算顺利，但老板暗示他需要做出一些调整，才能在这个更大的岗位上取得成功，尽管没有具体说明细节。

约翰和我就在这样的情况下开始了教练工作。在我们的早期对话中，他有些保留，说自己是一个专注于工作、注重结果、能自如地指导他人、不愿意与团队成员建立个人关系的人。他反思自己过去几年的角色，觉得自己注重战术，团队在一个高度明确的结构中工作，这个新角色只是稍微超出了他的舒适区。

在我们开展工作的过程中，约翰同意征求利益相关者的意见，以便让我们了解他人对他的看法，并发现他可以在哪些方面做出调整，使自己在这个新角色中更加得心应手，并让老板满意。访谈结束后，出现了两个主题：每个人都认为约翰聪明能干，对他的评价却是冷漠、傲慢、难以接近——这让其他人很难与他建立关系，感觉不到他的尊重，也感觉不到约翰对他们的观点感兴趣。

当我们回顾结果时，约翰对同事对他的评价感到惊讶。他为同事认可他的能

---

[1] 帕梅拉·麦克莱恩是哈德逊教练学院的CEO和联合创始人，也是一位心理学家和资深教练。她著有多本书籍，包括《生活向前》（LifeForward）、《教练手册》（The Handbook of Coaching）和《自我教练，自我领导》。

力感到欣慰，但他并不希望被视为傲慢或冷漠的人。鉴于团队有一致的看法，他认真对待反馈意见，并更加投入我们的教练工作中。他想深入研究并找出改变这些看法的方法。我们从小处着手，帮助他获得动力，同时深入了解他人眼中的"傲慢因素"——研究其根源和盲点。

领导力中的人性化的一面

随着教练工作的深入，我们探讨了他与团队成员的关系、他对团队成员的要求、他的互动方式以及他如何表现出自己的兴趣和关心。随着我们之间信任的建立，约翰透露，他从未对自己工作中人性化的一面给予过太多关注。而问题恰恰在于，人们之所以会追随领导者，并不是因为他们勤奋和有战略眼光——人们追随领导者，是因为感受到了与领导者的人性连接，他们觉得自己被看到、被了解、被尊重。

约翰的故事与我共事过的其他尽职尽责的领导者的故事相似。他们聪明、勤奋，但往往在领导他人时对人性化的一面关注不够。在当今这个错综复杂、相互关联的世界里，传统的命令和控制规则已经过时，也不再够用。今天，能够茁壮成长的领导者都致力于自身的持续发展，并在所有的互动中注意培养人际交往技能。

"了解自己"是卓越领导力方程式的一部分，另一部分同样重要，那就是了解自己对他人的影响。约翰知道如何利用自己的聪明才智完成任务，但他缺乏自我意识，对周围人如何看待自己视而不见，这阻碍了他的发展。约翰对其团队的直接影响体现在利益相关者的评价中——他的行为打击了团队积极性，缺乏激励，他缺乏自我意识和人际交往技能，这实际上阻碍了他实现目标。作为领导者，他需要加强合作、联系，并愿意为他人创造成长、发展和发挥主观能动性的机会。

领导者需要从自身做起，通过"了解自己"来激励他人追随自己。约翰在这方面投入的时间很少。最初收集的那些利益相关者的反馈为他敲响了警钟，不久之后，约翰开始体会到教练工作的价值，我们到达了一个重要的转折点——一个他感到被尊重并受到挑战，能坦率地审视自己是如何表现的空间。他能够将自己的"命令和控制"风格与其成长岁月联系起来。他笑着回忆起从父亲那里接收到的信息——"只讲事实，不需要感情"。当一个人能够把自己的风格与自己的过去联系起来时，他就会对自己的风格是如何形成的产生理解和同情。这可以在工作中创造一个强大的转折点，促进持久的转变。

通过练习培养新习惯

约翰一旦开始把他以前的故事以及它对自己现在行为方式的影响联系起来，就表明他已经准备好开始练习新的行为了。在培养行为习惯时，从哪里开始始终是一个重要的考虑因素。在我出版的《自我教练，自我领导》（*Self as Coach*, *Self as Leader*）一书中，我概述了领导者内心世界的几个维度，并研究了在关系最大的维度上培养个人能力的做法。在当今这个充满变数和挑战的世界里，对卓越领导力的要求比以往任何时候都要高，要想激励他人追随自己，并取得重要的成果，了解自己的内心世界并致力于持续发展是至关重要的。图38.1展示了一个模型，探讨了一个人内心世界的六个维度，这些维度与领导者及教练型领导者尤为相关。

通过这个模型来审视约翰所面对的领导力挑战，为我们提供了一个有用的视角，帮助他开始做出一些微小的改变，使其变得平易近人、关心他人和富有爱心。

图38.1　个人内心世界的六个维度

Coach Me

任何领导者的内心世界都是由早年在家庭系统和更广泛的文化中的经历自然塑造的。这些经历创造了我们带入成年生活的剧本和故事。约翰发现了自己早期生活带来的影响，这些是教练工作中的重要环节——"只讲事实，不需要感情"。这些早期的剧本驱动了他的外在行为，约翰开始埋解他过去的故事和目前互动方式之间的重要联系。

在工作中，有两个维度与我们的教练工作最为相关，我们开发了加强约翰与别人之间的联系的行为实践。以下是两个维度的简要介绍。

存在感，即领导者在每次谈话中的表现是对领导者身份的证明。约翰自认为是命令式的人，不喜欢参与本可以与他人建立信任关系的谈话。员工认为他冷漠而傲慢。他的存在感一直在传递着一个信息，那就是他对别人不感兴趣，也不愿意与别人交流。在我们教练工作的早期，约翰采取了一个简单的做法，那就是有意识地开始放慢节奏，在每个时刻更多地实践"存在感"，并通过提问来更多地了解他的员工，以扩展自己的影响力。

同理心，即领导者对他人的描述和经历表现出的关心和关注。同理心为团队中的信任和心理安全奠定了基础。卓越的领导者真诚地关心自己的同事，这就为真正的对话和出色的工作创造了条件。约翰希望他的团队取得成功，但他并没有发展出感同身受的沟通能力。之前他错过了很多机会，是因为他没有看到这种必要性，也不相信其重要性。他的老故事——"只讲事实，不需要感情"——一直在影响着他在交流互动中的表现。他增强同理心的第一步，就是首先注意到能够表达自己关心的微小机会。例如，询问项目进展如何以及他如何提供支持就是他开始时的做法。

约翰非常认真地对待自己的工作，尽管在人际关系和士气方面曾付出了一些代价，但他认真的态度最终促使其愿意投资于我们的教练工作，以培养其所需的人际交往技能，从而在新的职位上表现出最佳状态。他愿意寻求反馈并审视其旧有风格的根源，这需要勇气，并为我们深入研究奠定了基础。在合作的过程中，我们能够看到他从最初的犹豫不决到与同事建立信任伙伴关系的转变，这使我们能够探索盲点，设定目标。另外，我们也见证了他在行为方面的转变，这使他能够将关系放在首位，邀请他人合作，并创造更强的信任感和尊重感。

留给读者的思考

培养成为卓越领导者所需的人际交往技能是一段旅程，而不是终点。我们每个人都会把自己最初的经历带到与他人相处的方式中，而重塑我们的人际交往方式以满足当今生活的需要，对每个人来说都是一项既有意义又艰巨的工作。

以下是一些与作为领导者的每个维度相关的思考，供参考。

- 哪些旧故事和剧本可能是你今天某些人际交往的驱动力？
- 你如何有意识地在团队中练习更多的"存在感"？这会对你们产生怎样的积极影响？
- 你以何种方式向团队成员和同事表达你的关心？有什么方法可以让你更经常地这样做？

参考资料

McLean, P. (2019). *Self as coach, self as leader: Developing the best in you to develop the best in others.* Wiley Press.

39

高管转型

吴雁燕[1]

至此者不能至彼。

——马歇尔·戈德史密斯

亚瑟的挑战

亚瑟是一家世界领先的软件和技术解决方案供应商的中国区首席运营官，9个月前他被任命到这个新设立的岗位上，几乎从第一天起这对他就是一种煎熬。这是他入职公司12年以来最困难的时期。他在公司的第一个职位是高级售前工程师，此前最后一个职位是中国售前技术支持部门主管，而售前部门在前一年获得了全球售前奖励。

他的上司，亚洲区首席运营官和中国区总经理，也对亚瑟最近的表现感到不满和诧异。在最初的利益相关者访谈中，他这样向我抱怨："我很失望，因为亚瑟没有像我们期望的那样履行首席运营官的职责。为了避免冲突和取悦众人，他从不做出艰难的决定。销售副总裁的抱怨越来越多，亚瑟手下的高级总监和经理也因为不服从他的领导而流失。我发起这个教练项目作为最后的尝试。如果3个月内没有改善，我们就不得不把他调走。"

---

[1] 吴雁燕是经验丰富的高管教练和团队教练。她拥有30多年的工作经验，对个人、团队和组织发展充满热情，并坚信人是有创造力的、足智多谋的和充满潜力的。

在办公室里，我们可以明显地感受到公司快速发展、积极进取、以结果为导向的氛围。同时，公司由于在关心和培养人才方面的出色投入而被评为最佳雇主。

这是一个典型的内部高管转型案例。亚瑟和我都意识到了紧迫感和严重性。尽管首席运营官的角色和职责尚未完全明确，但他必须将业绩提升到平均水平，并证明老板提拔和培养他的决定是正确的。

问题及我们的计划

大多数人在过渡期的前几个月都会有过山车般的经历。有时学习新事物的兴奋感油然而生，你会感觉自己已经站在了世界之巅。而有时挫折感和不确定性会凸显出来，你又很容易开始怀疑自己。职位越高，你就越受关注，从一开始就"做对"也显得愈加重要。在政界，衡量政治家"前90天"的表现和个人形象已成为司空见惯的事情。在许多方面，当领导者担任新角色时，这也适用。

显然，亚瑟已经错失了理想的时间窗口。他采用了旧的思维方式、工作方式和交往方式，却没有发现努力做出改变的必要性。他以前的个人品牌和形象是负责任、勤奋及遵守规则，这在原来以技术解决方案为中心的售前角色中效果很好。而首席运营官要负责所有非销售职能（售前、售后、销售合规等），这就要求他在支持销售职能和限制销售职能之间慎重取得平衡，并展示出他超越技术视角的战略思维和全局视野。从这个意义上说，马歇尔·戈德史密斯的名言——"至此者不能至彼"——是非常具有启发性的。

出于各种原因，亚瑟急于扭转局面。他不想"丢脸"。更有吸引力的是，我们还一起设想了他未来10年的职业和生活抱负。因此，他希望利用这次机会，稳步迈向理想的未来。

我秉持的理念是"什么时候都不晚"，所以接下来的90天和180天仍然值得期待。我们决定将为期6个月的教练旅程分为三个阶段：（1）在关键利益相关者关系方面取得速赢；（2）将关注点从高级技术领导者转向高级管理人员；（3）提升他的心智和思维能力，从而增强他以更加复杂、系统、战略和相互关联的方式进行思考和采取行动的能力。

Coach Me

旅程和成果

在中国（在其他许多文化背景下可能也是如此），人际关系先于工作任务。职位越高，利益相关者网络的复杂性和动态性就越高。直线经理的不满、同事的抱怨和下属的流失意味着亚瑟低估了建立信任关系在新形势下的重要性，并且未能优先考虑关键关系。

我们从绘制利益相关者地图开始，在地图中，根据相互信任的程度来识别和评价每个群体下的关键人群和团体。然后，我们通过提出反思性问题来深化思考：当前雷达上缺少谁？你需要影响哪些关键参与者？谁有"唾手可得"的可能性？与谁建立关系最具挑战性？谁是可以利用的"连接器"？通过这些步骤，亚瑟确定了他将优先考虑的五个人，他将有意识地努力与这五个人建立关系，并将其作为他快速获胜的努力方向。

第二阶段是把握住关注点的重大转变，令人惊讶的是，很少有领导者（包括亚瑟在内）会注意到这一点。康纳（Connor）和杰瑞（Jerry）在 2012 年发表的《通过学习敏捷性开发人才库》（*Developing the Talent Pool Through Learning Agility*）中指出，从高级技术领导者到高级管理人员的关注点转变可分为四类：

1. 从"帮助他人提升绩效"到"培养其他领导者，助其发挥自己的领导作用"。
2. 从"交付日常实践的出色成果"到"传承并创造显著差异"。
3. 从"领导团队"到"领导利益相关者"。
4. 从"加强领导能力的薄弱环节"到"充分利用潜在优势激发领导力"。

通过评估当前角色所要求的每个类别的重要性以及自己的掌握程度，亚瑟制订了他在未来6个月内的两个领导力关注点转变以及未来90天的相应行动计划。在"领导利益相关者"这一转变的启发下，他还采取了额外的措施，向团队和其他关键利益相关者寻求关于他所期望转变的前瞻性反馈（面向未来的反馈）。毋庸置疑，利益相关者从他的这一步看到了其对真正改变的承诺。

我们的第三个教练阶段针对的是主导能力，它将传统的"由外而内"的领导力发展方法（识别领导者所面临的外部挑战，并确定应对这些挑战所需的能力）

与新出现的"由内而外"的方法（侧重于心理和思维能力）相结合。根据简·洛文格（Jane Loevinger）在 1976 年的最初研究，以及后来比尔·托伯特（Bill Torbert）在 2004 年和比尔·乔伊纳（Bill Joiner）在 2007 年的研究与应用，领导者的进化经历了一系列可识别的纵向发展阶段：机会主义者、外交家、专家、成就者、重新定义者、变革者和炼金术士（由早到晚排列）。

这一系列发展阶段的含义是，在越为靠后的阶段，我们看世界的视角就越宽广，因此，我们能影响和整合的东西也就越多。这让亚瑟大开眼界，也让他看到了自己更长远的发展方向。他现在处于"专家"阶段，这个阶段在他以前的职位上发挥了很好的作用，而现在的首席运营官职位以及日新月异的技术和商业竞争环境要求他升级到"成就者"阶段。

在此基础上，我们运用高压体验、不同观点碰撞和新意义建构三种发展方法，逐步制订他的发展计划。此外，他还养成了一种习惯，即对进步、偶尔的退步、学习收获以及对利益相关者的影响进行深刻的自我反思。

这次教练之旅的阶段性成果令人鼓舞：亚洲区首席运营官在这次教练任务的中期检查会议上给予了积极评价（"亚瑟的进步令人惊叹……"），亚瑟在年终绩效评估中被评为"一般"（本来可能会差到"低于预期"），中国区因出色的团队协作而获得了全球组织奖励。对我而言，额外的收获是亚瑟要求将我们的教练合作关系再延长 6 个月，以继续努力成为一名优秀的"成就者"。

启示和结论

并非所有的高管教练案例都富有成效，能取得成功。我们从亚瑟的案例中总结出三大成功因素：

1. 高管在"推"（由外而内）和"拉"（由内而外）两种因素的驱动下，坚定地承诺做出改变。

2. 教练运用相关理论和精心设计的方法。

3. 高管的自律和勇气，采取实际行动，表现出脆弱的一面，并不断进行深刻反思。

Coach Me

建议你思考的问题

- 作为领导者和高管,我之前的转型有多成功?
- 我从亚瑟的转型案例中学到了什么?
- 在未来5~10年内,我渴望成为什么样的领导者和管理者?为什么?
- 要实现我的愿望,需要进行哪些转变和转型?
- 如何建立我的支持系统?
- 我期望高管教练在我的转型中扮演什么关键角色?

参考资料

Connor and Jerry. (December 2012). Developing the talent pool through learning agility. *Human Resource Management International Digest, 2012* <ISSN: 1358-6297 Reference: 41AC295>.

Goldsmith, Marshall. (2010). *What Got You Here Won't Get You There: How Successful People Become Even More Successful.* United Kingdom, Profile.

Joiner, B., & Josephs, S. (2007). *Leadership agility.* Jossey-Bass A Wiley Imprint, San Francisco, CA.

Loevinger, J. (1976). *Ego development*, Jossey-Bass A Wiley Imprint, San Francisco, CA.

Torbert, B., & Associates (2004). *Action inquiry.*, Berrett-Koehler Publisher, Inc. San Francisco, CA.

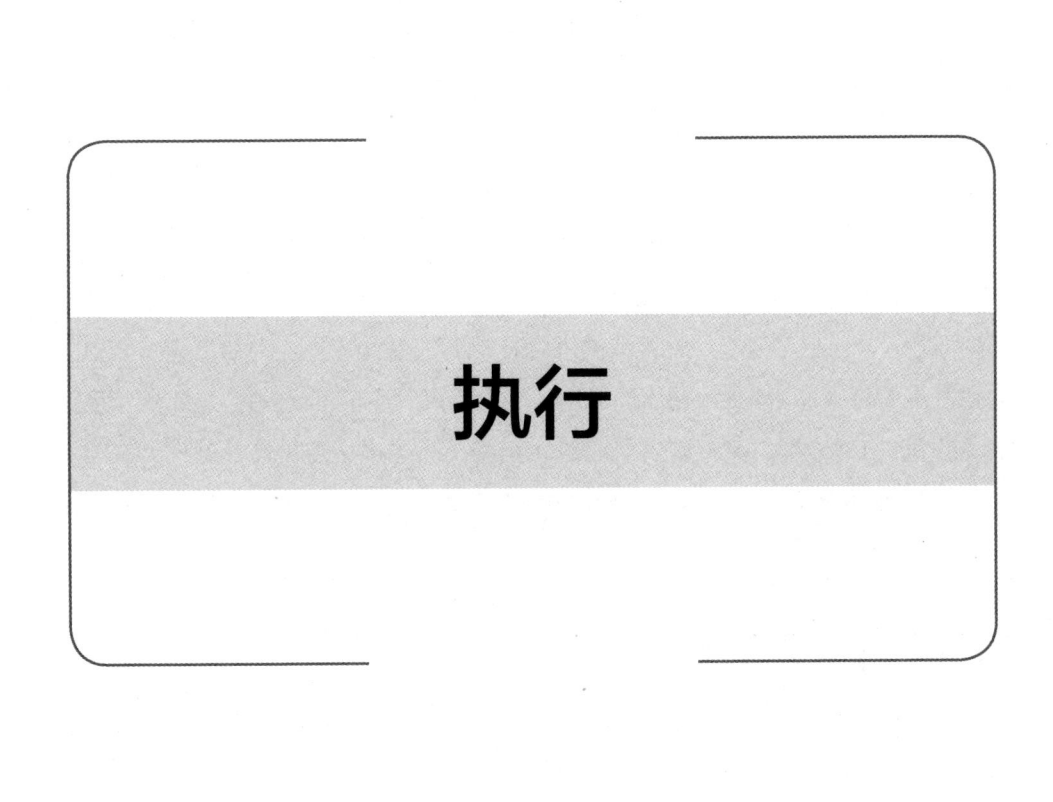

执行

40

目标和主要成果

帕蒂·P. 菲利普斯[1]（Patti P. Phillips）

安迪·格鲁夫（Andy Grove）是一位务实的管理者，他改变了世界。作为英特尔公司的创始人之一，安迪与戈登·摩尔（Gordon Moore）和鲍勃·诺伊斯（Bob Noyce）一起成立了这家成功的计算机芯片制造公司。他还做到了其他大公司高层管理者从未做到的事情，即连续11年为股东们带来超过40%的年度投资回报率。1997年，英特尔公司成立30年后，安迪·格鲁夫被《时代》杂志评为年度最佳经理人。据《时代》杂志称，"安迪是微芯片效能和创新潜力惊人增长的最大功臣"。

关于OKR的定义

安迪成功的秘诀在于他开发了一套名为"目标与关键成果"（Objectives and Key Results，OKR）的系统。彼得·德鲁克提出了"目标管理"这一理念，安迪在此基础上进行了扩展，使英特尔公司的目标设定变得强有力，并具有系统性和透明性。他解释说，OKR包括两部分。第一部分是方向（你想做或想实现的事情）。第二部分是关键成果，即衡量目标是否已经实现，或者表明你在实现这一目标方面所取得进展的标准。这一系统在公司中非常盛行。

在加入风险投资公司凯鹏华盈（Kleiner Perkins）之前，约翰·多尔（John

---

[1] 帕蒂·P. 菲利普斯博士是ROI研究所的CEO，该研究所在投资回报率能力构建、实施支持、网络构建和研究方面处于领先地位。她帮助组织实施投资回报率方法论，提供咨询服务，并在全球范围内举办大型研讨会。帕蒂·P. 菲利普斯是75多本书的作者、合著者或编辑。

Doerr）曾在英特尔公司就职并在安迪手下工作，他推广了OKR系统的应用。这家公司资助了硅谷的许多初创企业，其中就有谷歌。许多硅谷组织都采用了OKR系统。谷歌的联合创始人拉里·佩奇（Larry Page）在为约翰的书所写的序言中表明，谷歌的成功大部分都要归功于早期在约翰·多尔的帮助下开发出来的OKR系统（2018）。

这套OKR系统为任何希望推动绩效并对组织产生影响的领导者创造了一个强大的机会。图40.1显示的是在OKR系统下用一句话描述的只有一个关键成果的目标（也称一句话OKR），而图40.2显示的是在OKR系统下具有多个关键成果的目标。

项目完成之后，应满足以下条件：
- 在下一个日历年将健康状况指数提高5%
- 3年内将学生债务负担减少30%
- 在6个月内，将每月的平均新账户数量从300个增加到350个
- 今年第三季度，员工的加班时间将减少20%
- 将市民投诉从平均每天三起减少到平均每天一起
- 在第四季度将运营费用降低10%
- 在6个月内将每月产品退货率降低15%

图40.1　在OKR系统下只有一个关键成果的目标

目标：提升客户关系管理的市场份额
关键成果：1. 到6月，确保新客户数量每月增长20%
　　　　　2. 在一年内将品牌知名度提高15%
　　　　　3. 将净推荐值（NPS）提高25%
目标：提高关键人才的留存率
关键成果：1. 实施针对门店经理的管理发展计划
　　　　　2. 根据市场数据调整关键人才的薪酬
　　　　　3. 提高参与度得分
目标：改善警察队伍的形象
关键成果：1. 在6个月内将市民对过度使用武力的投诉减少60%
　　　　　2. 培训警察，培养他们的外向型思维
　　　　　3. 审查流程
目标：增加津巴布韦的女性企业家数量
关键成果：1. 女性企业家计划将于2月1日前实施
　　　　　2. 每季度至少批准50笔面向女性的小额贷款
　　　　　3. 每月至少注册40家女性拥有的企业

图40.2　在OKR系统下具有多个关键成果的目标

Coach Me

目标的力量

自20世纪60年代以来，人们对目标的力量进行了大量研究。道格·格雷（Doug Gray）、菲利普斯（Phillips）夫妇以及尼文（Nieven）和拉莫特（Lamorte）等所写的许多书中都对这项研究进行了记录。

图40.3显示了目标的力量，说明目标的明确程度和范围对绩效的影响。虽然没有目标也能实现绩效，但目标越具体，绩效就越好。要求执行者付出额外努力的具体目标会带来最高水平的绩效。

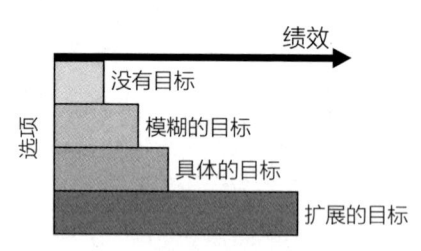

图40.3 目标的力量

例如，领导销售团队的销售经理希望团队向现有客户进行销售并获得新客户。这是销售团队的职责，即使没有目标，也会有销售额和客户。但这还不够，你需要目标。即使模糊的目标也比没有目标更能提高绩效。要提醒团队，我们的目标是提高针对现有客户的销售额、增加新客户、减少产品退货、减少客户投诉。即便在使用这些术语时没有提及精准的目标也会提高绩效，因为销售团队明白你想要前进的方向。

以非常具体的成果设定的目标更为有力，因为它们能推动绩效的提高。例如，你可能希望在9个月内将针对现有客户的销售额提高20%，或者在4个月内每个销售人员每月多争取5个新客户。这种精确性能激励团队不断进步，他们能看到目标的方向，也不会对何时实现目标产生疑问。这是可以保证的。这不是一种看法、信念或观点。这是事实。

具体的目标要求执行者付出更多努力，进而取得更好的绩效。安迪·格鲁夫相信设定扩展的目标会激励团队做得更多。重要的是，不要把这些扩展的目标当作绩效考核的武器。鼓励员工在实现基本目标的基础上进一步挑战自我是一种很好的激励手段，但前提是，即使他们没有实现扩展的目标，也不会有严重的后果。团队成员喜欢挑战自我、追求卓越并取得成果。

目标设定的原则

若使目标的设定做到可行、一致、易懂和有效，就要遵循以下10条重要原则。

1. 确保目标是可衡量的，并代表了最低可接受的绩效水平。OKR中的关键成果部分通常记录在数据系统中，代表已经被跟踪和报告的数据。

2. 考虑设定少而精的目标。过多的目标会造成混乱，并可能导致失败。

3. 邀请专家参与，帮助制定OKR。负责衡量标准制定的个人需要设定目标，但通常需要听取专家的意见。

4. 保持目标与实际情况相关。重要的是，团队中的每个人都要了解自己与目标之间的关系，并能迅速将两者联系起来。

5. 设定扩展的目标，但要确保目标可以实现。扩展的目标可以推动实现卓越的绩效。虽然员工愿意挑战自我，但目标必须是可以实现的。

6. 允许根据条件变化灵活调整。目标是基于团队可行的情况设定的。当条件发生变化或过程中出现一些未知因素时，你必须能够灵活地进行调整。

7. 将失败视为改进流程的机会。错失目标时是学习的大好机会。我们要从每一次失败和错误中学习。

8. 将目标作为取得进步的工具，而不是绩效考核的武器。目标应激励团队实现绩效，而不一定要作为绩效考核过程的一部分。

9. 为实现目标设定时限。

10. 利用目标为整个团队提供实现成功的聚焦点。如果领导者设定了目标，团队就应下定决心，竭尽所能去实现它。

OKR 额外提示：考虑为团队设定不同层级的目标

这里描述的目标通常是针对业务绩效的，也就是影响性数据，通常涉及产出、质量、成本和时间。问题很快就变成"我们如何才能实现这个目标"。这意味着领导者需要引导团队采取具体行动或展现特定行为，而采取具体行动或展现特定行为需要设定目标。如果这些行动或行为对团队来说是新的，那么可能需要学习一些新的内容来实现目标。这可能就转化为团队的学习目标，例如，学习新的行为来完成最初的 OKR。最后，团队必须认为这项工作是相关的、重要的，是他们想要探索的。可以在这个层级上设定目标，即认知层级的目标。

这些是通向最终 OKR 的递进式目标。如图 40.4 所示，在较低层级设定的目标旨在实现更高层级的 OKR 系统下的目标。

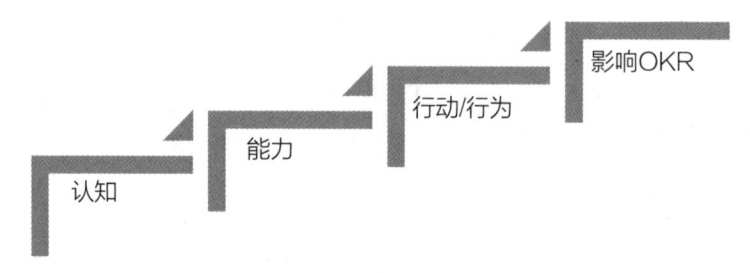

图40.4　通向最终OKR的递进式目标

这些目标共同提供了打造高绩效团队的路线图。它们功能强大，经过验证，对领导者的成功大有裨益。问问谷歌的联合创始人拉里·佩奇就知道了。

参考资料

Doerr, J. (2018). *Measure what matters: How Google, Bono, and the Gates Foundation rocked the world with OKRs*. New York, NY: Portfolio/Penguin Random House Publishing.

Gray, D. (2019). *Objectives and Key Results (OKR) leadership.* Franklin, TN: Gray Publications.

Niven, P. R., & Lamorte, B. (2016). *Objectives and key results: Driving focus, alignment, and engagement with OKRs*. Hoboken, NJ: Wiley.

Phillips, J. J., & Phillips, P. P. (2008). *Beyond learning objectives: Develop measurable objectives that link to the bottom line.* Alexandria, VA: ASTD Press.

41

识别和处理不同类型的问题

南科恩德·卡松德-范登布鲁克[1]（Nankhonde Kasonde-van den Broek）

引言

每家企业都是以解决问题为前提建立起来的，但成功的企业都有一套经过深思熟虑而得出的战略，知道如何有效地处理不同类型的问题。

在过去的 10 年中，我一直在非洲为私营和公共部门的管理团队提供教练服务。通过这些经历，我有机会了解到在有效履行高管职责时所面临的一系列挑战。我反复遇到的挑战之一是及时做出决策的能力。这首先要了解亟待解决的问题，以便采取正确的行动方案。然而，对"问题"的定义会受到利益相关者观点的影响。我们每个人对同一问题都有不同的看法，这取决于我们用来对现实做出判断的心智模式。

了解问题类型

认识到存在问题是解决问题的第一步，了解问题的类型应该是第二步。对组织问题的理解会对解决方案的设计产生积极或消极的影响，进而影响结果。根据里特尔（Rittel）和韦伯（Weber）的观点，问题有两种类型。"普通问题"是一种可以管理的情境问题，能够通过已知的步骤或行动加以解决，通常需要遵循经

---

[1] 南科恩德·卡松德-范登布鲁克是一位高管教练、组织变革架构师和企业家。她拥有20多年为跨国公司、国际组织和政府提供支持的经验。她在设计和领导多个领域的大规模变革方面拥有丰富的经验，是一位卓有成效的专业人士。

Coach Me

过验证的程序。另一种"棘手问题"则没有先例，解决起来更加复杂。它需要领导力，因为问题的背景中有一些内在的复杂性，而这些复杂性在每次尝试解决问题时都会显现出来。在后面的内容中，我将通过两个客户的教练经历来说明这两种问题类型。当回顾这些经历时，我邀请你思考几个问题：

1. 谁是问题的利益相关者？
2. 利益相关者如何看待问题（普通还是棘手）？
3. 他们是否能够根据问题的类型调整自己的方法？
4. 利益相关者在哪些方面做得好？
5. 你认为利益相关者在哪些方面可以做得更好？

识别问题

在教练一家领先建筑公司的高管时，这种挑战就出现了。这位名叫查尔斯的CEO正为一起死亡事故所引发的状况而苦恼。尽管关键绩效指标是零死亡，但事故还是发生了。由于该公司在健康和安全方面处于行业领先地位，查尔斯认为问题出在领导力上，并指示高管团队提高中层管理人员在健康和安全方面的领导力。我所在的公司制订并实施了一项领导力发展计划。然而，在计划实施过程中，我们发现问题其实是"棘手问题"，因而解决方案也变得不那么确定。

从与中层管理人员进行的教练会面中获得的信息显示，中高层管理人员之间以及同级之间缺乏信任。很明显，员工原则上认为健康和安全是优先事项，但出于恐惧，加强健康和安全的措施没有得到很好的执行。造成这种恐惧的部分原因是国家和组织文化中对等级制度的重视，这阻碍了开诚布公的交流，进而阻碍了警示信号的提出，即使在危急关头。

当了解了问题的本质后，我们就能够重新定义问题。有了这些信息，我们就需要一种新的方法来继续前进。高管团队一直关注的是现状，而不是整体背景。

在另一个例子中，一家领先的金融机构委托我们公司实施一项计划，帮助发展和落实集团的价值观。在成功进入市场 5 年后，CEO拉尔夫和其他高管团队成员认为有必要将重点从财务目标转移到人员和流程上。他们必须找出实现这一转变的最佳方法。更具体地说，由于业务正从初创期向成熟期过渡，他们认为需要增强员工的主人翁意识和对结果的责任感，以继续发展业务。

人力资源团队认为这是一个"棘手问题"，因为它被定义为与组织文化相关。他们希望我们公司与整个组织的利益相关者合作，讨论一组预先确定的员工价值观问题，并提出与该国国情相关的本地化解读。

然而，风险管理主管约翰对问题的定义却有所不同。他认为这是一个"普通问题"，并提出需要培养特定的领导力。随着问题的重新定义，我们需要一种新的方法。

影响问题理解的因素

在这两个案例中，决策者都对他们所认为的问题做出了回应。在查尔斯的案例中，死亡事故被认为是个体未能有效执行健康与安全程序造成的。查尔斯最终意识到，这起死亡事故更多反映的是公司的人际关系状况，因此，定义为"棘手问题"会更好。

就金融机构的案例而言，决策者（人力资源部门对风险管理部门）对问题的表述产生了争议。在这种情况下，文化背景影响了对价值观的解释。CEO拉尔夫能够识别问题的复杂性，并采用了人力资源部门提出的问题定义和方法。他认为这个问题属于"棘手问题"，需要根据取得的进展进行审查。

如何识别你遇到的是"普通问题"还是"棘手问题"

"普通问题"通常是技术性或事务性问题，之所以会出现是因为业务流程中的故障或漏洞。因此，"普通问题"的解决方案可以是重新设计业务流程或制定新的标准操作程序。这些变革通常会带来效率、质量或效益的提高，并且这些都是可以衡量的。作为领导者，你也可以鼓励团队成员在解决问题的过程中进行创新。

"棘手问题"往往是因为几个不同的层面出现故障。其关键标志之一是是否存在行为或关系问题。这一点更深刻地反映了问题背后的背景和文化。"棘手问题"的核心在于有机会进行具有变革性质的行为改变。

对于"棘手问题"，重要的一点是领导者必须把问题还给有问题的人，并与他们一起解决。这需要不断协商，尝试不同的建议，以取得进展。它没有一个明确的解决时间点。这是因为在大多数情况下它都涉及行为改变，而行为改变需要时间。

一般来说，"普通问题"可以管理，而"棘手问题"则需要领导力。在这两种情况下，领导者所面临的挑战并不是缺乏能力，而是要有开放的心态和足够的勇气，向利益相关者提出更多有关问题的问题。

最后的思考

本文探讨了正确定义问题的重要性，以及不选择正确方法的后果。我同意格林特（Grint）的观点，即领导者会根据问题呈现的说服力来选择方法。在等级森严的组织文化中，这可能会产生误导，并使组织付出高昂的代价，因为没有人愿意质疑问题的框架。

无论遇到什么情况，考虑其背景对于恰当地解决问题都是非常重要的。有时，高管并不能像他们所希望或需要的那样贴近实际情况。虽然我没有深入探讨决策者的个性和方法选择之间的联系，但我并不否认两者之间的这种联系。在本文中，我希望提醒大家注意，具备理解不同类型问题的能力有助于提高领导者的工作效率。选择错误的方法来解决问题会给所有相关人员带来压力。一些领导者的自负会导致他们继续沿着错误的道路走下去，而不是承认失败并对问题做出适当的回应。我们都能找到这样做所带来的后果的例子。

参考资料

Bolman, L. G., & Deal, T. E. (2008). *Reframing organizations: Artistry, choice, and leadership* (4th ed.). Jossey-Bass.

Grint, K (2005) Problems, problems, problems: The social construction of 'leadership'. *Human Relations* 58(11): 1467–1494.

Heifetz, R. A., Linsky, M., & Grashow, A. (2009). *The practice of adaptive leadership: Tools and tactics for changing your organization and the world.* Harvard Business Press.

Rittel, H. W. J., & Webber, M. M. (1973). Dilemmas in a general theory of planning. *Policy Sciences,* 4, 155–169. Elsevier scientific publishing company.

42

领导者的勇气造就团队的成功

奥列格·科诺瓦洛夫[1]（Oleg Konovalov）

我给一家中型软件公司的高管进行领导力和企业文化培训，项目进行到一半时，我意识到有些不对劲，并且这种感觉在之后的每一次团队教练时都变得愈加明显。

就好像一支资金雄厚的足球队害怕赢球一样。这样的团队害怕自己胜过害怕任何可能改变现状的事情。

"那些大人物应该不会关注我们""我们的产品虽然出色，但还没有到庆祝的时候""这超出了我们的能力范围"，类似的想法比比皆是。"我们还没有准备好实现大目标"——这是一位高级副总裁的惊人之语。

我去找一位CEO沟通，他似乎是这种恐惧的主要来源，他说："我们不应该冒险，要顺其自然地成长。"结果，公司没有充分发挥其潜力。他们甚至不敢考虑制定一个强有力的愿景来推动公司走向成功。缺乏勇气限制了其发展。

改变游戏规则的勇气

改变世界的创意来自大胆勇敢的思想者们。那些跳出舒适区思考问题的远见卓识者，用创造性的解决方案颠覆了世界。想一想，面对下一个来自员工或同

---

[1] 奥列格·科诺瓦洛夫博士是一位全球思想领袖、作家、商业教育家、顾问和高管教练。他被评为全球领导力领域八大顶尖专家之一，并入围了2021年Thinkers 50候选人名单。他被Thinkers 360评为全球文化思想领袖第一名。

事的大胆想法，而这个想法可能会改变现状，更好地服务于你的客户，你会如何回应？

发展业务就需要有新发现，领导者必须成为新的有效业务解决方案的探索者。这就要求他们比保守谨慎的前任更大胆。他们每天都要面对新的、棘手的问题，而这些新问题需要来自适应性强、果断的思想者们的全新解决方案。

勇敢思考对于创建一个强大而鲜明的愿景至关重要。每一段漫长、艰难和未知的旅程都始于一个勇敢的决定。与任何探索过程一样，创建愿景也需要勇气。简单地说，勇气是那些努力创建和执行伟大愿景的人所必须具备的特质。

勇气会传染。我们在推进愿景时表现出的勇气越强大，就越能激励他人加入我们的行列。领导者的勇气会鼓励组织中的其他人参与进来。

恐惧也会传染。恐惧的领导者会给员工带来恐惧和疑虑，从而使公司环境变得胆怯、僵化和过时。

勇气可以带来参与感与相互间的鼓励。领导者个人的勇气固然重要，但团队的勇气对于确保成功更为重要。领导者不可能比团队走得更远。受到激励的团队不需要督促或者拖拽，只需要朝着正确的方向推一把。鼓舞人心的能力价值连城。激发他人投入的很大一部分就是要挑战人们内心的疑虑，帮助他们打破认知界限。所有伟大的领导者都会表现出这种行为。

勇气是一种可以培养的技能

事实上，每个人都会感到恐惧。恐惧会阻碍人们通过提高自身能力来做出关键决策。这是人类的正常反应。

温斯顿·丘吉尔（Winston Churchill）曾经说过："恐惧是一种反应，而勇气是一种决定。"勇气是一种有助于克服恐惧的技能，是可以培养的。它取决于我们每天如何生活，如何准备好应对不寻常或似乎超出我们控制范围的事情。一旦你将恐惧转化为勇气，即使面对最困难的任务，你的知识和经验也能够为你提供解决方案。只有你自己才能决定恐惧是否控制了你。

回到上面提到的培训项目，我看到了一个机会，可以帮助客户的高管培养勇敢思考这一领导技能。

打破舒适区思维的"茧"绝非易事。这个"茧"所依靠的是一种思考习惯，即把弱点和恐惧隐藏在各种借口——"周遭的环境和习惯""可能的负面舆论""此前从未做过"等——背后。更不用说无数的"如果""但是""然而"了。

关键是要引导他们走出自我怀疑的误区，向其展示勇气是一种可以利用自身经验培养的技能。勇气不是通过书本教授的，只能通过实际经验和大胆质疑自己的极限才能培养出来。在这里，我懂得了分享自己的经验对于鼓励他人是至关重要的。

领导者需要有人与他们分享真实的、可传授的经验以实现成长。我个人在勇敢思考和行动方面的经验，对我通过亲身示范来教练领导者们具有重要价值。人们需要教练的真实经验来获得信心，相信一切皆有可能。

我曾在波涛汹涌的大海中捕鱼，也曾在一艘小拖网渔船上面对狂风暴雨，这些经历让我对勇气有所了解。起初，你会在起伏的风浪中感到不适，害怕无法控制局面。然后，你会逐渐适应并学会如何在如此恶劣的环境下管理自己并知道最好的做法是什么。到了一定程度之后，你会喜欢甚至期待暴风雨的到来。

勇气是一种可以培养的技能。我不建议你为了培养这种技能，每天都跳进冰冷的水中或做一些冒险的事情。相反，我想请你换个角度看问题。勇气是在面对未知、巨大和复杂的事物时大胆地行动和思考。在这种情况下，一个人不是与别人竞争，而是与自己的恐惧竞争。

在实践中，我邀请客户尽可能经常地回答三个简单的问题：

- 是什么扰乱了你思考和实现愿景的进程？
- 你是如何应对这种干扰的？
- 在过去的两周里，你成功战胜或显著减少了哪些恐惧？

勇气带来高回报

三个月后，我与这位客户见面，并问了他三个问题——作为一名领导者，勇敢思考给你带来了哪些改变？突破舒适区思维的难度有多大？它对你的员工产生了什么影响？

这位客户承认结果出乎意料的好——"突破自己的边界让我变得更加强大，

有能力带领他人和自己取得成功。我的团队在项目过程中非常信任我。他们表达了最高程度的信任，认为我们在一起可以实现任何目标，毋庸置疑"。

他继续说："我们作为一个强大团队的感觉在日益增强。我们现在几乎每天都能产生新的想法，这些想法为我们的软件带来了全新的有价值的功能。我们最近签订了一份在以前只能是梦想的合同。我们从内部开始成长。作为这家企业的领导者，我感受到了积极、自信，以及人们渴望探索更多的热情。最重要的是，我们为自己设定了愿景，并正在努力创建我们的长期愿景。"

勇敢思考有助于领导者发展员工和业务。这对他们的团队至关重要，可以帮助人们成长并成为探索者。

以下有四个实用的建议供参考：

- 一个人若想增强勇气，可以向自己提出大胆的问题，寻找超越自身恐惧和惯常思维习惯的答案。只有挑战自我，你才能成为变革的催化剂，成为具有开创性眼光的人。缺乏勇气最终只会导致职业和个人危机。
- 如果我们有足够的勇气承认错误，并有强烈的意愿想要变得更好，就总是会有时间改正错误。
- 每个成功的领导者背后都有一个好的导师或教练，帮助他提高能力。好的导师或教练可以帮助人们勇敢思考，从而实现个人和职业的卓越发展。
- 贪图精神上的安逸会阻碍变革，阻碍个人和职业发展。安逸是摧毁一个人意志的沼泽。这是一种很难战胜的力量。它总是提出新的借口和理由，让你不去实现自己的愿景。在实践中，许多领导者认为"我做得已经够好了，不需要做得更好"，甚至没有尝试离开自己的舒适区。这会导致短期思维，最终会毁掉他们之前所取得的一切成就。

43

暂停以求进步

比尔·卡里尔[1]（Bill Carrier）

"你打过高尔夫球吗？"我问客户，"或者看过别人打吗？"

他点点头："当然。"他是一家《财富》100强公司中一个市值10亿美元的部门的负责人。当时我们正在教练会面中一起喝咖啡。虽然他是一位明星员工，但和许多高管一样，他已经精疲力竭。压力和工作给他带来了不利影响——在他看来，要做的事情实在太多了。而且，现在除了手头上要做的所有事情，公司又刚刚宣布了一项重大的战略调整。

"发球台上会发生什么？"我继续问。

"嗯……你把球放在发球台上，调整一下状态，然后挥杆。"他一边回答，一边有点不确定地看着我。

我点点头："那有没有人把球放在发球台上，然后退后60米左右，冲刺到发球台前，一边跑一边拼命挥杆，然后在球飞起来的时候追着球跑？"

我的客户看着我，好像我是疯子一样。

"然后，当他们追上球时，会不会一边全力冲刺一边试图击球，而且基本上整个回合都是这样打的？"

"当然不会！"我的客户笑着说。我们都笑了。

---

[1] 比尔·卡里尔是卡里尔领导力教练公司（Carrier Leadership Coaching, Inc.）的总裁、高管教练，专为有影响力的CEO和高级管理人员服务。他是马歇尔·戈德史密斯百名教练计划（该计划面向世界顶级领导力专业人士）的执行董事、《教练的未来》（*The Future of Coaching*）杂志的联合创始人、国际扶轮社巴西大使奖学金获得者。

"为什么不呢？"我问道。

"嗯，因为那样你根本控制不了球，所以成绩会很糟糕。可能第一洞还没打完，你就精疲力竭了——前提是如果你还能打完的话！可能到了第一个果岭你就心脏病发作了。"

我点点头，我们都笑了。

"那你为什么要这样工作呢？"我问。

他不由得缩了一下，然后愣住了，脸颊微微泛红，意识到这次谈话的主题不仅仅是高尔夫球。

"你真的在用最有可能获胜的方式打球吗？"我继续问，"你享受其中吗？"他停顿了一会儿，说："不，我不喜欢。但有什么办法呢？"

我笑着说："你已经意识到了。那我们来谈谈吧。"

当今世界的许多领导者，特别是CEO，从一个会议跑到另一个会议，就像高尔夫球手在发球台上冲刺一样。这种速度有时会让人感到兴奋，尤其是在利润和各项数据都不错的时候，但这样做也会带来相应的后果。

由于他们每天都忙忙碌碌，几乎只关注业务问题，因此忽略了战略思考和决策制定。这会带来长期的负面影响。他们在会议之间不停地穿梭，因此往往会将在上一次会议上产生的挫折感带到下一次会议上，从而导致判断力下降、效率降低。

对于许多CEO来说，他们感觉不仅时间不够用，而且生存似乎也岌岌可危，好像没有办法停下来。解决办法其实很简单。不要停下来……而是暂停一下。

再想想高尔夫球的例子。最成功的职业高尔夫球手是怎么做的？在开球、铁杆击球前，尤其是推杆前，他们会暂停一下。如果他们对前一杆感到沮丧，就会花一点时间来释放负能量。在准备新的一杆时，他们也会花一点时间思考自己的策略、地形、地形对结果的影响，以及自己的状态是否恰到好处。他们会去留意自己握杆时的紧张程度，并花时间进行调整，修正任何不妥之处。"暂停"是他们通往胜利之路的关键一环。

有越来越多的研究可以表明"暂停"在学习和表现中的价值。事实上，最近发表的一篇论文指出，仅仅选择"暂停"就可以提高绩效——很可能是通过加

43　暂停以求进步

强自我调节实现的——而且在高压力情况下"暂停"明显降低了认知负荷。长期以来，军事指挥官一直使用"战术暂停"——行动中的短暂中断——来澄清作战形势。

我曾帮助公司CEO和高层领导者实施过一种类似的技术，我称之为"暂停以求进步"。这是在行动中短暂而有目的的休息，可以帮助他们减压，并重新定位自己的目标、商业环境和个人的执行力状态。

"暂停以求进步"可能让人觉得有违直觉，但它有助于提高领导力和商业成果，因为它可以减轻无效压力，提高行动的力量和效率。它为领导者提供了一个时刻，使其更能够以"出色服务于自身及其所领导的团队"这样的意图来塑造未来。

暂停不是停止。它不是以行动换取无休止的战略规划，也不是把事情从"做"转为等待他人去做。

停止意味着需要重新积累动力，这会耗费你有限的精力。而暂停则可以保存你的动力。当暂停结束时，你会以同样甚至更大的动力继续前进，而且心态也会变得更好。

在我与CEO和高级领导者客户的每一次教练会面中，我们都会从简短的"暂停以求进步"对话开始。在这个过程中，我们会帮助领导者从运营思维中走出来，进入战略思维。

通常，该方法会帮助他们认识到某个问题其实并不重要，因此烦恼也随之烟消云散。其他时候，问题会得到更多关注，因其对全局的真正重要性被看到了。

这种短暂而有力的"暂停以求进步"能帮助领导者减轻压力并重新调整方向。这样一来，我们就能更好地关注公司和领导者面前最重要的问题与机遇。

以下是我目睹客户通过简单的"暂停以求进步"取得成就的一些例子：

- 一家 SaaS（软件即服务）公司的CEO，精力十分旺盛，经常发号施令。他决定加大力度发展自己在授权和培养直接下属方面的能力。除了其他安排，我们还达成了一致，他会利用暂停时间提出问题，而不是提供建议。这种做法带来了信任感和自主性的增强，促成了公司两位数的增长和一次令人瞩目的九位数收购。

- 一位高级领导者在我们开始教练之前，每天晚上都工作到很晚，甚至到了倦怠的程度。一年后，当我们完成合作时，他的工作时间减少了，压力减轻了，影响力比以前更大了。他的公司业绩增长了，团队规模扩大了三倍，在组织中承担的责任也增加了八倍。
- 一家大型企业的高级领导者开始采用"暂停以求进步"来创建每周的优先事项清单。结果，在短短 18 个月内，对优先事项的关注就帮助该企业增加了 7000 多万美元的收入。

几个月后，我和客户再次外出喝咖啡。"比尔，我得告诉你，这几个月过得真是精彩。我有更多的时间进行战略思考。CEO公开表扬我们部门。公司的其他部门也在采用我和你一起创建的领导力发展方法。"他摇摇头，笑着说，"我从没想过这种方法能够奏效——但你真的可以事半功倍！'暂停以求进步'真的很有效。"

我笑了。"我们在这里暂停一下，再去喝杯咖啡吧。"

怎样才能确保"暂停以求进步"更有效地指导你的工作？这里有两个步骤：

第一步，暂停你的计划：减压。

什么时候暂停计划对你最有利？请记住，这是行动中的短暂休息，目的是减压，为重要的事情重新定位。对许多领导者来说，可以将会议开始的前几分钟看作凝聚团队的最佳时机。此外，对于他们而言，持续反思一天、一周、一月和一年中最重要的事情，也能创造持久的价值。

第二步，规划你的暂停：重新定位。

当使用"暂停以求进步"时你需要做什么？根据暂停情况及其目的的不同，"暂停以求进步"可能非常简单易懂（例如，在会议开始时闲聊几句，让大家放松一下）；也可能非常复杂，需要书面提醒和核对清单（例如，每周为制定规划安排固定时间）。

几乎所有的暂停都需要注意我在高尔夫球比喻中提到的事项：

- 你打球的目的是什么？换句话说，你所参与的活动、会议或行动的目的是什么？当你清楚地记得你的目的时，你就更有可能实现它。

- 地形如何？换句话说，与你的预期或你刚刚在其他地方的经历相比，当前的环境如何？当你注意到眼前的现实时，你就能更好地抓住机遇、应对挑战。
- 你打球的状态如何？换句话说，在目前参与的行动中，你全身心投入了多少？你的个人执行力如何？当你能够全身心地投入工作，而不是反复回味之前的会议内容或担忧未来时，你就能更快、更有效地完成更多的工作，而且不需要返工。

44

工作与生活的平衡并不存在

布赖恩·昂德希尔[1]（Brian Underhill）

当时关于新冠疫情在全球范围内传播的报道越来越多，我和我的新客户——一家硅谷科技公司的工程副总裁坐在当地的一家咖啡馆会面。我们今天的目的是回顾我从他的老板、同事和直接下属那里收集到的反馈意见。

"好吧，阿伦，"我说，"看起来你的突出优势可能也是你最需要改善的方面。与你共事的每个人都说'他主动承担一切，能够完成任务，执行力极强，让一切成为现实，让火车准时运行'"。我接着说："还有……"

"但是……"他插了一句。

"还有……"我开玩笑地反驳道："阿伦承担了太多的工作，几乎到了不睡觉的程度。无论你什么时间给他发消息，他都会回复。他每天都工作16~18小时，不委派他人，凡事亲力亲为。这种情况是无法持续的。我们担心他的健康。"我又说道："你的老板甚至开玩笑说，如果你离开公司，他需要聘用两三个人来代替你！"

当我们结束谈话，朝停车的地方走过去时，他谈到了自己的家庭是第一优先事项，还问在他的反馈意见中是否出现了"致命缺陷"。我非常温和地指出，如果家庭真是他的第一优先事项，那么他现在的状态并没有体现出这一点。他的反馈意见中并没有真正的"致命缺陷"——除了这一点。

---

[1] 布赖恩·昂德希尔是全球最大的专业高管教练服务提供商CoachSource的创始人兼CEO。他是业界公认的思想领袖、国际主题演讲家和作家。布赖恩的高管教练工作将重点放在帮助领导者在领导行为方面实现积极的、可衡量的、长期的改变上。

作为高管教练，我们经常与高绩效、高成就的领导者共事。他们经常比任何人都更努力地工作，付出的时间往往超出人们的想象。这些对于高管来说可以算典型现象。他们之所以能取得今天的成就，部分原因就在于其奉献和努力。然而，阿伦却将这一点提升到了一个全新的高度——他所付出的时间（补充一点，他确实对此乐此不疲）超过了我25年来教练过的数百位领导者中的任何一位。

隔离开始后，我们转而开始了视频电话。他对自己的情况进行了说明："我从初中开始就这样了。我的父亲（已故）是我的榜样。他勤奋工作，无私奉献，从照顾每个人中获得满足感。我希望自己至少能有他一半的无私。"

然而，我们正面临一场"完美风暴[1]"的挑战，这将对他产生不利影响：（1）这种因疫情而在家工作的方式意味着他可能要比过去工作更长时间；（2）他的家人已计划搬回印度，但他的工作仍保持不变，这意味着他要按照美国时间熬夜工作；（3）虽然老板非常担心他的工作量，但即将进行的公司重组将使之不得不把另一个部门划归他管理。

对过度努力的领导者进行教练，需要同时进行多层次的干预，以推动改善。我们需要做出大量切实可行的日常行为调整，但同时也必须探索更深层次的驱动因素。如果不从这些方面入手，旧习惯就会在领导者遇到困难时悄然卷土重来。

行为调整

我们一起制定了各种不同（通常是每天要做的）行动步骤：
- 他首先详细分析了自己的日程表，对每个项目进行了分类，了解自己是如何使用时间的，并与自己应该如何使用时间进行对比。他做出了各种调整，哪些会议将不再参加，哪些会议可以派代表参加，甚至还有些会议可以缩短/推迟。（在他的日程表上，在没有做任何实际工作之前，每周就已经有55小时的会议了！）我们发现有许多会议是过去的"遗物"，它们无限期地延续下去，却没有人质疑"我们真的还需要这样的会议吗"。

---

[1] 完美风暴：这是一个比喻性的词语，是指在一个时期内，各种不利因素或挑战同时出现，形成了一个特别严峻或困难的局面。

- 他首先从"一小步"开始做起,承诺在下午晚些时候或傍晚(大约下午5点到9点)安排一段"神圣不可侵犯"的时间,与妻子散步、陪儿子玩耍、共进晚餐。他每天都对此进行记录,并在每次通话中与我分享结果。这很快就成了他的"必修课",如果不按时休息,他就会"惩罚"自己,让自己准备晚餐或给儿子买玩具。最终他做到了连续62天遵守这一规定。

- 他还确定了更多可以下放给团队的工作内容,因为在我的访谈中,团队并没有抱怨工作负担过重,所以我知道这方面还有空间可以运作。于是,接下来有越来越多的工作被分配给了团队。

- 他将这一发展目标告知身边的每个人。每个人都很支持他,并承诺会提供帮助,因此,当他说"不"、委派更多工作或不再主动请缨时,大家会更加理解他。(在一次员工会议上,他的老板正在寻找一个项目的负责人,老板说:"除了阿伦,任何人都可以自愿参加这个项目!"这引来大家理解的笑声。)

更深层次的思维模式驱动

- 我收集到的反馈表明,阿伦是一个非常讨人喜欢、和蔼可亲的人——他(可能真的)希望取悦他人、帮助他人,而且从来不说"不"。"我喜欢为自己的团队解决问题。如果他们有问题,不解决好问题,我绝不会放手不管。"于是我们进行了更深层次的挖掘——看是否有可能说"不",同时他又不会感觉让人失望了?

- 按照这个思路,我邀请阿伦和他的上司举行了一次联席视频会议,澄清不是他的上司也不是公司迫使他如此拼命地工作。他的老板每周工作50~55小时,而这家公司的副总裁平均工作时间可能也差不多。(阿伦最初每周的工作时间为80~90小时。)可能这会让他对减少工作时间感到更舒服一些。

- 阿伦最初曾对我说:"每件事都必须做到100%完美",这也间接解释了为什么他要亲自做这么多事情。后来我们探讨了什么时候做到80%就够了,并确定了一些对他来说不那么关键的任务,这些任务达到较低的质量标准就已经"足够好"了。我们还讨论了在什么样的情况下,团队在某件事情上失败了也是可以接受的——这对他们的学习成长非常有价值。为了强化这一点,他的老板还说:"鉴于我们正在进行的所有创新,失败的次数应该比现在更多才对。"阿伦也决定"要从后方进行领导,而不是从正前方领导"。

然而,经过几个月的定期会面和良好进展之后,我却意外地与阿伦失去了联系。他按计划搬到了印度,但奇怪的是,他没有回应我的会面请求。我们重新取得联系后,他深表歉意,并告诉我他实际上一直在休病假……一种奇怪的病症让他无法工作,医生认为这与压力有关,也可能是因为在疫情期间搬家,生活在印度,工作时间却与美国保持一致(这正是我之前担心的),他已经有几周没有工作了。

作为他的教练,我有一种巨大的失败感——难道我们做得不够好、不够快,才导致他的健康问题吗?我当初是否应该推动更深入、更直接的改变?这感觉就像我们合作中的一次重大挫折。

但是……完全"离线"的好处是什么呢?他无法工作,因此必须习惯"放手"。他不得不委派和授权给自己的员工,而他们都出色地完成了任务。他也意识到了无论自己在不在,公司最终还是会继续运转下去。"我明白了没有人是不可或缺的。"他对生命中真正重要的东西有了新的认识:健康和家庭。下一次健康问题可能会更严重,他意识到不应该不尊重自己身体的极限。

经过 6 个月的教练,我正式邀请了他身边的每个人参与调研。自从教练开始以来,他是否成了一名更有效的领导者?共有 12 位评分者,所有人都说他进步了。他的授权工作是否更有效了?同样,所有人都同意(12 人中有 7 人选择了最高程度的改进)。其中一位说:"我看到阿伦在授权方面取得了很大进步。"我们庆祝了这次成功。

但是,他是否在"将工作量控制在更合理的范围内"方面做得更好了呢?

在 7 分的改进量表中,他得到了 4.6 分,处于"无变化"(4 分)和"略有积极变化"(5 分)之间。3 位评分者甚至认为他的情况有所恶化。看来还有很多内在工作需要做。他反思道:"我是否依然像教练开始时那样严格要求自己,以求进步?我是否有重蹈覆辙的危险?"

他意识到旧习惯可能已经卷土重来,幸好这次调研提醒了我们。截至本文撰写之时,他已重新承诺要做出改变,我们将进一步探索打破旧习惯的方法,他还要求再接受一年的教练,以帮助他巩固这些改变。

工作与生活之间的"平衡"是个误导性的说法。它不是一种平衡,而是一种选择。我们每个人都会有意无意地做出影响这种平衡的选择。如果你在这方面遇到困难,可以问自己以下几个问题:为什么——真正为什么——你如此努力地工作?你希望通过努力工作来获得、取代或逃避什么?

审视你的人生价值观——对它们进行排序。你是否根据价值观排序来安排时间?

你是否真的把能委派的工作都委派出去了?只做那些只有你能做的事。

想象一下,假设生活环境迫使你只能做平时一半的工作,没有任何例外——你将如何安排自己的工作?

45

领导力的成功定义应包括影响力

杰克·J. 菲利普斯[1]（Jack J. Phillips）

古德从一家小企业发展成为年收入超过 1 亿美元的蓬勃发展的企业。这家受人尊敬的家族企业生产高质量的个人护理产品。

高管们希望取得持续性的成功，并且认为教练可以帮助他们实现这一目标，于是CEO聘请我们提供领导力发展教练服务。当我们问"教练工作的目标是什么"时，他们回答主要关注行为层面。他们希望可以改善团队合作、沟通、信息共享、向团队成员授权以及绩效问题。这些回答都侧重于领导者的行为改变。

随后我们提出了几个问题："如果做到这些，对企业有什么帮助？"高管们不愿意谈论业务，因为他们还在思考"教练工作怎么才能对业务真正有帮助"。在首席财务官的鼓励下，我们坚持问下去，最终帮助他们明确了关键绩效指标。如果他们通过教练过程成为更好的领导者，这些指标就会得到改善。从本质上讲，我们的教练工作重点在于改善具体的业务影响，包括销售增长、产品开发、盈利能力、质量和社会责任。

这些高管意识到，除非领导者能够推动业务指标（表现为关键绩效指标）提升，否则他们就是不成功的。领导力的成功是一个完整的价值链：是他人对领导者的看法（反应）；是从领导者身上学到的东西（学习）；是因学习而采取的行

---

[1] 杰克·J. 菲利普斯博士是RIO研究所的董事长，世界知名的测量和评估专家。菲利普斯曾任银行行长，撰写/编辑了超过100本书，包括《衡量教练的成功》（*Measuring the Success of Loaching*），并在70个国家提供过教练和咨询服务。他的作品曾被《华尔街日报》、《彭博商业周刊》、《财富》、美国有线电视新闻网（CNN）报道。

动（应用）；是因为行动而对业务指标产生的影响（影响）。对于领导者、被领导者或组织（投资回报率）而言，这样做是否值得？答案是肯定的。

困境

在 2018 年一个周日于伦敦召开的董事会上，汇丰银行CEO约翰·弗林特（John Flint）被解雇。这一决定是在几个月来人们对弗林特的领导风格和决策能力表示担忧之后做出的。弗林特曾长期在汇丰银行工作。遇到问题时，他喜欢花时间思考，并会规划出可能采取的行动和结果。他努力使汇丰成为一个更具包容性、更令人愉悦的工作场所，并制订了一个名为"最健康的人类系统"的计划，鼓励员工更好地平衡工作与生活。他传递的理念引起了银行员工的共鸣，但银行业绩令人失望。在他被解雇前6个月，汇丰银行的全年盈利低于预期，部分原因是成本支出超过了收入增长。他没有实现业务影响。

衡量影响力的指标无处不在

幸运的是，在组织的各个层面，衡量影响力的指标无处不在。在组织的最高层，领导者的成功是显而易见的。对于上市企业而言，衡量影响力的最终指标可能是市值（股票价格乘以流通股数）。正如图45.1 所示，最高领导者的作用是巨大的。

"优秀的企业领导者要创建愿景，阐明愿景，并坚持不懈地推动愿景的实现。"	"每项工作或每项决定看起来都很容易，直到你成为那个临危受命的人。"
杰克·韦尔奇（Jack Welch） 1981 年 4 月至 2001 年 9 月担任通用电气CEO 通用电气市值 4020 亿美元	杰夫·伊梅尔特（Jeff Immelt） 2001 年 9 月至 2017 年 7 月担任通用电气CEO 通用电气市值 2220 亿美元
<ul><li>以上数字是两位离职时通用电气的市值</li><li>韦尔奇以注重关键绩效指标而闻名</li><li>在伊梅尔特的任期内，通用电气的市值几乎减少了一半</li></ul>	

图45.1 通用电气领导者影响力对比

对于美国红十字会总裁兼CEO盖尔·麦戈文（Gail McGoven）来说，她的首要衡量指标是收到的捐款和营业收入。第二大衡量指标是用于人道主义服务和项目的资金占比。

非营利组织美国国家安全委员会的总裁兼CEO劳伦·马丁（Lorraine Martin）的首要任务是防止家庭、社区和道路上的死亡事故发生。

虽然高层领导者的影响力显而易见，但低层领导者的类似影响力也是很明显的。它们被纳入并支持高层领导者的"业务"衡量指标。

问责制的基本原理

在许多情况下，新的视角始于对过去的回顾，再加上知名领导者的一些建议。以下是两位美国总统对成功领导力的看法。约翰·昆西·亚当斯（John Quincy Adams）说："成功的领导者会激励他人学得更多、做得更多、扩展更多。"罗纳德·里根（Ronald Reagan）说："最伟大的领导者不一定是做最伟大事情的人，而是让人们去做最伟大事情的人。"让我们把这些观点进行分解。

第1层级：激励他人，这意味着他人根据自己对领导者及其行为的看法，对领导者做出反应。反应至关重要，如果没有积极的反应，领导者可能无法取得成功。

第2层级：学习更多意味着我们要向自己的领导者学习。这些重要的收获可能是信息、想法、行为或技能。

第3层级：做得更多意味着领导者必须采取行动。领导者必须影响他人采取行动。没有行动，领导者就没有多少影响力可谈。我们可以将这种应用定义为追随者将从领导者那里学到的东西付诸实践。

第4层级：扩展更多是做得更多的结果，是领导者的影响力，是行动带来的成果。扩展更多必须对个人、领导者和组织都很重要。通常，这些信息会在个人和组织的绩效数据中得到充分反映。

第5层级：最后，有一点约翰·昆西·亚当斯没有提到，但值得补充。对领导者来说，这是一次值得的旅程吗？对追随者来说，付出是否值得？衡量这段旅程是否值得的最佳方法是通过投资回报率这一概念，这是一个比较收益与成本的财务术语。

Coach Me

这一概念简单而有力。在实现影响力之前成功不会发生。它表明，对领导力的评估不应停留在学习层级或领导者行为层级。对领导力的评估应该停留在影响力层级。领导者的行动、活动和行为对团队产生了哪些影响？有形的影响通常包括产出、质量、时间和成本，无形的影响通常包括团队合作、协作和参与。

大多数组织未能从影响力层级来定义领导力的成功。我们经常在对领导力进行大量投资的组织中看到这种情况。多年前，我们基于自己对他们的反应来评估领导力。后来开始根据其知识水平来进行评估。大约20年前，评估的重点转移到了领导者的行为和行动上。现在，评估的重点是影响力，或许还有投资回报率。

完整的成功画像

有关领导力的描述形形色色。表45.1解释了领导力的成功层级，这些层级构成了领导者要取得成功必须存在的价值链。

表 45.1 成功画像

成功层级	领导力特质	领导力挑战	领导者标签	价值链标签
1	令人敬佩	使其激动人心	魅力型领导者	反应
2	智力过人	使其重要	教师型领导者	学习
3	行动导向	使其长久	影响者	应用（行动）
4	结果导向	使其可信	有影响力的领导者	影响力
5	增值	使其值得	有价值的领导者	投资回报率

每一级的成功都是下一级成功的必要条件。如果领导者不引人关注、不受人尊重，那么学习就几乎不会发生。没有学习，就没有应用。没有应用，就没有影响力。没有影响力，投资回报率就是负的。

领导者必须在五个层级取得成果。汇丰银行的约翰·弗林特未能在影响力层级取得成果，虽然他深受员工的喜爱（反应），却因此丢掉了工作。领导者的成功与结果息息相关，而这一段旅程必须对参与者有价值。领导者不能只关注一个层级的成功，而必须关注所有层级的结果。

结论

事实证明，古德这一家族企业的教练工作最终取得了成功，并使高层管理人员相信，优秀的领导者能够在五个层级（包括影响力和投资回报率）上取得卓越的成果。调查显示，领导者认为教练工作对他们的成功非常有价值、非常重要（反应）。调查还显示他们对自己的团队以及如何使团队更加成功有了更多了解（学习）。行动计划揭示了他们将如何以不同的方式与团队合作（应用）。这些行动计划还记录了关键绩效指标的重要改进，如新产品开发、销售增长、效率和保留率（影响力）。当把这些指标换算成金钱并与教练工作成本进行比较时，结果得到了正的投资回报率。

没有影响力的话，领导者将无法体现效能。伟大的领导者能够在面对众多挑战时在各个层级上取得成功。有关这一概念的更多详情，请参阅我们的新书《证明软技能的价值》（*Proving the Value of Soft Skills*）。

参考资料

Patrick, M. (2019). Lack of action led to CEO's ousting. *The Wall Street Journal,* August 6.

Phillips, J. J., Ray, R., & Phillips, P. P. (2020). *Proving the value of soft skills.* Alexandria, Virginia: ATD Press.

职业发展

46

从C级高管到CEO

马克·汤普森[1]（Mark Thompson）

晋升到C级高管已经成为人们职业生涯中最有价值也最有风险的挑战之一。在薪酬屡创新高的同时，C级高管的平均任期却是历史上最短的。在参与了70个董事会和C级高管团队的教练项目后，我发现了一种应对这一挑战的方法。

C级高管成功与失败的案例[2]

当时，世界上最大的银行之一将吉娜·贝佐斯（Geneva Bezos）博士列为未来CEO的几位内部候选人之一，她与领导团队中的其他同僚展开了一场激烈的角逐。竞争已经够激烈了，但董事会还要求招聘人员提供外部竞争者作为对照组。公共和私营机构的董事会为最高职位展开一场极为有分量的内部和外部争夺赛，这种情况并不罕见。对于吉娜来说，她知道有许多因素会影响谁会被选中担任CEO，其中有不少因素似乎都超出了她的控制范围。虽然整体资历和技术能力至关重要，但她还必须解决其他5个关键因素。这些因素中的每一个都是成功抓住晋升为C级高管机会的关键。

1. 董事会动态：董事会中的每一位董事都能够成就或破坏你的晋升机会。

---

1 马克·汤普森是《纽约时报》畅销书作家，被美国管理协会（American Management Association）和全球领先教练（Global Leading Coaches）/Thinkers 50评为全球第一CEO教练。《福布斯》形容他拥有"点石成金"的能力，他的客户包括世界银行CEO金墉（Jim Yong）、Pinterest 联合创始人埃文·夏普（Evan Sharp）和维珍创始人理查德·布兰森（Richard Branson）。
2 这是一个真实的故事，但为了保护隐私，名字被替换了。

作为CEO（或该职位的候选人），你必须对每位董事会成员的需求保持敏锐，就好像他们每个人都是你的上司一样，因为他们拥有这种权力。大多数人没有意识到，在一个组织中，没有其他人像CEO那样有那么多的"上司"。吉娜所在银行有 80 多位董事！这些董事在全球范围的不同委员会任职，从审计到薪酬再到战略，而她需要了解每位董事并与之沟通。幸运的是，各位董事非常愿意与她沟通，立即同意与她进行一对一的会谈。继任计划是大多数董事的主要关注点，因为相关法规增加了每位董事的信托责任，要求他们具有更高的独立性，并对管理层进行更严格的审查。

大多数董事都是前CEO、专业服务公司的前审计合伙人或教授，他们对候选人的发展寄予厚望。有趣的是，作为教练，董事会成员总是会私下告诉我一些他们不愿意直接与候选人分享的关键指标。

- 作为 C 级高管候选人，你将如何与每位董事建立必要的关系和联盟？你是否有顾问来帮助你捕捉每位董事是如何衡量每位候选人的？

2. 同事动态：你的同事愿意为你工作吗？吉娜明白，CEO职位的最终选择往往取决于你是否意识到自己的同事在评估你是否有资格成为其老板时所发挥的作用。你的同事虽然没有最终决定权，但如果他们认为你只是一个在谋夺职位的傲慢混蛋，那么CEO、首席人力资源官和董事会就很难对你的候选人资格产生信心。吉娜知道，董事会会去询问她的同事。她说："你的角色正在发生重大转变。你正在从'同事和潜在的竞争对手'转变为'有人缘儿'的老板。"

- 你的同事用什么标准来评价你？你的现任CEO和首席人力资源官如何评估他们希望推荐的继任者？

3. 替补席动态：如果所有决策都由你来做，你就无法快速扩大业务。对于吉娜来说，她意识到领导者必须解决团队成员之间的分歧，但更重要的是，领导者的工作是组建合适的团队，并向他们提出正确的问题，以改变他们内在固有的认知偏差。

- 你是否建立了一支有能力、值得信赖的替补队伍？你是否对领导团队足够用心？公司进入下一阶段以及你的晋升需要哪些文化变革？

4. 战略动态：当见到史蒂夫·乔布斯时，我向他推销了一个想法，那就是将

Coach Me

我们公司的音频技术（MP3）整合到他的产品中。当时，"智能手机"还是一个相对较新的概念，批评者认为没有键盘的智能手机将是一场灾难。然而，乔布斯以极具反直觉的勇气为iPhone设定了一个特定价格。他还增添了其他竞争对手不敢整合的有用应用程序，如音乐和视频。大多数公司都想追随市场领导者黑莓和诺基亚，它们当时占据了80%的市场份额。如果苹果追随市场领导者，结果会怎样呢？故步自封是有风险的。

- 你有什么战略来应对不断变化的市场动态和行业颠覆？

5. 个人动态："当你在周日晚上坐下来回顾这一周时，你的日程表中有多大比例是专注于主动出击的？"史蒂夫·柯维（Stephen Lovey）在一次访谈时这样问我："你是否只是在应对一个又一个的会议请求，或者处理这里或那里的紧急情况？危机必须得到管理，但主动出击而非被动反应的区别在于，要花时间真正决定你想以什么状态领导和发展你的组织，而不是出于恐惧或愤怒。"

- 在希腊神话中，那些成功领导者的征程和那些失败领导者的征程的区别不在于他们个人是否有缺陷，而在于是否有勇气承认弱点和错误，并最终敞开心扉，实现改变。你将如何学会在挫折面前保持韧性，并始终专注于重要的事情？

当吉娜·贝佐斯博士计划自己的晋升之路时，她意识到自己将面临的行为挑战。每位领导者都有隐藏在内心深处的应对机制，当你面临竞选CEO的额外压力时，这些机制可能会降低你入选的机会。C级高管候选人都有令人赞叹的成就记录，但当这些才华横溢的企业明星即将达到职业生涯的巅峰时，为什么其中会有这么多人做出致命的判断失误，错过关键的市场信号和发展机会，疏远关键人物，在交付成果时失败呢？

心理学家罗伯特·凯泽（Robert Kaiser）等人编制了一份清单，列出了11种"阴暗面"特质或"破坏因素"。当领导者面临压力时，他们会本能地以某种模式做出反应，而这种模式可能是他们自己都没有意识到的，或者他们在攀登阶梯的过程中已经找到了为其开脱的方法。这些模式包括容易生气、难以取悦、过度邀功和过度指责。在压力下，领导者会变得无法信任他人、愤世嫉俗、对批评敏感、执着于负面情况、决策迟缓、对他人的感受漠不关心，这些都令人感到烦恼。甚至吉娜也觉得，她和大多数绩效优异的人一样，有太多这样的特质。作为她的教练，我强调，重要的是要认识到，有些破坏因素只是过度使用的优势，或者至少在以前的角色中被认定为优势。

吉娜·贝佐斯博士接纳了自己的缺点。结果，她的不安全感消失了，董事会看到她比竞争对手成长得更快。她说："没有人希望你是完美的，但他们希望你能对成功所需的深刻变革做出响应。"吉娜还认为，了解自己的"破坏因素"令其对他人更有同理心，也让她在培养团队方面成了一个更好的教练。

吉姆·柯林斯教授在《基业长青》（*Built to Last*）和《从优秀到卓越》（*Good to Great*）中坚持认为，像吉娜这样的领导者是"傲慢与谦逊"的矛盾体。他们表现出傲慢，相信并说服团队他们可以带领一个庞大的组织穿越未知领域——尽管这种愿景可能近乎非理性的狂热。但是，最优秀的领导者也会表现出谦逊，认识到没有人能够独自完成任何可持续或可扩展的工作，领导者的成功也不可能不经历挫折。这些认识正是成功的C级高管候选人与众不同的地方。

在《经久不衰的成功：创造有意义的人生》（*Success Built to Last: Creating a Life That Matters*）一书——《基业长青》的续作中，我采访了200名领导者，其中许多人讲述了他们在组织阶梯上攀登的故事。他们中的大多数人都感到自己必须在玻璃房子里接受观察和被过度分析，但具有讽刺意味的是，他们也面临着强烈的孤独感。他们认为自己建立起来的信任网络因为同事之间争夺职位时的政治和权力动态而变得复杂。这些领导者渴望有一个安全、私密的平台来交流想法。许多人发现，在这场"马拉松"中，高管教练的支持至关重要。作为C级高管候选人，在通往组织高层的赛道中充满了危险和失误，但你正在创造一个机会，对成千上万名员工和客户的生活将产生巨大的积极影响，这种影响是持久的，并最终使你成为一名更出色的领导者。

参考资料

Thompson, M., Porras, J., & Emery, S. (2005). *Success built to last: Creating a life that matters*. Prentice Hall.

Kaiser, R., LeBreton, J., & Hogan, J. (2015, January 1). The dark side of personality and extreme leader behavior. *Applied Psychology*, 64, 55–92.

47

个人领导力品牌：如何掌控自己的"展现"方式

蒙盖齐·C. 马卡利马[1]（Mongezi C. Makhalima）

大约两年前，我应邀为南非一个国家政府机构的几位高管提供教练服务。其中一位高管提出了关于她个人声誉的问题。虽然她表现卓越，在非常困难的情况下出色地完成了目标，但她面临的主要挑战是，她很难赢得同事的尊重和认可，也很难被视为组织中的关键贡献者。她尤其希望扭转CEO对自己的看法，即她的资历尚不足以与高管团队的其他成员相提并论。她一直在为提升自己的可信度努力奋斗。这也是许多领导者面临的常见挑战。

在从事这项工作30多年后，我发现，过去的3~5年里，我在世界各地的董事会中经常处理的一个关键问题就是领导者如何"展现"自己。许多教练经常使用这个词，然而许多领导者似乎很难将其转化为实践。

我把可信度定义为建立信任的能力。但这只是个人品牌矩阵中的一个要素。个人品牌矩阵概括了领导者个人品牌的4个要素（见图47.1）。

---

[1] 蒙盖齐·C.马卡利马是一位组织发展专家和经认证的高管教练，拥有30多年与组织和领导者合作的经验。他是非洲教练、咨询和教练心理学委员会主席，也是 Thinkers 50全球排名前50的教练。他热衷于利用自己的教练和心理学知识激励领导者。

人格（我究竟是谁？）	个人价值认知（我的价值对我以及他人来说意味着什么？）
个人品牌推广（我如何推广自己的品牌？）	个人品牌定位（我的品牌可以/应该在哪里被看到？）

图47.1　个人品牌矩阵

在讨论这4个要素之前，首先要定义什么是品牌。普莱斯·琼斯（Pryce Jones）将品牌定义为你的内在和外在所代表的东西。我将个人品牌定义为你不在场时人们对你的评价，以及集体和个人对你作为领导者的看法和印象。这些看法和印象受到以下因素的影响。

1. 人格。这是领导者的个人可信度、价值观、信念、假设和行为。人格可能是4个要素中最重要的一个，如果定义明确，它就构成了个人品牌矩阵的核心。我对可信度以及使专业人士具备可信度需要什么进行了研究，并总结了8个要素，我将其缩写为"SKARP"。这也意味着你应该对自己进行一次盘点：

- 技能（Skills）——你真正擅长做哪些事情（比你认识的80%的人做得都要好）。大多数时候，我们中的很多人都会因为不了解自己的优势而分心，结果导致精力涣散——甚至因为试图寻找答案而分散注意力——没有条理，没有重点。

- 知识（Knowledge）——你确定自己知道什么——你所掌握的有证据支持的"真理"是什么？这可能是你在多年的经验中学到的，可能是你研究多年的，也可能只是从你祖父那里学到的。我们倾向于对外竞争，而其实真正应该关注的是自身知识如何为他人创造价值。如果我们不知道"自己不知道什么"，就很难静下心来。

- 特质（Attributes）——在这里，你需要审视自己的价值观、态度、动机和个性。我意识到，很多人都没有察觉价值观对自己的影响有多大，同时也没有察觉我们所经历的价值观冲突。因此，我们花了很多时间把自己的"怪异"行为和痛苦/不适归咎于外部因素，但其实应该看向自己的内心。我们的态度也是如此。当不喜欢某件事情时，人们就不会尽全力去做。然而奇怪的是，有很多来到我办公室寻求教练的人做着自己不喜欢的事情，都是因为他们试图取悦外部世界。我们很多人都在社会环境中工作和生活：团队、合作伙伴、社交俱乐部、购物等。我们的个性就是在与他人交往时所戴的面具。你了解自己的面具吗？你知道别人看到你时会想到什么吗？最后，我们的动机和驱动力影响着我们的行为。作为一名领导者，重要的是不要只对你内心的原始驱动力做出反应，而要能够说出它们的名字并积极地加以管理，因为这是所有行为的基础。正如你所看到的，特质是你品牌主张的主要组成部分。

- 成果（Results）——迄今为止，你取得了哪些成就？（答案不能是"什么都没有"，特别是如果你正在阅读这篇文章的话。）你为他人创造了哪些真实且可具体衡量的价值？我们很多时候都被外界所吸引，因为我们在人际交往、工作等方面都在寻求一种认可，说我们做得很好——"及格了"。然而大多数时候，正是由于持有这样的外部成就标准，我们并没有意识到自己身上的卓越——我们成了"噪声的奴隶"。

- 目标（Purpose）——每个人都有独特的指纹，与世界上的任何一个人都不同。同样，我们每个人也都有自己的目标。我相信这一点。但我发现遇到的很多人都不知道自己的目标是什么。然而有趣的是，当我带领人们走过发现目标的过程时，他们会意识到自己其实自始至终都知道这个目标，并变得生机勃勃、充满活力。

2. 个人价值认知（个人品牌价值）指的是领导者的价值，无论是影响力价值还是财务价值。与我共事过的一位领导者分享了这样一个例子：他看到自己的个人价值在老板眼中逐年增加，从他还是团队中的一名小职员到他目前作为高管与老板谈判薪水。不过，他需要反思的是，他往往低估了自己的价值，许多其他领导者也有同样的经历。

3. 个人品牌定位。地理位置对个人品牌认知有很大影响。例如，我在西非国家和东亚国家的工作经验非常少，因此，这些地区的客户对我的品牌在实用性和价值方面的认知度可能较低。而第一象限中的任何一个人格要素都可能对领导者的品牌认知和印象产生影响。对于领导者来说，重要的是要注意自己身处何地，来自何方，这些都会对自己的品牌价值产生影响。

4. 个人品牌推广。这一要素不言自明，其所讲的是品牌为提升认知度和印象而开展的活动。试想，如果世界上最知名的品牌之———可口可乐——没有遍布全球的醒目而激动人心的广告，人们怎么会知道它的存在呢？我们的个人领导力品牌也是如此。我们每时每刻都在进行沟通，那么，对这个沟通的过程加以掌控不是合情合理的吗？对于个人品牌来说，显然没有必要进行大规模的广告宣传（事实上，对于某些性格类型的人来说，这样做反而可能会对领导者的可信度产生负面影响）。

那么，作为一个品牌，你是否能为构成你个人品牌的所有元素或要素命名？还是说，你只是出现并希望"自己已经展现过了"？

通过更清楚地了解个人品牌矩阵中的每一个要素，领导者能够创造更多的信任，并更好地掌控自己如何"展现"自己。让人们以其最真实的状态，而不是人们心目中的印象与他们相处。

这就是我们对这位领导者所做的工作。在两次会面后的反思中，她意识到自己认为的可信度只取决于成果。这是高绩效者——尤其是从低级职位晋升到高级职位的高绩效者——面临的共同挑战。她还意识到，她对自己的了解还不够，或者说，没有使用合适的语言来描述自己，以在利益相关者心中树立正确的形象。

6个月过去了，随着她制定并实施沟通策略，与团队分享成功经验，进而影响了她的利益相关者，因此其声誉也得到了提高。简而言之，她在工作中采用了营销方法，并开始像一位掌握了信息技术、审计或其他技能的营销专家一样思考，而不仅仅是她所在领域的专家。

你认为自己应注重哪些个人可信度要素，以在组织内外提升个人领导力品牌？

Coach Me

参考资料

Pryce-Jones, J. (2010). *Happiness at work, maximizing your psychological capital for success.* London: Wiley-Blackwell.

48

决策——拨开"应该"和"恐惧"的迷雾

玛莎·雷诺兹[1]（Marcia Reynolds）

安娜收到了来自另一个部门的工作邀约。这是一个新职位，薪水更高，也能让她在领导团队中有更高的曝光度。她一直是一名成功的团队领导者，彼时还同意接手了一个陷入困境的团队，以期证明自己有能力扭转局面。这份邀约到来时，她正在实现自己目标的过程中。她告诉我她还没准备好接受这份新工作，并询问如何才能拒绝这份工作，同时又不影响未来的晋升。

我征求她的同意，在她确定拒绝这份工作邀约的最佳方式之前，先探索一下自己的决定。当她同意后，我问道："把你自己分别放在一年后这两个职位的成功画面里。从这个角度来看，哪个让你对没有选择另一个感到更遗憾？"

她向我讲述了与团队一起开展的出色工作。他们信任她，参与度越来越高，结果表明他们即将超额完成季度目标。她为自己的团队感到骄傲，但接着又说："新职位的薪水可以让我有钱买新房子。我也会带领一个新的团队，迎接新的挑战。我只是不确定时机是否合适。"

我问她："什么是合适的时机？"

她告诉我，离开目前的团队可能会使他们的进展受挫，但如果接受新的职位，她又会学到很多东西。我说："听起来两种选择对你来说都是很好的时机。

---

[1] 玛莎·雷诺兹是通过对话激励变革的世界知名专家。她曾在43个国家讲授课程和教练领导者，并通过网络影响了更多人。她撰写了四本屡获殊荣的书籍，包括《不适区》（*The Discomfort Zone*）、《漂泊的女人》（*Wander Woman*）、《超越你的大脑》（*Outsmart Your Brain*），以及她最新的国际畅销书《教练的本质》（*Coach the Person, Not the Problem*）。

那么哪一个会给你留下最大的遗憾呢？"

她沉思了一下，说："我想要新工作。我只是害怕人们会说我放弃了目前的团队，说我背叛了团队。"

接下来教练工作转为帮助安娜回答一些问题，帮助她定义"背叛"对她而言究竟是什么意思，以及这个定义是否真的适用于她目前的情况。她承认自己并没有背叛团队。然后，她又探索了如果自己接受了这份新工作，会为她以及家人打开哪些新的大门。

没过几分钟，安娜就表示如果不接受这份新工作，她会有更多的遗憾。她叹了口气说："我的团队现在很强大。也许没有我，他们也能继续前进。"

教练工作转向了如何让安娜安心接受新工作。她探索了新职位看起来会是什么样的，这让她明确了自己需要进行哪些学习才能在新岗位上取得成功。她意识到自己还有些对失败的恐惧，这让她更加犹豫不决。而一旦明确了自己的选择，她就可以确定自己在哪些方面需要接受指导和提升技能。

当"应该"淹没了"渴望"

当一个人内心有相互冲突的声音时，做决定就变得非常困难，这实际上是价值观的冲突。我的教练工作通常侧重于帮助客户拨开"应该"和"如果……会怎样"的迷雾，找出他们真正想要实现的目标。有时，"应该"是在做出决定时需要考虑的合理情况，但有时"应该"是旧的和固有的信念，阻碍了他们前进。

我主张先将限制性信念和相互冲突的价值观的"遮羞布"揭开，然后再列出利弊清单。可以在教练的帮助下，也可以自己动手，确定你想要的结果，以及为什么这个结果现在对你来说很重要。然后诚实地探讨在这种情况下，是"谁"在定义什么是重要的，是你还是其他人。

你需要分辨出，你是在为自己做决定，还是基于你认为他人可能对你决定的看法来做选择。你还需要考虑，你是以清晰的视角看问题，还是在用被过去的错误行为模糊了的眼睛看问题。谁的声音更强？是别人和过去的自己，还是现在这个更有智慧的自己？当谈论真正想做的事情时，你要留心倾听"但是""应该""我担心"这些词，以发现自己在前进时犹豫不决的原因。

无论你面临的是影响职业生涯的决定，还是改变团队方向的决定，在向前迈进之前都可以与教练探讨一下你真正想要的是什么，这将帮助你澄清所期望的结果和选择背后的现实。

与内心的声音对话

当在一个重要问题上犹豫不决时，你可以写下所有让你怀疑自己的理由。答案通常包括别人会如何评价你、你如何评价自己成功的能力、当向前迈进时你害怕失去什么，以及如果你的决定遇到了之前没有考虑到的障碍，你可能会怎样。

有些人终其一生都在实现别人对他们的期望，却不给自己的梦想一个机会。他们的"应该"阻碍了自己的梦想。我经常帮助我的客户明确他们在做决定时所使用的真正标准。然后，我们看看今天用什么标准来做决定会更有效用、更有成就感。

找出并确认影响你决定的人和事。然后，你就可以更好地权衡自己的选择，在考虑他人需求的同时牢记自己的个人愿望。

明确决定因素的 3 个建议

听一听你所讲述的那些让你难以做出决定的原因，然后回答以下这些问题。

1. 有哪些事情是说出来即使会让你感到不舒服，但你依然还想做的？先不要列出可能让你觉得这不是最佳选择的原因，而是先说说你想做什么。在描述你想采取的行动和你认为采取这些行动后能取得的成果时，不要急于否定自己。考虑一下，如果你选择做其他事情，一年后你会后悔没做这件事吗？

2. 是什么导致你在做决定或改变你一贯的做事方式时犹豫不决？描述你的恐惧，以及如果朝着你最想要的方向前进，你可能会感到内疚的原因。他人的需求和评价有多重要？这些需求和评价是真实的，还是你在不问青红皂白的情况下做出的假设？倾听内心的声音，这样你就能清楚地判断哪些是正确的，哪些是基于恐惧的。

3. 你觉得什么最重要？一旦你描述了让你犹豫不决或选择你不想做的事情的原因，问自己："我真正想做的是……"回答这个问题，然后再问两次。坚定地说出你想要做的事会帮你鼓起前进的勇气，也会让你在向同事和家人解释你的决定时有话直说。

最后的思考

一旦安娜将她的愿望与她的"应该"区分开来，她就会意识到公司的领导层将她视为具有潜力的宝贵人才。她不需要在一个职位上待上特定的时间才能接受新的挑战。她也不必担心如果她不在别人身边，别人就会失败。她可以随时与新的团队领导者合作，确保平稳过渡。

请记住，无法做出决定的障碍通常是你内心的声音。这些声音需要被倾听并加以考虑，这样你才能清楚自己真正想要做出的选择。

49

面向未来，迎接复杂的颠覆性时代

大卫·B. 彼得森[1]（David B. Peterson）

"当成功的领导者失败时，首要原因是什么？"

当然，有很多可能的原因，但成功领导者失败的首要原因是什么？不是微观管理、傲慢、自满，甚至不是不善于倾听——尽管这些情况并不罕见。成功领导者失败的首要原因是，当情况发生变化时，他们没有及时进行调整。数十年来，对失败领导者的研究表明了这一点。事业风生水起的领导者可能会被自己的成功蒙蔽双眼，在前进的过程中、在与新利益相关者打交道的过程中、在经济因素发生变化的过程中、在竞争格局发生变化的过程中无法适应。

让我们思考一个经典场景：阿尔琼才华出众，深受团队爱戴，在他的第三家创业公司被一家大型科技公司收购时，他正担任该公司的CEO。他认为，加入一家更大的公司可以帮助他们更快地扩大规模，少走弯路。他希望专注于技术和产品问题，而不是处理人力资源、法律、财务、供应链和其他业务运营方面的问题。

加入大公司后，阿尔琼知道自己将不再是发号施令的人。但让他感到震惊的是，新公司的决策速度非常慢；每个重大决策都需要多个团队的审核，而自己并不是他们的优先考虑对象。

---

[1] 大卫·B. 彼得森博士是Paths Forward, LLC的首席转型官和 Peterson Leadership, LLC的CEO，25年来他一直被公认为世界级的高管教练和思想领袖。从2011年到2020年，他担任谷歌高管教练和领导力团队的负责人，在此期间，他创建了世界上最具创新性和影响力之一的教练项目，并被评为世界排名第一的企业教练。

Coach Me

我开始与他合作，帮助他及其团队适应这个新的组织环境。他学得非常快，迅速在公司内部找到了盟友。两年后，这次收购被视为一次巨大的成功，阿尔琼受到其他领导者邀请去分享他的心路历程。

然而，随着市场、竞争对手和客户期望的变化，公司的战略和产品组合也开始慢慢发生变化。他开始在与高层领导的谈话中感受到更多的紧张气氛，他花在其他职能部门的时间也越来越多，尤其是法律和营销部门，他觉得自己的产品在这些部门没有得到应有的重视，而这正是他加入这家大公司之前想要避免的。随着公司内部形势越来越严峻，他的领导团队和产品团队的主要成员在公司其他新兴业务部门找到了新的工作。他更难招募到所需的顶尖人才。尽管如此，阿尔琼仍然坚持自己最初的愿景和战略，而留下来的忠实追随者也对他的承诺和清晰的愿景大加赞赏。

此时，他再次向我寻求额外的教练和战略指导。当描述自己目前面临的挑战时，很明显他已经精疲力竭、束手无策了。我们探讨了许多方案，从干脆离开公司另起炉灶到分拆业务，以及他适应公司方向变化的不同方式。在为自己的信念奋斗多年后，他不愿在方法或愿景上做出重大改变。经过几个月的讨论，他决定休息一段时间，进行反思和个人充电。

两个月后，他回来了，神清气爽，重新焕发了活力。然而，他却下定决心要加倍努力去继续执行以前的战略和方法。他撰写战略文件，让人们相信他走在正确的道路上。他开始疏远组织中一些最坚定的盟友。虽然我们花了很多时间来包装他的信息并影响主要利益相关者，但我的基本观点是，他最好还是适应新的环境并调整战略。只是他不为所动。将近一年后，他再次感到沮丧和疲惫，决定离开。帮助他在职业生涯早期取得成功的激情、动力、远见、魅力和才华都没能让他克服这次新的挑战，因为他拒绝适应周围市场和环境的变化。顺便说一下，接替他的新领导者迅速调整了战略，建立了新的合作伙伴关系，并恢复了已经开始削弱的客户忠诚度。如今，该公司仍被视为一家成功的企业，而阿尔琼则被视为一位才华横溢的企业家，只是无法扩大业务规模而已。

教训是什么？

无论你有多么出色的想法，也无论你多么有才华，事情都会不可避免地发生变化，你必须适应变化。正如马歇尔·戈德史密斯在《习惯力》（*What Got You Here Won't Get You There*）一书中所写的那样"让你走到今天的东西，无法带你走向未来"。阿尔琼的坚韧、激情和魅力是他早期成功的关键，但不足以应对在一家大公司领导大型业务的挑战，因为他拒绝妥协。

一旦我们认识到，变化的速度正在加快，世界每天都在变得更快、更复杂，我们就能从中汲取更大的教训。更重要的是，不同类型的事物正在以不同的方式发生变化。我们正在进入一个不断变化和颠覆的时代。

因此，领导者需要比变化的速度更快地学习和适应。然而，做好准备的人却少之又少。

以快于变化的速度学习

比变化的速度更快地学习，已迅速成为在瞬息万变的环境中生存和发展的基本技能。这种学习需要时间来反思、探索新领域和尝试新想法。

然而，几乎每一位领导者都觉得自己太忙，不堪重负，没有时间主动投资于自身的发展。在默认情况下，他们只关注最紧迫的问题，却很难抽出时间来处理对未来成功至关重要的长期问题。即使他们意识到了这种困境，也会感到无力改变。

那么，他们能做些什么呢？怎样才能确保自己不被变革和颠覆打个措手不及呢？好消息是，你现在就可以开始做出小小的改变，以提高你的敏捷性和应变能力。

每天迈出一小步，就能帮助你构建所需的能力，并且无须对生活做出巨大的改变。

以下是4个实用技巧，帮助你为未来做好准备。

1. 培养新的学习心态。培养面向未来的敏捷性始于正确的心态，这一点可以类比金融投资。想想你为什么要存钱。对大多数人来说，存钱是对未来的投资。与其花光今天的钱，不如延迟即时的满足感，以便拥有更好的未来，如更好的房子、旅行、舒适的退休生活，或者任何对你来说重要的东西。因此，心态的一部分就是权衡从长远来看什么对你最重要，并明确为什么要投资未来。明确什么对

Coach Me

你真正重要，是推动你度过动荡时期的不确定性和压力的动力。

2. 追求多样化的经历。在一个变得越来越具有挑战性和破坏性的世界里，最好的准备方式就是逐渐增加自己的经历，接触不同的、新奇的和不利的事情，从而学会应对和克服以前从未遇到过的挑战。研究表明，这种经历，尤其是在一个人职业生涯的早期，能让领导者为应对日后面临的高强度要求和破坏性挑战做好准备。

正如精英运动员通过挑战自己的极限以增强力量和提高表现能力一样，领导者也可以通过在舒适区的边缘工作来提高自己的能力。他们通过反复体验舒适区以外的环境，学会应对意想不到的挑战。简而言之，学习区没有舒适堡垒，舒适区也没有学习堡垒。

3. 带着好奇心反思。然而，如果你不花时间对这些经历进行反思，让自己对所发生的事情有所了解，并在反思的过程中找出自己想要采取的不同做法，那么仅仅拥有一系列多样、新奇和挑战性的经历并不能让你走得更远。

轻松进行反思的一种方法是，每天花一分钟问问自己当天学到了什么，明天想尝试哪些新行为或新实验。随着时间的推移，你可以从每天一分钟扩展到每周、每月、每季度反思，甚至更长时间，在下周、下月、下季度等，你想学到什么？1年、5年、10年后，你想达到什么目标？"反思日程表"可以作为一个有用的框架，每天只需投入几分钟，就能结构化你的反思并加速你的发展。

4. 让你的人脉网络参与进来。要持续投资于个人发展，单靠自己是很难做到的，尤其是当你在舒适区的边缘工作时。与值得信赖的同事或支持性社区互动，能让你获得情感支持和鼓励，更好地理解你正在经历的事情，并获得新的观点和想法。寻找一些合作伙伴——最好是那些对提高自身学习敏捷性也感兴趣的人——你可以分享你正在做的事情和正在学习的东西。

从现在开始

年轻的时候，我会告诉自己："过两三个月，等我有更多时间的时候，我会开始投资我的发展。"但是无论我等多久，我都没有更多的时间。这一启发性的领悟在凯伦·兰博（Karen Lamb）的评论中得到确认："一年之后，你可能会后悔没有从今天就开始行动。"

永远没有方便开始的时候，所以不妨从现在开始。今天，你将做些什么来确保你的成长速度超过变化的速度？

参考资料

Diamandis, P. H., & Kotler, S. (2020). *The future is faster than you think: How converging technologies are transforming business, industries, and our lives.* Simon & Schuster.

Dotlich, D. L., Noel, J. L., & Walker, N. (2004). *Leadership passages: The personal and professional transitions that make or break a leader.* Jossey Bass.

Goldsmith, M. (2007). *What got you here won't get you there.* Hyperion.

Hogan, J., Hogan, R., & Kaiser, R. B. (2011). Management derailment. In S. Zedeck (Ed.), *APA handbook of industrial and organizational psychology* (Vol. III, pp. 555–575). American Psychological Association.

Lamb, K. (n.d.). Karen Lamb quotes. Quotes.net. Retrieved March 21, 2020, from.

Peterson, D. B. (2021). The DNA of VUCA: A framework for building learning agility in an accelerating world. In V. S. Harvey, & K. P. De Meuse (Eds.), *The age of agility: Building learning agile leaders and organizations* (pp. 327–364). Oxford University Press.

Van Katwyk, P., Hazucha, J., & Goff, M. (2014). A leadership experience framework. In C. D. McCauley, D. S. DeRue, P. R. Yost, & S. Taylor (Eds.), *Experience-driven leader development* (pp. 15–20). Wiley.

50

如何选择教练

C. B. 鲍曼·奥托马内利[1]（C.B. Bowman-Ottomanelli）

鲍曼创办勇气顾问（Courage Consultant）公司的目的是支持并激励他人追求成功，通过在复杂问题中寻找简单的解决方案来激发他人的勇气。同时，鲍曼希望重新定义我们对勇气的看法，将其与盈利能力相联系，并鼓励人们将失败视为通往成功的一个环节，从而培养一种愿意面对挑战并视失败为成长机会的心态。

在此之前，她成立了一个企业高管教练协会，此事源于一位同事的求助，该同事为一家《财富》500强公司的人才管理负责人，打算成为认证的企业高管教练。考虑到他已经是就业领域的律师，并且拥有全球人力资源专业认证，她对此感到好奇，询问其缘由。

他说："我一直在为我的高级领导团队寻找精通业务的高管教练。我面试了超过 25 位经过认证的大师级教练，他们没有一个人知道什么是投资回报率，也不知道什么是市场份额。"他问我："这些教练与我的领导者'语言不通'，怎么能有效地指导领导者和高管所面临的问题呢？因此，我决定接受认证教练的培训，因为我了解业务方面极其复杂的问题。"

教练培训结束后，他打来电话，显得很沮丧："我现在必须在教练会面中接受一名认证教练的指导，才能完成认证！"

我问他感觉哪里不合适，他说："这些认证教练不懂业务。"

---

[1] C. B. 鲍曼·奥托马内利是企业高管教练协会和 MEECO 领导力研究所的CEO。该研究所是一个非营利性研究机构，为使用大师级高管教练的组织提供服务。企业高管教协会为《财富》1000强企业的高级管理层提供教练服务。

我笑着问："那你的意思是，如果你能找到懂基本商业模式的认证教练，你就不需要通过这个认证了？"

他的回答很响亮："是的"。

他在为高管聘请高管教练时遇到的问题并非个例。高管教练虽然竞相争取这一职位，但他们对影响高管行为的业务触发因素一无所知。此外，许多人试图教练领导力发展，却不了解在这些环境中可能导致低效行为和领导力低下的问题，这种做法根本行不通！

在这次对话的基础上，企业高管教练协会应运而生，其目的是找到大师级企业高管教练成为其会员。第一个挑战是如何定义"高管教练"。第二个挑战是如何定义"大师级"。

从决策者的角度来看，"高管教练"一词意味着教练具有高管经验和教练高管的经验。如果再加上"大师级"的标签，要求就会更高。教练分类如图50.1所示。

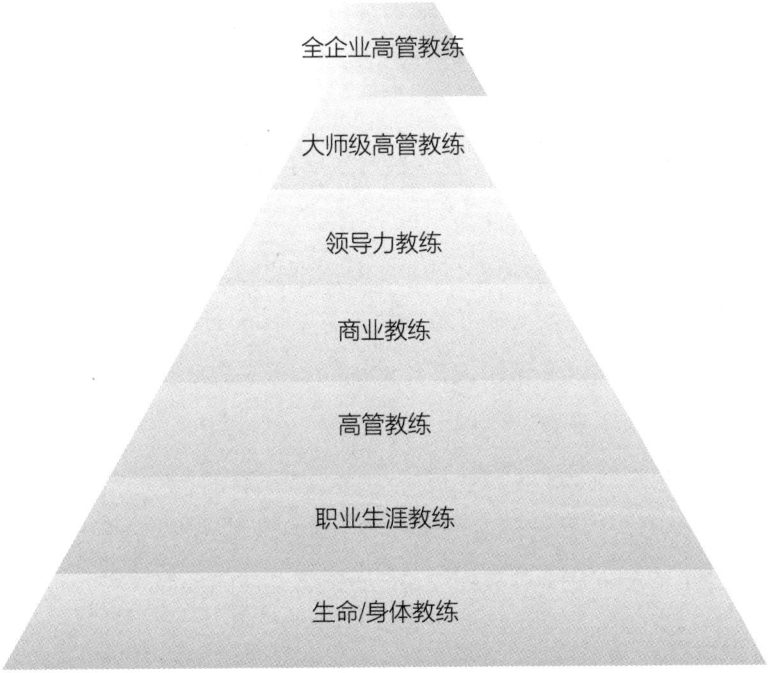

图50.1 教练分类

（金字塔从上到下）
全企业高管教练
大师级高管教练
领导力教练
商业教练
高管教练
职业生涯教练
生命/身体教练

或许，我们可以从以下基本要素入手，来确定这一级别的企业高管教练：

Coach Me

1. 他们必须了解影响高管行为的各种业务要素。

2. 教练需具备多样化的工具和方法，以全面应对不同的问题和发展需求。同时，他们还需具备灵活选择和应用这些工具的能力，确保在合适的时机使用最合适的工具，以达到最佳的教练效果。

3. 他们对客户以及该过程中所涉及的利益相关者的心理有基本了解。利益相关者应至少代表被教练者在其工作中接触到的90%的人，如董事会成员、各级员工、客户、竞争对手、同事等。

4. 他们在教练和咨询方面都有经验，并了解两者之间的区别。

5. 他们曾担任高管，最好不是在自己的企业中。

6. 他们至少有5年的高管教练经验。

7. 他们曾为教育公众了解高管教练和领导力做出过贡献。

8. 他们与同事分享该领域的知识，被视为"思想领袖"。

9. 他们拥有可持续的、多样化的业务/实践。

10. 他们必须了解商业术语、影响因素和动态。

以下标准通常被用于预测教练的成功与否（与上述因素区别开来），但往往并不成功：

1. 依靠朋友或同事的推荐（每个被教练者的行为和因果关系及经验都不尽相同）。

2. 依赖认证。每个教练从认证培训中获得的价值是不同的。大多数认证更关注教练与客户合作的小时数而非业务成果。

精通与否并不能通过在该领域工作的小时数来决定。这与教练的成功与否关系不大，因为存在太多变数，例如：

- 教练的学习经历是怎样的？
- 培训包括哪些内容？例如，是否只涉及教练工具和方法？

对客户业务的影响是衡量教练成功与否的更有力的标准。

3. 就客户经验而言，教练的专业背景如何？

4. 以费用的多少作为价值指标。教练使用各种算法来确定费用。

- 客户在组织中的级别。

- 公司是营利性的还是非营利性的。
- 教练的工作年限。
- 任务的复杂性。
- 参与时间的长短。
- 教练在该领域的地位和声誉。
- 客户在组织中的级别。

5. 依赖与教练的"化学反应"也可能是错误的。与你有共鸣的教练可能只是在说你想听的话，而不是你需要听的话。

6. 你不能仅依赖投资回报率来评估教练的效果。教练的效果目前还无法单独衡量，因为有太多变量/因素影响成功。例如，你能说由于教练，投资回报率提高了4%吗？不能！因为还有其他影响因素，如广告活动、产品或服务成本的变化、组织竞争环境的变化等。你不能使用通常用于衡量商业成功的相同标准来衡量教练的有效性。单独使用投资回报率而不考虑其他影响因素的影响是危险的。你可以做的是，考虑你的具体目标与教练直接相关的成果之间的关系，如通过改善人际关系和改变行为来实现所需的改变。问问自己，教练工作的哪一点触发了所需或所期望的改变。

7. 你能否依据教练是某个特定协会的成员来判断其能力？不能！许多专业协会主要关注教练工作的研究和科学部分，这可能会导致工具、治疗和教练之间的界限变得模糊，或者它们主要关注教练为客户服务的小时数。

如果你不能依靠这些常见的衡量标准来选择教练，那么可以用什么来衡量企业高管教练的能力呢？

如果我们将教练水平与能力相互参照，以提高选择成功的概率，又会怎样呢？

这里有一个框架，可以帮助客户了解教练的能力，以及教练在每个水平上可能产生的影响，如图50.2所示。通过将高管教练的能力与客户和业务需求更好地结合起来，我们可以大大提高成功的概率。

教练水平	推荐	证书/评估/工具	企业经验	费用	是否投缘（化学反应）	客户投资回报率	高端协会会员身份	教育/专业/学术	思想领袖	高管教练工作经验	出版/研究
教练	✓	✓						✓			
高管教练	✓	✓	✓	✓				✓			
大师级高管教练	✓	✓	✓	✓	✓	✓	✓	✓	✓		
全企业高管教练	✓	✓	✓	✓	✓	✓	✓	✓	✓	✓	✓

图50.2　参考框架

有些人可能会说，上述标准模糊了商业顾问、管理顾问和教练之间的界限。我想反驳的是，很少有组织真正懂得如何挑选出那些不仅能理解客户还能精准把握并推动业务成果的动态或触发因素的高管教练，而这是成功合作的关键。

作为一名全企业高管教练™，我们必须采取全面的方法，关注客户的整体成果，这并不会模糊界限。在发展领导力或解决问题时，不能采取单一、片面的方法。在高管教练的选择标准上不要犯这样的错误。

在选择合适的公司高管教练时，组织将意识到，具备正确技能和知识的高管教练能够带来显著的投资回报率和业绩提升。从大师级高管教练开始，他们对业务挑战/机会以及人力动态有深刻的理解，这些因素共同推动组织实现卓越业绩。

——丹·达西（Dan Darcy），
好时巧克力公司战略与制造整合前副总裁

选择教练的另一个重要因素是确定自己是否做好了与高管教练合作的准备。考虑以下练习：问一问自己，是否能对所有这些问题做出"是"的回答，并举例说明自己的准备情况：

1. 认知：你有能力接受新知识并加以处理吗？举3个例子说明你最近是如何做到这一点的。

2. 动机：你是否有做某事的整体愿望或意愿？如何证明这一点？举3个例子。

3. 情感：你对成长和变化有积极正向的感受吗？请举3个例子。

4. 行为：你准备好展示/示范变化了吗？请举3个例子。

你和你的员工、同事是否准备好、愿意并能够接受和展示变化？如果没有做好准备，世界上所有关于如何识别优秀高管教练的信息都不会有用，聘请高管教练也无济于事。专业承诺和个人关注所涉及的因素如图50.3所示。

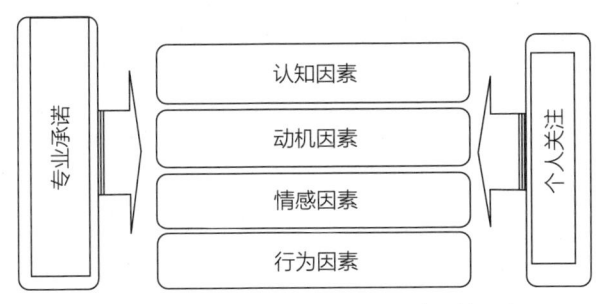

图50.3 专业承诺和个人关注所涉及的因素

参考资料

"A trigger is any stimulus that reshapes our thoughts and actions. In every waking hour people, events, and circumstances that have the potential to change us are triggering us. These triggers can appear suddenly and unexpectedly"… Marshall, M. (2015). Introduction. In M. Goldsmith and M. Reiter, Triggers (p. XV). New York: Crown Business. Semenova, G. (2019). Psychological readiness to use distance learning among teachers involved in digitalization. 753–763. 10.15405/epsbs.2019.12.80.

致谢

首先感谢"Thinkers 50"在表彰世界顶级教练方面的远见卓识,这为本项目开展提供了启发。我们非常自豪地看到,在短短的时间内,教练这个职业已经取得了长足的发展。

感谢CoachSource的凯西·薇爱特斯拉(Kathy Vlietstra),她负责跟踪和审查这些文章。也非常感谢威利出版社的优秀工作人员,他们在疫情期间帮助我们出版了这本书——杰克·欧派(Jake Opie)、莫妮卡·罗杰斯(Monica Rogers)、克里斯蒂娜·为罗卡(Christina Weyrauch),当然还有许多其他人值得感谢。

在此,我们向家人表达敬意,正是他们的全力支持,才有这本书的出版。无比诚挚地感谢我们的太太们,同时特别要感谢我们的家人朱莉(Julie)、詹妮(Jenae)、布里安娜(Briana)、凯特琳(Kaitlyn)和埃文(Evan)(BU),以及凯瑟琳(Katharine)、佛罗伦萨(Florence)和比阿特丽斯(Beatrice)。

如果没有我们的52位作者,我们在前言中提到的嘉宾艾莎·埃文斯(Aicha Evans)以及他们的群体智慧,就不会有本书。每位作者都从他们繁忙的日程安排中抽出时间,分享新的、新鲜的、有洞察力的且永不过时的知识。我们对他们的参与感到无比感激,愿其智慧可为你的领导者旅程保驾护航。